大先生

從孔子

到 柏拉圖

阿爾伯特·哈伯德 著

饒春平 肖王琰 譯

開明書店

目錄

序言

　　2020 年初夏的一天，我接到本書譯者之一的饒春平給我的一封信，說他和夫人肖王琰合譯了一本書，將由香港中華書局出版，希望我給書寫個短小的前言。我第一個反應是感到驚喜，驚的是他們竟然決意在新冠肺炎疫情施虐期間安下心來伏案工作，既響應了防疫的要求，儘量少出門，又能做點有益的事，一舉兩得。我自感慚愧，沒有像他們那樣認真做事，而被疫情弄得心神不定，無所事事，浪費大好時光。喜的是饒春平不忘自己的專業，重拾自己年輕時的興趣愛好，與夫人通力合作，發揮各人所長，相得益彰，收穫碩果。饒春平在大學時曾是我的研究生，學習英美文學和翻譯，成績優異。畢業後，他服從組織的安排，長期從事技術和行政工作。我曾一度為他感到惋惜，然而後來得知他在工作中取得了不少傲人的成績。現今又與夫人合作完成了一本譯著，值得慶賀。儘管我已年屆耄耋之年，很少動筆寫東西了，還是欣然接受了他們的要求，讓他們把譯稿寄來，試試我能寫些什麼。

　　原著的英文名為「Great Teachers」，經反覆琢磨，譯本的書名定為《大先生》。「先生」一詞在中文中有很多含義，其中之一是常用來

稱呼有學問和有品德的人，如教師、作家和文化工作者等，是一個尊稱。本書作者阿爾伯特・哈伯德（Elbert Hubbard）是一位美國作家、雜誌編輯。他自稱為「一個愛好文學的商人（a business man with literary attachment）」，因為他曾做過肥皂廠的推銷員、後又創辦工廠，經營有術，事業興旺，稱得上是一位成功的商人，但就在他商業上達到巔峰之時，却因難忘年輕時對文學的愛好，於是決定棄商從文。他成了一個自由撰稿人，並獨立創辦多種雜誌，其中有一份月刊，連續幾年發行量達每月 10 萬份以上，在當時出版界獨佔鰲頭，風靡一時。他對歷史上的一些著名人物的故居、家鄉或足跡所到之處，懷有極大的興趣，出版了題為「短小游記」（Little Journey）系列叢書，對不少名人作精緻的介紹，記叙生動，情景交融，把事實和評述交織一起，創造了一種獨具一格的傳記文學。他最著名的一本紀實作品，題為《致加西亞的信》，講述 1898 年西美戰爭中的一個故事，頌揚忠於職守、敬業至上的精神，至今仍不失為一本勵志的暢銷書。不幸的是，1915 年哈伯德與其夫人搭乘的郵輪在愛爾蘭海岸附近被德國潛艇擊沉，葬身海底。

　　《大先生》是作者專為中西方教育大師們撰寫的一本傳記集，書中精選了歷史上為教育事業作出重要貢獻的 12 位「先生」。我饒有興趣地讀完，留下了很深刻的印象，覺得此書有幾個較突出的特點，不揣淺薄寫出來供參考。

　　首先，作者在選擇傳主時非常嚴謹細緻又廣開思路，照顧到方方面面。從古至今，世上傑出的教育家如群星璀璨，不勝枚數。作者遴選出的 12 位「先生」是經過精心設計的，可謂精挑細選。從時間和空間

上來說，綿亙廣闊。時間上從公元前 1300 多年到 20 世紀初，跨越了三千多年。地域上覆蓋歐洲、亞洲和美洲三大洲，12 位學者來自八個不同的國家。作者一反「西方中心主義」，將東方大國——中國的「萬世師表」孔子置於其中，並給予很高的評價，讚譽備至。從性別上說，男性無疑佔了主導地位，但他也不忘給女性留了兩個席位。一位是希臘的美女數學家希帕提婭，她不僅在數學上有很高的造詣和成就，同時也是一位哲學家、新柏拉圖主義者，遊走四方講學，將其一生貢獻給教育事業。另一位是美國的瑪麗·貝克·艾迪。她被譽為 19 世紀美國最傑出的女性，宗教領袖，無數的基督教信徒成為其追隨者。她創辦的《基督教科學箴言報》至今仍然是美國擁有廣大讀者的報紙。再從教育的層次來說，既有成人教育，正規的高等教育，也有職業教育或業餘教育乃至學前教育。作者非常推崇德國教育家福祿貝爾，一位學前教育的開山鼻祖，幼兒園教育的創始人。他在講述美國黑人教育家布克·T·華盛頓的故事時，充滿了激情和崇敬。他特別讚許華盛頓提出的教育理念，教育的最終目的是使人們能通過服務社會而使自己受益，使人們變得有用、有助、自力、健康。時至今天它仍具有重要的現實意義。

其次，本書在敘述的方式和方法上多種多樣，不套用一個模式，因人而异，各放异彩。試想若採用一種方式來寫 12 個人的傳記，很可能會使讀者感到單調乏味。阿爾伯特·哈伯德不愧為寫傳記的高手。他根據每位傳主的不同生活經歷、不同的精神面貌、不同的性格和不同的教育理念和思想，以及不同的成就和影響，採取不同的敘事手法，在讀者的腦海裏留下各具特色的形象。如摩西一章中，作者對這位據傳為《舊

約聖經》前五卷的執筆人的「先生」，沒有用太多的筆墨來介紹他的宗教信仰，以及闡述「十誡」等這些宗教的教義，而是用較大的篇幅講述他在埃及宮廷的生活、他的家庭和身世，據傳他的父親是希伯來人，而母親是一位埃及法老的女兒。他還講述了摩西年屆 40 歲時在井邊取水偶遇祭司的女兒，兩人喜結良緣。這些傳奇故事為這位宗教人物增添了不少世俗的色彩。再說，閱讀第七章黑人布克·T·華盛頓的傳記，深深打動讀者的是小黑奴布克在聽到南方奴隸主宣佈他獲得自由時的感受，以及為了求生和求知，年僅 12 歲的他如何下礦井挖煤、上夜校學習的艱難童年。他在得知有人創辦了一所免費的學校，竟不知路途有多麼遙遠，毅然步行五百多英里前去，風餐露宿，忍饑受凍，不達目的誓不放棄。作者的描述真正是淋漓盡致，感人肺腑。書中各篇的寫作風格迥異，妙筆生花，各具特色，限於篇幅，不便在此逐一闡述，可以說作者為傳記的寫作方法提供了多個範例。

作者謙虛地稱自己只是「一個愛好文學的商人」，實際上，從他的作品來看，他的文學修養是很高的，運用文字十分嫻熟，博覽群書，涉獵廣泛。他不僅熟悉歷史、地理、藝術、哲學、宗教、經濟等幾乎所有文科的各種知識，旁徵博引，引經據典，信手拈來，駕輕就熟，而且他對科學知識也很有興趣，如數學、天文學、物理學等都能細細道來。在十二位教育家中就有兩位是數學家——畢達哥拉斯和希帕提婭。這些傳記讓我們了解教育思想的發展，開拓視野，領悟人生，增長知識。我在此提醒讀者，在閱讀本書時千萬不要忽視書中的大量註釋，我自己從中得到很多收穫，幫助我更好地了解這些傳主，還豐富和充實了我許多相

關知識，得益匪淺。

　　掩卷沉思，我不得不說由於這本書原版出版於 1916 年，距今已有一百多年了，加之涉及的面很廣，有些觀念、思想、資料和對某些人物和事件的評價，隨着時代的變遷難免會與我們的了解和掌握的有所不同。就孔子一章而言，由於我們大家對我們自己的國家和孔子都比較熟悉，較容易發現兩者之間存在的一些差異。最明顯的例子是書中引用了英國一位名叫愛德華·卡朋特牧師寫的一大段話，用抒情的筆法和優美的文字，把當時的中國描寫成了一個「世外桃源」或「伊甸園」。實際上，百年前的中國慘遭帝國主義列強的侵略和蹂躪，政府腐敗，內戰不絕，民不聊生。他的描述與實際情況不盡相符。書中還存在其他的一些問題和不足，但瑕不掩瑜，這是一本值得向讀者，特別是對教育有興趣的朋友們推薦的好書。最後，我想我們還應該感謝兩位譯者，他們不辭辛苦，精心翻譯，反覆修改，把它呈獻給我們。

　　茲為序。

姚乃強*

2020 年仲夏於上海

----

* 姚乃強，教授，博士生導師，全國高校專業外語教學指導委員會委員、專業英語四／八級測試委員會委員；中國英語教學研究會常務理事、全國美國文學研究會常務理事等；享受國務院特殊津貼。譯著豐碩，如《紅字》《了不起的蓋茨比》等，並主持編譯過多部詞典，如《蘭登韋氏英漢大學詞典》《Collins 高階英漢詞典》等。

譯者序

本書作者阿爾伯特・哈伯德博文廣識，文筆天馬行空，思緒縱橫馳騁，語言詼諧幽默，又喜旁徵博引，兼且文中有一些西方背景的東西，讀者朋友初次讀來，也許不一定能立刻理解。但此書是一鍋老火靚湯，有營養，有滋味，可反覆品嚐、咂摸，您定會面露微笑，心領神會領首。—— 這是譯者翻譯過程中的樂趣，也是閱讀之快樂！願以此書饗君。

我們為了爭分奪秒地翻譯此書，讓稚氣未脫、年僅 10 歲的兒子，獨自去超市采買鹵雞翅的大蔥與雞翅，順便買雞蛋。沒想到孩子拎回來一把嫩黃的韭菜當大蔥！雞翅，則被一整只雞給冒充了！同時買的雞蛋，在他蹦蹦跳跳回家的路上，給拎着甩來甩去，蛋液橫流……好吧，生活就是這樣，有含辛茹苦，也有又驚又喜。

譯者的恩師姚乃強教授（博導）是翻譯及編譯辭典的大師。年已八十有五的他，將字放大七倍，認真閱讀近 20 萬字，用心作序，幾易其稿。恩師精益求精的嚴謹、爐火純青的水準，令我們感激、汗顏。

在此鳴謝我們多年的好友李星、葉大萌，對本書翻譯、出版的幫助！

饒春平　肖王琰

孔 子

孔子（Confucius，公元前 551 —公元前 479），名丘，字仲尼，春秋末期魯國陬邑（今山東曲阜市東南）人。孔子是中國古代著名的思想家、教育家，是中華文化中的核心學說儒家學說的首代宗師，集華夏上古文化之大成。在世時已被譽為「天縱之聖」「天之木鐸」，是當時社會上最博學者之一，並且被後世尊為至聖、至聖先師、萬世師表。相傳孔子有弟子三千，賢弟子七十二，曾帶領弟子周遊列國 14 年。孔子還是一位古文獻整理家，曾修《詩》《書》定《禮》《樂》，序《周易》，作《春秋》。孔子和他創立的儒家思想及學說對中國和朝鮮、韓國、日本、越南等地區有深遠的影響，這些地區又被合稱為儒家文化圈。

顏淵喟然歎曰：「仰之彌高，鑽之彌堅，瞻之在前，忽焉在後。夫子循循然善誘人，博我以文，約我以禮。欲罷不能，既竭吾才，如有所立卓爾，雖欲從之，末由也已。」

——《論語》子罕篇

中國人佔地球上居民的四分之一，有四億人 [1] 之多。

他們能做很多我們無法做到之事，而我們也能做一些他們暫時還不會做的事情。但他們正在向我們學習，也許，如果我們向他們學習，我們將做得更好。在中國，如今有了電車、電話線路、打字機、收銀機和管道系統。中國是一個正從沉睡中醒來的巨人。誰要是認為中國是一個搖搖欲墜、正走向廢墟的國家，那他一定是睡過頭了，而且也沒往辦公室打個電話！

西方不再能忽視中國，也付不起這個代價。既然不能放棄她，或許，剩下最好的事便是試圖去了解和理解她。

在中國，如雷貫耳、聲名遠在他人之上的，便是這位孔子。這位人中之龍，對中國的影響非常之巨大。三分之一的人類熱愛並珍視着他的記憶，將他的詞句當作金科玉律，反覆誦詠。

孔子出生於這樣的一個時代：理智的浪潮狂掃世界——國家動盪不安，不滿情緒導致各種思潮風起雲湧。

那也正是希臘繁榮的前夜。

孔子去世時，伯里克利 17 歲。西米斯托可斯正在為伯里克利開路。此時，洛斯島 [2] 寶藏的蒐集，使菲迪亞斯 [3] 與巴台農神殿成為可

1　本書原版第一版出版時間為 1916 年，當時中國的人口大約四億多。

2　洛斯島：位於愛琴海中，據傳為阿特米絲和阿波羅的誕生地。

3　菲迪亞斯：雅典雕塑家，曾監管巴台農神殿的工作，他在奧林匹亞創作的宙斯雕像是世界七大奇觀之一。巴台農神殿是女神雅典娜的主要神廟，位於雅典衛城上，建於公元前 447 年和公元前 432 年之間，被認為是多利安式建築的傑出代表。

能。在孔子生活的年代，同時生活着列奧尼達 **4**、米太亞德 **5**、居魯士大帝、岡比西斯 **6**、大流士 **7**、薛西斯 **8**。那時，自然而然地發生了馬拉松戰役、薩拉米斯海戰 **9**、溫泉關戰役。同時代還生活着喬達摩 **10**、老子、以西結 **11**、但以理 **12**、哈該 **13**、撒迦利亞、畢達哥拉斯 **14**、品達 **15**、埃斯庫羅斯 **16** 與阿那克里翁 **17**。

4　列奧尼達：即列奧尼達一世（？－前 480 年），古代斯巴達國王。在希臘文中意為「猛獅之子」或「猛獅一樣的人」。他率領的三百斯巴達士兵，在第二次波希戰爭中的溫泉關一役中的英勇表現，使他成為了古希臘英雄人物。

5　米太亞德：雅典將軍，曾在馬拉松戰役（公元前 490 年）中打敗了波斯人。

6　岡比西斯：古波斯帝國國王，居魯士的兒子。父死後繼位。公元前 525 年滅埃及，後國內發生起義，返國途中暴卒。

7　大流士：即大流士一世（公元前 558 年－公元前 486 年），古波斯王，世稱大流士大帝。

8　薛西斯：即薛西斯一世（約前 519 年－前 465 年），古波斯王，是大流士一世與居魯士大帝之女阿托莎的兒子。

9　薩拉米斯島：希臘雅典以東的薩爾尼科灣一島嶼。公元前 480 年，發生於該島東北沿岸附近的那次重大海戰中，西米斯托可斯率領希臘人打敗波斯艦隊。

10　喬達摩：釋迦牟尼之俗姓，古印度迦毗羅衛國淨飯王太子，佛教的創始人。

11　以西結：《聖經》中的四大先知之一，希伯來預言家。公元前六世紀，他號召猶太人出走巴比倫以回歸敬神和信仰。由於人們認為以西結影響了以色列日後的敬拜，他被稱為「猶太教之父」。

12　但以理：《聖經》中的四大先知之一，年輕時被擄到巴比倫為奴，因善於解夢被巴比倫王尼布甲尼撒二世任命為大臣。

13　哈該：與下文的撒迦利亞，均為公元前六世紀時的希伯來先知。

14　畢達哥拉斯：著名的希臘哲學家、數學家、天文學家。請參見本書第二章的內容。

15　品達：希臘田園詩、抒情詩詩人，以《頌歌集》著稱於世。

16　埃斯庫羅斯：公元前 525 年－公元前 456 年。希臘的悲劇作家，有「悲劇之父」的美譽。名作有《被縛的普羅米修斯》《波斯人》等。公元前 490 年他參加馬拉松戰役，公元前 480 年雅典被毀後，他在希臘艦隊裏參加了薩拉米斯海戰。《波斯人》是對他戰時經驗的回味，贏得了詩人比賽的最高獎。

17　阿那克里翁：約公元前 570 年－約公元前 480 年，古希臘抒情詩人，善於寫歌頌愛情和美酒的詩。

中國人通過語言與習俗，與他們古老的祖先聯繫起來，這一點上，遠遠超過其他民族。他們是一群特殊的人、一群上天的選民、一群與眾不同的人。我們不清楚，他們是從什麼時候起，與世上其他人隔離開，拋棄了他們的遊牧習慣，他們用建起的一道高達一百英尺的城牆，將他們自己從外敵入侵的危險中保護起來，並建立起一個龐大的帝國。有歷史學家確定時間為大約公元前 10000 年——姑且算是這樣吧。中國有確證的歷史，可追溯到公元前 2500 年。而我們西方的歷史，依稀算起來，也僅在基督紀元前 750 年而已。

以色列人到處漂泊流浪、四海為家；中國人卻一直固守在家裏。城牆有這麼個壞處：它在把蠻夷之人關在牆外的同時，也把自己關在了裏面。不過，如今城牆已經有了大量的豁口。通過這些豁口，有些居民逐漸外徙。這使得數千英里之外的人大聲疾呼，提出警告：「黃禍！」[18] 同樣的，通過這些豁口，以色列人、英國人、美國人，也都無所畏懼地進入，定居在這個「異教徒」的國家，坐賈經商。

這確實是一個劃時代的歷史。最終將如何結束，鮮有人敢予斷言。

以下內容摘自愛德華・卡朋特的作品，他是英國聖公會副牧師。他也是我們的沃爾特・惠特曼[19] 的偉大朋友兼崇拜者。他不遠萬里，漂洋過海前來與他牽手合作，傳播民主教義與仁愛宗教。

---

18 黃禍：西方誣指所謂來自亞洲的威脅，尤指來自中國的威脅。

19 沃爾特・惠特曼：1819－1892，美國著名詩人。他的偉大作品《草葉集》於 1855 年第一次出版，用非傳統的韻律和韻文寫成，宣揚自我，表達對宇宙萬物的哲學和宗教思考。

在中國內陸，沿着低緩的平原，沿着深深的河谷，沿着湖濱兩岸，是那遠處的丘陵和高山地區；

只見那人煙稠密，摩肩接踵，熙來攘往！他們紮根於這片土地，紮根於宗族與家庭；

整個世上最為富饒多產、穩固安定的地方。這就是個大果園啊──一片水土豐美、遍地流油之地。珍貴的莊稼茁壯成長、稻穀飄香、綠茶染翠、絲綢絢麗、白糖甜美、棉花盛開、柑橘爭艷。

你看見了嗎？──那連綿不絕地延伸出去的，蜿蜒的河流與明鏡般的湖泊，柔和起伏不定的低地，陡峭嶙峋的高高的山脈；

看不盡的錦繡河山，數不清的燦爛文明──鮮翠的新稻，墨綠的橘林；排列成行的茶園精心鋤過，溝裏展露出裸土；修剪齊整的桑樹，一片片的棉花、玉米、麥子、甜薯，還有苜蓿；紅牆碧瓦的村舍，飛簷凌空；一叢叢翠綠的竹葉，如羽毛般光潔柔滑；成片的甘蔗林，隨風起伏；

無窮無盡的灌溉溝渠與運河，如銀絲銀線般鑲嵌着連綿數十、數百英里的山崗。群山層巒疊嶂，一重又一重，游蛇走龍一般蜿蜒伸入更低的斜坡與平原；

多少個世紀的沉澱與積累，成就了別出心裁的眾多能工巧匠，與無數或公或私的樂善好捐，代代相傳；

三角洲平原的大運河，綿延七百英里，是一條繁忙的航路。擠滿了平底帆船[20]，百舸爭流。河岸邊的村莊如滿天繁星數不清；

20　一種中國式帆船，有高高的艉樓和固定的船帆。

鏈式泵由水牛或人力操作,將水潑灑到斜坡和山崗上,一層又一層,一渠再一渠;

溪流與瀑布,晝夜不停歇地奔跑着,注入翡翠綠的洞穴與深潭中,流入小坡與平原的田野裏;

巖石與野生林,到處點綴着廣袤的大地。佛教或耆那教寺廟的簷角,時不時從掩映的樹叢中伸展而出;

一叢叢豔麗的杜鵑花與夾竹桃,一群群鎮定自若的野鹿與雉雞;黃昏時分,音樂響起,鏗鏘激越,或柔和宛轉——知足恬靜、和美安寧的氣氛飄散開來,瀰漫於空中;

你且將這片土地稱作果園吧,因為它豐饒的莊稼與遍地的花朵;

你幾乎也可稱它為城鎮,因為它人口眾多;人口稠密,幅員遼闊,超過世界上的任何其他地方——家家戶戶那五六畝地裏的產物,擠擠挨挨,摩肩接踵,三三兩兩、持續不斷地在這片廣闊的土地上,湧向富足的商業中心;這是一個公路數量不多的國家,然而有着數不清的小道與水路。

在這裏,每個家庭都深深紮根於這片土地,紮根於自己的家族,堅守着它從老祖宗那兒傳下來的那份地,家庭的每個分枝都無心他顧,只想着守住自己那份祖傳田產;家庭的每一成員,對自己的錯誤或缺點,首先要向家庭這個集體負責;所有人因着對祖先的共同崇敬而緊密團結在一起,敬畏過去,敬畏舊有的信仰以及沉澱下來的偏見與迷信;

帶着許多古老、睿智、樸素的風俗習慣,挾裹着遠古世紀、以及孔子時代之風;這個巨大的人群定居下來,繁衍生息——它是世界上最安居樂業、最勤勞多產的民族。

　　而政府觸摸到它，然而是輕輕地——能觸摸到它，但只能是輕輕地。行政人員非常之少（整整四億人中，只有大約 25000 人），稅賦也非常之低（大約每人頭一美元）。由於宗族與家庭的存在，對公正與事務的廣泛管理權僅留了一點點範圍給政府處理。

　　這群偉大的、自我平衡良好的人們，追求着自己的平衡與約定俗成之方式。從不關注法令與外國條約，除非它們自身確實受人歡迎。

　　在這些事務上，對文化人的指令、説法及研究院的評議給予更為充分的尊重。而宗教推理也觸摸到它，也是輕輕地——能觸摸到它，但只能是輕輕地。

　　基礎必須建立於現在、過去與未來的世世代代的現實生活與居住群體之上。每個人安身立命於世上，已由最強大的紐結與社會群體緊密聯結在一起——不需要關於天堂的夢想與承諾來使他安心。

　　而一切，均繫於腳下這片土地。

　　土地上的每一個原子都獲得了回報，要承擔神聖的使命（不是像排水溝那樣將它們毫不留情地送歸大海），通過這種卑微的共識，他們追尋到了通往天堂的大門——建築於人類土壤之上的、他們的天國之城！

　　西方世界對孔子的初次了解，始於 16 世紀後半期，由耶穌會[21] 傳教士傳入。毫無疑問地，是由這些傳教士給他冠以一個拉丁化的名字 Confucius。他原本的中文名字是孔－夫－子。

21　耶穌會：由聖依納爵‧羅耀拉於 1535 年所創立的教團，從事教育文化、對外傳教、大眾傳播等工作。

這些傳教士對孔子之偉大印象深刻，因此他們敦促梵蒂岡[22]，將他的名字置於聖徒日程表上。他們由爭論他的學說開始，但很快他們就停止了。取得的少許的勝利，是在每次基督教禮拜儀式開始時唱的一首讚美詩，確切地說，它應被稱為「中國國歌」。它的開場篇是這樣的：

孔子！孔子！
大哉孔子！
孔子以前，未有孔子；
孔子之後，更無孔子。
孔子！孔子！
大哉孔子！

這些早期的耶穌會士對孔子的讚美，最初被羅馬所關注，被認為是對他們在宗教服務上乏善可陳而致歉。然而此後，對中國文化進行科學研究之後，印證了耶穌會神父原來所宣稱的所有的內容。如今，孔子已與蘇格拉底，以及屈指可數的被我們稱之為世界救星的六位，相提並論。

然而，孔子並未宣稱有什麼「神聖的發現」，他也並未努力尋求建立一個宗教。他僅僅是一位教師，他所傳授的是生活之道──生活在現世，與樸素簡單的，組成這個大千世界的男男女女一道生活。通

---

22 梵蒂岡：羅馬教皇的駐在地，羅馬教廷，亦指教皇權力。

過改善他們的人生，來改進我們自己的。至於未來世界，他直言說他一無所知。提及超自然時，他總是保持緘默，甚至斥責妄圖窺探天機的弟子們。「上帝」這個詞他從未使用過，但他對某種至高無上的智慧的認可，也僅限於使用一個詞──我們能譯出的最恰當的詞是「上天」。因為，它代表一個地方，而非指一個人。他不斷提及「順天意」，並說「盡人事而聽天命」等等其他很多這類新思想的格言警句。

毫無疑問，此君是一位造詣極高、技藝超凡、富有藝術性的文學大家。他的言辭談吐的形式，有寓言、格言、警句、短語，並頗具韻律感。他為悅其耳而作，他的平生之願，似乎就是為了以最簡短的詞句，傳遞出至真之理。中國人，哪怕是卑微的凡夫俗子、大字不識的村野鄙夫，也知道數百條孔子的格言警句，並引用到他們的日常會話或書寫中。就像受過教育的英國人引用《聖經》和莎士比亞的詞句。

伍公使 [23] 在美國多個城市講演時，將孔子與愛默生進行比較。列舉了這兩位先聖，在思想上的很多方面交相輝映。在所有美國人當中，愛默生，應該是唯一的一位能與之相提並論的人物。

萬古流芳的作者，是那些給世界創造口耳相傳的智慧之人──格言警句，均言簡意賅、朗朗上口、好記易誦。或是換言之，想不記住也難。

孔子說：「每個道理有四個角，為師我給出一個角，剩下的三個角

---

23 指伍廷芳，廣東人，1842－1922。中國近代著名外交家、法學家。1877 年成為第一個取得英國法律學博士學位的中國人。他曾被清政府任命駐美、墨、日、秘、古等國公使，辛亥革命後脫離清朝政府，投身於孫中山領導的民主革命運動，為推翻帝制，建立民主共和做出了貢獻。

則要你們自己去找。」[24]

言辭或事物的真正藝術家，或多或少總是有些印象主義的——他遣詞用句使的是格言比喻，讓聽者自己用心去琢磨它的含義。

警句，是對真理的一個概括。警句的不利之處，便是它會誘惑那些老好人們，好為人師地去解釋給那些被認為是愚鈍到無法獨自領會它的人。由於往往並不能解釋清楚，其結果則成了一鍋大雜燴，並毫無疑問地被全盤吐出或是拿走。孔子本身非常簡單明白，直到他被人解釋來解釋去。之後，就各立門戶、宗派林立，以提供晦澀模糊之精神結石為己任。中國，這片人類繁衍生息之地，像這世界上別的地方一樣，長久以來飽受將真理固化、僵化之苦。真理是流動的，不是一成不變的，必須允許它自由流淌。對一件事實的僵化，便是徹頭徹尾的迷信。孔夫子就像一位自由貿易家一樣，認同更靈活的解釋。

中國的政權形式，從本質上說，很長時間以來一直是封建社會。中國由為數眾多的封邑組成，每處封邑由一位諸侯或地方長官統治着。這些封邑，由一個非常寬鬆的聯邦政府組合在一起，皇帝是至高無上的統治者。封邑的權利佔有優勢。封邑與封邑之間有時會有戰爭，或者，有的封邑會退出——這種情況並不多見。過了些年，它們高興的話，又會回到大家庭，就像離家出走的男孩或是一怒之下甩手不幹的農場工。中國人非常有耐心——他們明白，時間是良方，能醫

---

24 即舉一反三。源自《論語》「述而」，子曰：「不憤不啟，不悱不發，舉一隅不以三隅反，則不復也。」大意為：「教導學生，不到他想弄明白而不得之時，不去開導他；不到他想說卻說不出來之時，不去啟發他。教給他一個方面的東西，他卻不能由此而推知其他三個方面的東西，那就不再教他了。」

治好那些將自己置身於大家保護之外的人，而且他們會承擔起這重大的責任與義務。

地方諸侯通常能領悟到「社會契約」[25]的精髓——他只通過良好的行為，來管理自己的政府。並將自身的利益，與他的子民的利益合二為一。

紇[26]，孔子之父，曾當過這些小封邑之一的長官。為了幫助他的子民，他傾其所有，以致家道貧困。當他天賦異稟的兒子出生時，紇已是 70 歲的人了，其妻年僅 17。孔子三歲時，父親去世了，撫養與教育這男孩的重任，便完全落在了母親的肩上。這位母親有着罕見的思想與精神上的美德。她慎重地為自己和孩子選擇過一種清貧，但自食其力的生活，而不是去仰仗富有的男親戚的照顧。男孩在一個鎮子上被撫養長大，不允許他認為自己比鎮上的其他孩子強，雖然他已證明他確實比他人強。他在菜園子裏幹活、照顧牛羊、修補道路、砍柴挑水、侍奉長輩。每到晚上，母親就會娓娓道來他父親當年的孔武有力、惜客好義、英勇無畏、忠誠可托、至真率性，以及他對知識的渴求。因為有了知識，就可以更好地為他的人民服務。

粗糙簡單的食物、田野上的長途行走、攀爬樹木、彎腰播種、每日溪流中的沐浴，這一切使得這位少年身強力壯。他日落時就寢，在第一縷晨曦照射大地時就起床，這樣他就能看見日出。晨與暮，這

----

25 社會契約為法國思想家讓・雅克・盧梭於 18 世紀提出的思想，集中在他的《社會契約論》一書中。其主權在民的思想，是現代民主制度的基石，深刻地影響了逐步廢除歐洲君主絕對權力的運動，和 18 世紀末北美殖民地擺脫大英帝國統治、建立民主制度的鬥爭。美國的《獨立宣言》，和法國的《人權宣言》，以及兩國的憲法均體現了社會契約論的民主思想。

26 孔子的父親字叔梁，名紇，是當時魯國有名的武士，建立過兩次戰功，曾任陬邑大夫。

對母子都有虔誠的儀式，包括彈奏琵琶、歌唱或是吟頌天地萬物之美與善。

孔子 15 歲時，已被譽為是出眾的樂師了。左鄰右舍會聚集過來聽他演奏。19 歲時，他已比本國同齡人更為身材高大、健康強壯、生氣勃勃、技藝嫻熟。

他當牧場管理官員時，需要長時間在馬背上馳騁，去解決相互敵對的牧羊人之間的糾紛，由此我們可以猜測到他的貴族職責和質樸品質。草原屬於封邑，而山羊、綿羊，以及牛群的主人之間卻爭端不斷。蒙大拿人與科羅拉多人一定對此深有體會。孔子召集起這些爭執者，並長時間地向他們灌輸爭吵的荒謬之處以及相互理解並走到一起的必要性。於是，他首次提出了他那最著名的警句：「已所不欲，勿施於人。」

這條金科玉律的反面說明，在孔子作品中能找到各種不同的表述方式。對中文的字面翻譯，要想完全恰當幾乎是不可能的。因為，中文有很多單個的標誌或符號，代表着一個完整的意思。而要表述同樣的內容，我們往往要用上一整頁才行。

孔子有一個字，以如此詩意的方式表達了這一金科玉律，我們都無法將它充分表達傳遞給西方人士們。這個字，寫成英語為「Shu」（恕）[27]，意思是：我的心回應着你的心；或是，我的心之所願，便是滿足你的心之所願；或是，我希望對你做的，正是我願意你對我做的。這一標誌、象徵，或日字詞，孔子常常刻在路邊的樹皮上。法國人也有着類似的衝動念頭，要將「自由、博愛、平等」刻在所有公眾建築的入口。

27　源自《論語》：子曰：「其恕乎！己所不欲，勿施於人。」

孔子有個他自己的愛與友誼的標誌，畫在一塊木板上。他把它插入他暫居的帳篷前的地裏。後來，一些友人將它製成一面旗幟，送給了他，成了他的和平之旗。

他在平息牧人之間的衝突上的成功，以及在他的人民當中促成的祥和生活，很快他帶來了巨大的聲譽，名聲遠在他自己的封邑之外。作為一名法官，他有能力給當事人雙方看到他們的錯誤之處，並安排好他們達成共識。

他作為裁決人的資質，並不僅僅限於勸說的力量——他能將箭射得非常之遠，投擲矛的準確度也比他遇到的任何男人都高。非常自然而然地，有大量的有關他的勇猛果敢的民間傳說，其中一些將他塑造成一個聖喬治 [28] 與威廉·泰爾 [29] 的混合體，外加阿爾弗雷德大帝 [30] 的一些王者之氣。撇開那些不可思議之處，我們願意相信此君有着巨人般的力量，然而，他卻足以偉大，不會像巨人般地去使用它。

28　聖喬治：聖徒名。傳說為公元三世紀出生於巴勒斯坦的羅馬騎兵軍官，驍勇善戰。他因試圖阻止皇帝對基督徒的迫害而被殺。在許多國家中，聖喬治被尊為軍隊和士兵的主保護聖徒。相關的民間故事有聖喬治屠龍與救少女等。

29　威廉·泰爾：瑞士傳說中的英雄。哈布斯堡王朝殘暴的新任總督葛斯勒規定，居民經過中央廣場的柱子時，必須向掛在柱頂的奧地利皇家帽子敬禮，違者將重罰。農民威廉·泰爾因未向帽子敬禮而被捕，總督葛斯勒要泰爾射中放在泰爾兒子頭上的蘋果才釋放他們。泰爾神奇的一箭，一舉射中了蘋果，從而保住了自己和孩子的性命。此後這位神箭手在一次行動中，一箭射殺了葛斯勒，報仇除害。

30　阿爾弗雷德大帝：公元九世紀的英格蘭國王。以其驚人的大智大勇，領導軍民抗擊外敵，把英格蘭從亡國的邊緣拯救了過來。這位國王孤膽英雄，曾扮作雜耍藝人，隻身入敵營表演雜技、小段子，趁機刺探情報。他不僅是一位抗擊侵略者的民族英雄，在文治方面也頗有建樹，為英國創造了燦爛的文化。他組織編纂了《盎格魯—撒克遜編年史》，頒佈了著名的《阿爾弗雷德法典》，該法典成為後來英國習慣法的基礎。請參見本書「阿爾弗雷德」一章的內容。

我們非常願意相信，當他遇到強盜的打劫時，他將他們組織起來進行會話。圍坐在草地上，他使強盜們認識到，他們所從事的行業是非常之糟糕的。並且，後來他並沒有將他們絞死，不像我們那位老朋友尤利烏斯·愷撒大帝，在類似情況下的所作所為。[31]

27 歲時，他不再出去主持法庭與解決爭端，而是將爭執各方請過來。他們應邀而來，他給他們講授一些道德方面的課程。一周內，在每天一小時長的課堂上，他們往往被說服，認識到爭吵是愚蠢的行為。因為爭吵，會消耗身體的能量、分散思維、干擾心神，勞心傷神的爭吵，會在很多方面給爭吵之人帶來損失。

這種開庭方式，對我們來說未免太過匪夷所思、古里古怪了。但孔子一直堅持，人必須控制住自己的脾氣、為事公平。這樣才能不用暴力就解決好爭端。「通過爭鬥，來決定誰更強壯、更年輕、更會使用臂膀打架。可這並不能決定誰是正確的。這得由你自己心底的『天意』來解決。」

讓「天意」進入你的心靈，培養好你的良知，使它能敏感地考慮他人的權益，這樣就得到了智慧。

為他人在具體問題上作好決定，他認為，這會使他們失去自己獨立作決定的能力。當被問及，一個公正之人，在處理一樁完全不公平的事情時該如何做，他說：「人作冤枉事，是在自己的心田上種下刺蔴。」

---

31 愷撒曾被一夥海盜綁架。海盜頭領見愷撒氣宇軒昂，衣着不俗，要求交二十個塔蘭特（古羅馬貨幣）的贖金。當時贖一個普通人只需二三個塔蘭特。愷撒認為海盜要價太低，主動要求漲到 50 個塔蘭特。海盜被他的氣勢所震懾，對這位人質盡力優待。愷撒交了贖金脫難後，立即組織人馬將這夥海盜一網打盡。海盜全部被處以死刑，數十名頭目被釘死在十字架上。

當他的一些弟子來個蘇格拉底式的問答，問他這將如何有助於受傷害的一方。他回答道：「被搶劫或是被冤枉，這本沒什麼。除非，你一直心裏惦記着此事。」當再被追問時，他說：「男人，只有在保護自己或家人免受身體傷害時，才可以爭鬥。」

又一個問題來了：「如果我們要保護家人，不就應該學會如何戰鬥嗎？」回答是：「公正之人，若他恰當地參與了所有善事，他便是爭吵中唯一值得敬畏之人，因為他無所畏懼。」

反反覆覆地，這些勸導以不同的詞句表達出來：「無畏——無所畏懼！」當被追着用一個字表示幸福人生的祕密時，他給出了一個字，我們權且譯作：「寧」。

孔子的母親在他成年的早期便去世了。對於她，他一直保持着最敬仰、虔誠的懷念。每次遠行前，他都會到她墳前拜別；每次歸來，在與他人開口說話前，他都會緘默着到墳前告祝。每個她的周年忌日，他不吃任何食物，弟子們也無從見到他。這種孝道，有時被粗俗魯莽地稱之為「祖先崇拜」，西方世界對此難以理喻。但這裏面有一層非常微妙、隱祕的精神意義。它暗示只有通過我們的父母，我們才能實現與上天的意識或個人接觸。父母熱愛我們，生育我們，對尚在繈褓之中的我們傾注無限的耐心，培養教導青少年的我們，對正處人生鼎盛之年的我們滿懷期待。為了回報和認可父母之恩，我們最起碼應該做的，便是在所有祝禱與獻祭時，記着他們。上天為我們帶來了父母，因此，父母之地位是神聖的。

顯而易見地，敬奉祖先是美好並且有益的，應被正確理解，並且無人能再稱之為「異端」。孔子常常讚揚自己的母親，她在清貧中將

他撫養成人。這種貧困的生活，帶給他親身感受的世間萬物和種種知識，而這些，是悠閒、奢侈的貴族階層無緣接觸的。

他與大自然及平民非常親密，他命令，他僱用的所有熟練的駕車人都屬於貴族。這一點，這就相當於給了匠人們——這些能幹事的人頭銜或是學位——我們認為，從本質上來說，這是一個非常現代的觀念。

中國，我想，是世界上第一個將蛾或蠶的絲織成布料的。第一次製造絲綢所需要的耐心、細緻、創造性的技巧，令人擊節讚歎。孔子認為使用植物纖維來製造亞麻布這一發明，比使用蠶絲更偉大，這一説法也給了我們一條發明的索引。孔子對蠶蛾有着一種柔情，與我們的素食主義者朋友們對被殺來做食物的動物有着類似的感情。孔子因為感情上的因由，更喜着麻布衣物，超過絲綢。蠶將自己變身為繭，本意是要實現一個快樂地展翅飛翔的夢想。卻因人類的貪婪命喪他手。同樣地，孔子在牛犢斷奶之前，不會喝那母牛的奶。因為這樣做的話，便是令人不齒地利用母牛產奶哺育的本能。如此看來，對一個我們稱之為「一元論」[32] 或曰「一」的現代理念，孔子有着一個非常公平的觀點。他同樣説道：「一切皆為一個整體」。對有生命的世間萬物，他一直有着一顆和善慈藹與關愛的心。

32　一元論：把世界萬物歸結為一種本原的哲學學説。18 世紀德國哲學家 C. 沃爾夫首創「一元論」一詞，19 世紀德國生物學家 E. 海克爾將它正式作為哲學用語，並創立一元論者協會。此種理論認為世界是一個整體，世界只有一個本原，所有存在的事物可以被歸結或描述為一個單一的概念或系統。唯物主義的一元論肯定世界的本原是物質，唯心主義的一元論肯定世界的本原為精神。

在預言家中，無人像蘇格拉底一樣，在學說方面與孔子如此類似。只不過，孔子從不因比較而傷神。他有着雅典人所不具備的人性之美、尊貴與仁慈。蘇格拉底或多或少是個滑稽之人，在雅典的許多人眼裏，他不過是個大大的笑話──一個全城的傻瓜。孔子將柏拉圖的學識與風度，與蘇格拉底的堅固實用的常識完美結合在一起。從來沒有人侮辱或冒犯他。很多人也許並不理解他，但他卻平等地與王公貴族或是貧民乞丐會面。

在他旅途中，孔子經常去拜訪隱士或僧侶──那些逃避現世、想成為聖仙之人。對這些遁世之人，孔子是同情多於敬重。「世上之事很艱難。居於現世，苦苦掙扎與垂死之人，需要巨大的勇氣與偉大的愛心去幫助他們。我們不能全部都一走了之。遠遁人世、於離群索居中尋求慰藉，只不過是軟弱的一種表現。」

這與我們的拉爾夫·沃爾多[33]真是不可思議地有異曲同工之處：「在熙熙攘攘的社會中，跟隨世人之見非常之易；隱居一隅、悄然獨處之人，跟隨自己的看法亦並非難事。而偉人，卻能身處擁擠的人群中，仍保持着完美的、獨處般的超脫自立。」

孔子乃世上第一人，宣稱服務和手足之情的神聖性，以及有益的工作是不分三六九等的。在對一群年輕人的演講中，他說道：

當年管理牧人時，我始終看到我所有的牛都身強力壯、茁壯成長。水備得足足的，飼料也充裕。當年管理公共糧倉時，我從不睡

33　即拉爾夫·沃爾多·愛默生。

覺，除非我明白一切都安好，不用擔心天氣變化、我的帳目真實準確，就像我要遠行不再回來似的。我的建議是，永遠不要忽視任何事情、遺忘任何事情。永遠不要無意中丟失東西，更不要說「無人會知——這已經夠好的啦。」

在他所有的訓諭中，孔子從未講過現世之外的事。關於未來世界，他一無所知。同時生活在兩個世界中，在他看來是浪費精力、軟弱無能的表現。「上天已給予我們種種途徑來了解這世上什麼是最好的，提供給我們用於現世之快樂的充足的東西。我們的責任，是去實現這種快樂、了解這種快樂、享受這種快樂。」

他教授修辭學、數學、經濟學、管理學以及博物學。而永遠永遠貫穿在他的教學經緯中的，是倫理道德這根絲線——人對人的責任、人對天的責任。音樂對他來說是必不可少的，因為「它將思想，帶入與上天和諧融洽之境界。」在他開口講話前，他輕柔地彈奏絃樂器，或許最類似於我們的吉它吧，不過它更小巧些。他隨身帶着這個樂器，由一根絲條掛在肩上。雖則他對音樂傾注了滿腔熱情，他警告弟子們不允許將音樂當作一種終極享受。它僅僅是在需要領會偉大真理，將頭腦與心靈協調到一起時的前奏而已。

孔子去世時，享年 72 歲。他生前的聲望並不很高。他去世時，追隨者不過三千之眾。他的「弟子」或曰傳授他的哲理的老師們，僅70 人 **34**。

---

34 相傳孔子有弟子三千，賢良弟子七十二人。

我們毫無理由去作如此推測：孔子會認為有一個龐大的人群，永遠思索着他的言語，或是將他敬作先聖。

在孔子的同時代，還有老子。孔子年輕時曾拜訪過老子，當時的老子已經是位老人。孔子經常引用這位偉大的同時代人的話，並自稱為老子的信徒。然而，這兩者之間的差別是顯而易見的。老子的學說充滿着玄學、古怪神祕的異品奇物。而孔子始終是簡單質樸、淺顯易懂、腳踏實地的。

孔子受人尊崇 20 個世紀了。僅僅是被當作一個人來尊崇，而不是被當作神，或是神授大救星來尊崇。他並未提供天堂的承諾，更無對不信者的地獄之恐嚇。他並未宣稱過對幽冥世界有何特別影響、或是特別的聯繫。他的所有學說，對神祕或遮掩都不可思議地開放、包容、大方。對於超自然，他是個不可知論者。他常常說：「我不知道。」他往往是個發問者、探究者、虛心的學生，總是願意做個傾聽者。歷史上找不出第二個像他這樣受到長久、深深的愛戴的人。他並未飄飄然，仍緊守自己的位置。他就同他的學說一樣，未受攻擊，也無懈可擊、攻不可破。即使中國的其他兩個宗教──佛教和道教（老子的教派）與孔學競爭，它們也並不否認孔子：他們只不過是去對他進行修訂、補充。

孔子的一生中，樹敵頗多，是因為他習慣於直率地指出社會缺陷，以及那些假裝為人民服務的官員給人民帶來的不公平、不道德。他嚴厲地譴責虛偽造作、自私自利、虛榮自大。

當時的政治家們有着非常現代的習慣：保護好官府，把所有具體的工作留給僕役。他們自己坐享其成。作為封邑的大臣，孔子由於

習慣於傳喚官府的頭領到跟前，詢問他的工作情況，而為人所忌憚憎惡。其實，堅持領取封邑的薪俸就應為封邑辦事這一主張，導致他被聯合起來反對。最終他被免職、放逐。這兩件事給他帶來了麻煩，只不過影響不大。因為前者給了他閒暇，而後者給了他周遊四方的機會。

孔子的親授弟子並不屬於上層社會。然而他一離世，很多在他生前奚落他的人，都急不可耐地宣稱信仰他的學說，並在他們的房屋四處裱掛他的格言警句。不論白種人或是黃種人，人性總是雷同，世界依舊在轉，時光對它也改變無多。

歷史的一幕，同樣發生在約翰·P·奧耳特格耳德 [35] 的時代。當時，新聞界及神職人員對他又怕又恨，特別是在他所服務的州與城市。然而，當他那纖弱而疲憊的遺體尚未完全變冷變硬，那些曾不遺餘力地、最惡毒地詆毀過他的報紙們，都爭先恐後地用最閃亮的悼詞、最熱烈的歌頌，讚美他的正直、真摯、純潔與遠見卓識。一個無法被賄賂、收買、威嚇、奉承、籠絡的人，往往被大多數人，特別是當權的一方當作危險人物。而當正直之人已躺在草皮下面，那些道德敗壞、腐化墮落、道貌岸然之徒，便會大鬆一口氣。

這些平實樸素、簡單明瞭的孔子學說，收錄在多部孔學經典中，囊括了這位偉大先賢的言行，在他死後由他的弟子與信徒收集整理而成。摘選如下：

古人說話很少。最好模仿古人，因為那些說話太多之人，肯定是

---

35 奧耳特格耳德（1847－1902），美國政界人士，伊利諾伊州州長（1892－1896），曾實行社會改革。

要説一些不説為妙的話。(《論語·里仁篇》原文為：古者言之不出，恥躬之不逮也。)

讓人的勞作與他的需要相匹配。因為若超出他的力量之外的話，會增加他的焦慮與失望。人在付出勞動時，也應溫和中庸。(《論語·里仁篇》原文為：富與貴，是人之所欲也，不以其道得之，不處也。貧與賤，是人之所惡也，不以其道得之，不去也。君子去仁，惡乎成名？君子無終食之間違仁，造次必於是，顛沛必於是。)

不要太想得到悠閒與休息。因為若如此，他將兩者都得不到。(《論語·子路篇》原文為：無欲速，無見小利，欲速則不達；見小利，則大事不成。)

對那些你早晚會後悔的事情，做的時候要十分謹慎。(《論語·公冶長篇》原文為：季文子三思而後行。)

不要忽視修改過錯，即使這個過錯看起來很小。因為，雖然最初它很小，它可能會繼續擴大，直到它將你壓倒。(《易傳·繫辭下》原文為：小人以小善為無益而弗為也，以小惡為無傷而弗去也，故惡積而不可掩，罪大而不可解。)

財富可以修飾房屋，思想高尚就會尋求身體的安寧舒適。因此，將自己的動機建立在正確的原則之上的人，為君子。(《大學》原文為：富潤屋，德潤身，心廣體胖。故君子必誠其意。)

土地上耕作之人，也許會喜獲豐收良物；而在思想上耕作之人，將享受持久的盛宴。(《論語·衛靈公篇》原文為：君子謀道不謀食。耕也，餒在其中矣；學也，祿在其中矣。)

由於人們對自己親近相愛的人往往多有偏心，對自己鄙視厭惡的

人往往多存偏見，對地位比自己高的人往往容易屈從，對比自己低下的人倨傲不恭，對貧困悲苦的人或無情或哀憫。找出能基於人的本質作出公平判斷的人，非常之難。（《大學》原文為：所謂齊其家，在修其身者。人之其所親愛而辟焉，之其所賤惡而辟焉，之其所畏敬而辟焉，之其所哀矜而辟焉，之其所敖惰而辟焉。故好而知其惡，惡而知其美者，天下鮮矣！）

不能齊家者，亦不能治國。在自己家裏的限制中，君子也可以找到治國方針。子女孝順，將規範人們對他們的君主的行為。兄弟之愛，將規範平輩、下屬對上司的行為。父母的慈愛，將規範當權者對國民的姿態。（《大學》原文為：所謂治國，必先齊其家者，其家不可教而能教人者，無之。故君子不出家而成教於國：孝者，所以事君也；弟者，所以事長也；慈者，所以使眾也。）

訥於言而敏於行。（《論語》原文為：君子欲訥於言而敏於行。）

建立了充分的原則性的人，不易被引入歧途。（《中庸》原文為：君子之中庸也，君子而時中。）

謹慎之人，一般走在正確的一邊。（《論語・雍也篇》原文為：君子博學於文，約之以禮，亦可以弗畔矣夫。）

應沉默時說話，是廢話。（《論語・衛靈公篇》原文為：不可與言而與之言，失言。）

若要逃避煩惱，要苛責自己、寬於待人。（《論語・衛靈公篇》原文為：躬自厚而薄責於人，則遠怨矣。）

與正直聰明之人交友；不要與放縱、誇誇其談、愛慕虛榮之人交友。（《論語・里仁篇》原文為：里仁為美，擇不處仁，焉得知？）

爭論總會孕育仇恨。（《論語‧公冶長篇》原文為：禦人以口給，屢憎於人。不知其仁。）

要像母親養育初生嬰兒一樣地培育美德。你可能無法到達成熟的境地，但你將離此不遠。（《大學》原文為：《康誥》曰：『如保赤子』。心誠求之，雖不中不遠矣。）

天意並非一成不變。可因美德得到王位，也可能因惡行失去它。（《大學》原文為：《康誥》曰：『惟命不於常』。道善則得之，不善則失之矣。）

尊重五個美德：給別人以恩惠而自已卻無所浪費；讓人勞作而不使他們怨恨；要追求仁德而不貪圖財利；莊重而不傲慢；威嚴而不兇猛。（《論語‧堯曰篇》原文為：尊五美，屏四惡，斯可以從政矣。君子惠而不費，勞而不怨，欲而不貪，泰而不驕，威而不猛。）

不要尋求愛、索要愛，它會流向我們。（《論語‧述而篇》原文為：仁遠乎哉？我欲仁，斯仁至矣。）

美德只能基於端正自己的思想。因為，如果心有憤怒，便會躁動不安；如果心懷恐懼，便激昂不安；如果心有逸樂，便會動搖不定。這樣，品德便不能完滿。一個人必須心思沉靜，否則他會視而不見、聽而不聞。（《大學》原文為：所謂修身，在正其心者。身有所忿懥，則不得其正；有所恐懼，則不得其正；有所好樂，則不得其正；有所憂患，則不得其正。心不在焉，視而不見，聽而不聞。）

當教給他一個方形的一角，他卻不能由此而推知其他的三個角，那就不值得繼續教他了。（《論語‧述而篇》原文為：舉一隅，不以三隅反，則不復也。）

摩 西

摩西（Moses），是公元前約 13 世紀希伯來人的偉大領袖、先知和立法者，也是《舊約聖經》前五卷的執筆者。他帶領在埃及過着奴隸生活的以色列人，前往上帝所應許的「流着奶和蜜之地」—— 迦南地，上帝親自寫下《十誡》通過摩西給以色列子民遵守，並建造會幕，教導他們敬拜真神。摩西可以説是集多種身分於一身，其中包括：先知、祭司、頒佈律法者、審判者、代求者、牧人、行神跡者，以及民族的創立者等。他是歷史上一個偉大的人物，帶領一群奴隸，在一個難以想象的困境之下，把他們模塑成一個民族，這一民族影響和改變了整個人類歷史的進程。

神對摩西說，我是自有永有的。又說，你要對以色列人這樣說：那自有的打發我到你們這裏來。上帝還對摩西說：你要對以色列人這樣說，耶和華你們祖宗的神，就是亞伯拉罕的神，以撒的神，雅各的神，打發我到你們這裏來。耶和華是我的名，直到永遠；這也是我的紀念，直到萬代。

　　　　　　　　　　——出埃及記三：14，15

據我所知，摩西是世上第一位偉大的教育家，現在仍是世上最偉大的教育家之一。七百萬人，依然把他的律法用於指引日常生活。超過兩百萬人，仍然在誦讀着他的書，並奉為聖典。這些人已形成一個階層，乃為當今及過去眾人中，最頂尖、最開明的一群。

摩西並未談論過來生——也不曾提及過永生——他所提到的回報與懲戒都是針對現世。假如有給好人留的天堂，與給壞人留的地獄，他對此一無所知。

摩西律法均為此世、此地而設。雖已時隔 3000 年之久，其中許多內容在當今時代仍是真實、正確的。摩西對生理學、保健學、環境衛生均有較高造詣。他深知清潔、有序、和諧、勤勉、與優良習慣的優越之處。他還擅長心理學或曰精神的科學；他知曉會影響人類的事物、平凡智力的限制、行得通與行不通的管治之道。

他腳踏實地、實事求是；他見機行事、機智應變。他對要處理的問題深思熟慮，努力做力所能及的事情，並教給他的子民願意相信、能夠相信之事。《創世紀》一書寫得通俗易懂，即便是孩童閱讀也全無困難。

摩西所面臨的困難是切實可行的政綱，而非哲學上的問題，或是絕對真理、終極真理的問題。他制定的律法，是他給予子民的指導，他的戒律都是他們能消化接受的。

我們很容易就會以為，摩西的作品就是它們到我們手裏的樣子。這些作品被那些使其流傳 3300 年之久的民族，用無知、愚昧、與迷信，對它們反覆進行翻譯、再譯、塗彩、上色，還列出原作者摩西的錯漏之處。這位記載着夢想、希望與猜測的作者，擁有着我們深深的

愛戴與敬意，而這些記載與嚴酷的常識緊密相連。這些「錯漏之處」，就長留在那些人的腦海中吧。他們罔顧數世紀知識的積累，固執己見地認為一旦形諸文字的東西，便永遠合理、合格。

在他之後的數百年中，沒有哪位教師在獨創性與洞察力方面，能與他相提並論。

摩西生活在公元前 1400 年前後的時代。

在他之後，梭倫[1]創造出一整套完善的行為法典，但比他晚 700 年。此後不久即有瑣羅亞斯德[2]，接着是孔子、佛陀[3]、老子、伯里克利[4]、蘇格拉底[5]、柏拉圖[6]、亞里士多德[7]——他們或是同時代人，或是年代相近，輪流登場。他們的哲理學說相互交織、縱橫交錯。

----

1 梭倫：公元前 638 年－公元前 559 年，古代雅典的政治家、立法者、詩人、古希臘七賢之一。生於雅典，出身於沒落的貴族，年輕時一邊經商，一邊遊歷。梭倫在公元前 594 年出任雅典城邦的第一任執政官，制定法律，進行改革，史稱「梭倫改革」。

2 瑣羅亞斯德：公元前 628 年－公元前 551 年，別名查拉圖斯特拉，波斯先知，為瑣羅亞斯德教的創始人。該教亦稱祆教、拜火教，是現存最古老的宗教之一，至今仍有信徒。

3 佛陀：佛教的創始人，俗姓喬答摩，名悉達多。佛陀簡稱為佛，其意為「覺悟者」，佛陀是對釋迦牟尼的尊稱。

4 伯里克利：約前 495－前 429，古代雅典政治家。古雅典首領，因其推進了雅典民主制並下令建造巴台農神廟而著名。

5 蘇格拉底：公元前 470－前 399，希臘哲學家，首創了問答教學方法，作為獲得認識自我的一種方法。他關於道德和正義的理論，通過柏拉圖（他最著名的學生）的著作而得以流傳下來。公元前 339 年，蘇格拉底被指控毒害雅典年輕人的頭腦而受到審判，並因此被處死。

6 柏拉圖：公元前 427 年－公元前 347 年，希臘數學家、哲學家、教育家，蘇格拉底的信徒，他創辦了學園（公元前 386 年），在這裏他教書寫作度過餘生。大部分時間柏拉圖以戲劇對話的形式表述他的思想，如在《理想國》中。請參見本書「柏拉圖」一章的內容。

7 亞里士多德：公元前 384－公元前 322，希臘著名的哲學家和科學家。他師從柏拉圖，曾任亞歷山大大帝的老師，並建立雅典學園以與柏拉圖的學園分庭抗禮。

然而，摩西是最惹人注目的那位。對自然歷史，他並不如1000年後的亞里士多德。但這一點對他的聲望而言無傷大雅，強調這一事實反倒有些離題千里、風馬牛不相及。

在這一切的背後，有個無可爭辯的事實是：摩西領導着一群野蠻之人，掙脫了枷鎖與束縛。他的思想與人格深深地打動了他們。激勵他們含辛茹苦、緊咬牙關，成就了一個卓越傑出、與眾不同的民族。時至今日，仍讓人感歎不已。他創造了一個民族。從編年史的角度來說，他是文明世界的第一位創始人。

摩西是鬥士，是外交家、領頭羊、作家、帶路人、先知，以及石匠。此外，他還是一名農夫、一名勞工、一名年已不惑，為謀生計，仍在照料着羊群、牧群的人。草原戶外活動的每一階段，他都了然於胸。他的偉大之處，揭示於這一事實：他的籌劃與志向，遠遠超出他所取得的成就，導致他最終認為自己已失敗。歡欣鼓舞的成功，似乎往往與低廉膚淺、輕而易舉、轉瞬即逝為伍。所有偉大的教育者們，以他們自己的想法去評判，都是失敗者——他們能看到的，總是比自己能走到的目標更深、更遠。

所有古代編年表，不外乎能歸之為三部分：神話、傳奇、可能發生或自然發生之事。

在對歷史的理解方面，心理學千真萬確地與語言學同樣重要。

對有點瑕疵的東西都拒不接受，其惡劣程度，可與過於輕信地照單全收相匹敵。

毫無必要去完全捨棄神話或傳奇。但是，把神話煞有介事地當成事實來講，或是把傳奇當作是字字珠璣、如假包換，這顯然並非明智

之舉。故事也許是寓意上正確，而字面上錯誤。能夠將這兩者相互辨別，重視並妥善安置它們，這便是智慧的標誌。

假如，我們被一個明智、理性、聰穎、公正的陪審團質詢，要求對摩西進行描繪，並指出他為什麼會值得人類的緬懷。那我們就得省略去其神話部分，仔細斟酌出傳統部分，論據都建立於公正無私、合情合理、適度地遠離紛爭的歷史記載之上。

在英格索爾[8]上校作了他那著名的題為「摩西的一些錯誤」的演講之後，一次，一個地方性的俱樂部款待他。就像在慣常的非正式的、自付費用的「荷蘭式」聚會上一樣，一個年輕的律師，大膽地對這位偉大的演講家說：「英格索爾上校，您是一名自由的熱愛者——因了您，自由這一詞都已赫然放大。所有的偉人都熱愛自由。除非他是為了使人們得到自由，否則他不可能流芳百世、受人愛戴尊崇。摩西是一位自由的熱愛者。如今，您對摩西，這位從某些方面來說，與您從事相同事業的人，為什麼不更寬厚、更大方一點，給他應有的解放者與立法者的名譽？卻去強調他的錯漏之處，而罔顧他的整體價值？」

英格索爾上校認真地聆聽——他為這個問題的公正性所打動。他在傾聽、停頓之後回答道：「年輕人，你問了一個非常理性的問題。你建議中的所有有關摩西的偉大之處，已是廣為人們接受，儘管他也有些錯誤。你邏輯中的問題在於，你並不了解我在此問題中的立場。你似乎忘記了，我並不是摩西的辯護律師。他有着超過兩百萬的人，在照看着他的權益。我所處的位置，正好與此相反！」

8　英格索爾：1833－1899，美國法學家，雄辯家，講演家，律師，不可知論的倡導者。

就像英格索爾上校一樣，我並不是摩西的辯護律師。不過，我希望能對此君作出一個不偏不倚、明確清晰、公平慎重的評論。我將試着去給人們一個簡要概括，既不控訴，也不辯護。我試圖只描畫出他原本存在的樣子，而不去故意縮小、貶低任何事情。就像最早的州檢察官的職責，不是控訴，而是保護身陷囹圄之人。因此，我將努力將摩西最好的一面拿出來，而不是將他的錯誤高高舉起，在發現他的每個錯漏之處時發出一陣歡呼。謙遜往往是狂妄自大的錯誤的一面，它會説：「噢，摩西如今已不需要任何辯護了！」然而，摩西，如同其他所有的偉人一樣，深受朋友之累。他已得天賜力量，那種從未為人類所擁有的力量。

摩西生活在 3300 年前。某種程度上來講，3300 年是一個非常之長的時間。這一切很明顯——孩子們會認為一個年屆 50 的人，已經「老得可怕了」。我見過幾位活到一百歲的人，他們並不認為一個世紀算是很長。他們當中的一位對我説：「35 歲根本就不算什麼啦，一切都還早得很。」

從地質學的角度來説，3300 年還只相當於一個小時之前。它甚至還無法帶我們回到石器時代，那時，在如今的內布拉斯加地帶，人類還在獵捕猛獁；3300 年，甚至也無法帶我們到北極，去一瞥熱帶動植物，看到人類在那裏的生活與繁榮。

摩西時代時，埃及文明已存在 3000 年之久。埃及正處在她的衰老的第一階段，開始走下坡路。這是因為，她最傑出的人士，已經定居在城裏。這使得這一循環周期結束，並意味着衰敗的到來。她已經歷過了原始野蠻、遊牧與農業的時期，正以不勞而獲的增值為生，其

中就有以色列人的勞動。摩西注視着建於他出生之前 1000 多年的金字塔，對於是誰建造了它們而感到迷惑不解，就像今天它對我們仍是個不解之謎一樣。他傾聽着斯芬克斯 [9] 的回答，然而，她像今天一樣，總是默然不語。出埃及的具體日子，已被確定在大法老麥倫普塔赫的統治時期，或是第十九代埃及王朝時期。那個日期是公元前一千四百年。有一個碑銘最近被發現，似乎可以證明，約瑟 [10] 在麥倫普塔赫統治時期，居住在埃及。然而，如今最傑出的學者們都已回到我曾說過的結論上了。

法老時代，埃及是擁有世界最高文明的國家。它有着一個龐大的運河系統、頗有組織的軍隊、輝煌的藝術成就、非常有才幹的工程師與建築師。哲學、詩歌與倫理學，均已為人接受、褒獎並熱議着。

政府儲存糧食以備災荒之需，已運作了數百年之久。建造了積貨城，來保護糧食免受失火、盜竊，或其他因素的破壞。這些都顯示出了埃及人的深謀遠慮、勤儉節約、小心謹慎與聰明才智。埃及人並非未開化的野蠻人。

大約在摩西誕生前 500 年，阿拉伯有位強大的酋長或族長，名叫

9　斯芬克斯：古希臘神話中帶翼的獅身女面怪物。傳說天后赫拉派斯芬克斯坐在忒拜城附近的懸崖上，攔住過往的路人，用繆斯所傳授的謎語問他們，猜不中者就會被它吃掉，這個謎語是：「什麼動物早晨用四條腿走路，中午用兩條腿走路，晚上用三條腿走路？腿最多的時候，也正是他走路最慢，體力最弱的時候。」俄狄浦斯猜中了正確答案，謎底是「人」。斯芬克斯羞愧萬分，跳崖而死。世界上最大最著名的一座斯芬克斯獅身人面像位於埃及的開羅市西側的吉薩區。

10　約瑟：《舊約》中雅各和拉結的較年長的兒子，是以色列人一支部落的先祖。

亞伯拉罕[11]。他有一個非常熟悉的神，或引路人，或保護神，叫雅巍或是耶和華。所有這些沙漠部族，都有這樣的保護神。這些保護神都是曾生活在世界上、擁有神力的人。一些非常偉大的人，往往信仰着特殊的神祇。比如：蘇格拉底向他的「迪魔」尋求指引；西米斯托可斯[12]向他的神諭請教；美國的一位總統，曾拜訪一名充當超自然的媒介，對超自然作出解譯的通靈巫師。這原來是祖先崇拜的一個變種，如今仍大行其道。非常多的人不出門旅行或作出投資，除非他們相信自己已由莎士比亞、愛默生、比徹爾[13]或菲利普·布魯克斯[14]作出指令。這些人也相信，這世上有一些壞的精靈，我們不能聽信它們。

耶和華指引着亞伯拉罕，亞伯拉罕對他言聽計從。當耶和華告訴他停止或改變他的計劃時，他立即聽從。耶和華承諾了他許多事情，其中的一些都實現了。

這些保護神或是控制精靈，是否曾在信徒的想象之外真實地存在過——它們是否只不過是由一架潛意識的、精神上的立體幻燈機投射到屏幕上的一些影像——這些並不是現在要討論的問題。有些事情只能留待以後再做：特別的遠見卓識，尚要依賴誠實睿智的人們得出，這個事實依然成立。

----

11 亞伯拉罕：《舊約》中，希伯來人的第一個族長和先祖。

12 西米斯托可斯：雅典軍事和政治領袖。雅典人建立海軍後，他領導新航隊在公元前 480 年的塞拉米斯戰役中戰勝波斯人。

13 呂曼·比徹爾：1775－1863，美國牧師，熱情的傳道士、不激進的加爾文派神學家和堅定的廢奴主義者。

14 菲利普斯·布魯克斯：1835－1893，美國基督教聖公會的大主教，以巧妙明確的佈道著稱，著作有聖誕讚美詩「啊！伯利恒小鎮」（1868 年）。

　　亞伯拉罕有個兒子叫以撒[15]。以撒的兒子是雅各[16]（即以色列）由於他與天使的成功搏鬥而被稱為「上帝之鬥士」。雅各是 12 個兒子的父親。所有這些人都堅信耶和華，他們的部族之神。同時，當他們並不排斥信仰相鄰部族的神祇時，他們便會懷疑起自己的能力，對自己的忠誠深感憂慮。為此，他們與其他神祇互不相關，只向自己的神祈禱，向他尋求幫助。他們是耶和華的選民，就像巴比倫人是巴力[17]的選民、迦南人是依希塔[18]的選民、莫阿布[19]人是徹姆斯的選民、亞捫人[20]是臨門的選民一樣。

　　約瑟是雅各最鍾愛的兒子，他的兄弟們自然而然就嫉妒他。於是，一天，外出到草原上時，他們將他賣給一個路過的大篷車隊為奴。然後回家告訴父親，說他已經死了，是被一頭野獸給弄死的。為了取信於他，他們拿着約瑟的一件上衣，用他們殺死的一頭山羊的血給塗污。要放在現在，這件衣服會送到化學實驗室去，上面的血跡一檢驗就能測出來是人血還是獸血。但是雅各相信了這個故事，哀切地痛悼失去的愛子。

15　以撒：《舊約》中的人物，亞伯拉罕之子，被作為祭品獻給上帝。在祭獻的最後一刻，因神意的干預而被阻止。

16　雅各：在《舊約》中是以撒之子，亞伯拉罕之孫。他的 12 個兒子後來成為以色列 12 個部落的祖先。《舊約》中亦被稱為「以色列」。「以色列」亦可指雅各的後代。

17　巴力：即太陽神：古代閃米特人所信奉的當地的豐饒之神和自然之神，被希伯來人認為是邪神。

18　依希塔：巴比倫和亞述神話中，主管愛情、生育及戰爭的女神。

19　莫阿布：死海東部古王國。莫阿布人崇拜太陽神「徹姆斯」，「徹姆斯」的名稱也與「火」有關。

20　亞捫人：住在約旦河以東的古閃米特族成員，在《舊約》中多次被提到。他們信仰「臨門」神。

此時，約瑟被帶到埃及，在那裏通過自己的聰穎與努力，升至一個頗具影響與權力的位置。他的兄弟們是如何因家鄉饑荒，忍飢挨餓，來到他面前討要食物，這是所有文學作品中，最為逼真自然、美麗動人的一個故事。它是一個民間傳說，與神話不同，有着真實故事的所有可以確證的痕跡。

對我們來說，因為它的自然，它是無可置辯、不能駁倒的歷史。即便在現在，它都很可能在這世界的不同角落發生。它顯示了人類共有的特質，至今仍充滿活力、生機勃勃。

約瑟與他的兄弟們相認，導致其中一些以及鄰居們都到埃及來了。這裏的牧場更好，水草充足，於是他們定居下來了。《聖經》告訴我們，有 70 個定居者，並給出了他們的姓名。

這些移民被稱作以色列人，或是以色列的後裔，他們是 300 年後，由於不堪奴役，被摩西帶領着掙脫束縛走出埃及的人。

有一件事情似乎可以肯定，他們當時是一個很特別的群體，血脈裏帶着沙漠民族的驕傲。他們在社會上與其他人群比較疏遠，從不與埃及人混合在一起。他們仍保留着自己的神祇，堅守自己的生活方式與習俗。

《出埃及記》的第一章有着非常天真的描述，說他們是如何有着兩個接生婆：「一個名叫施弗拉，一個叫作普阿。」在難以理解的精確性方面，它可與瑞莫斯叔叔 [21] 的故事相媲美。孩子們常常想知道人的名

21　是指由哈里斯所著的《瑞莫斯叔叔》《與瑞莫斯叔叔度過的那些夜晚》。男孩約翰尼來到父母當年成長的美國南方農場，由於遠離父親，男孩悶悶不樂。一位慈祥樂觀的黑人瑞莫斯叔叔講寓言故事給他聽，教他如何放寬胸懷、克服人生旅程的逆境。後於 1946 年，迪士尼以此題材推出電影《南方之歌》。

字。埃及王統治着超過兩千萬的人，卻親自來賄賂這兩個希伯來接生婆，要她們殺了所有希伯來的男嬰兒。故事還說，這兩位希伯來女人對主人沒有説實話，耶和華對此非常高興，把房子獎勵給了她們。

殺死希伯來人嬰孩的命令如果得到過執行的話，那應該是在摩西出生那會兒。因為摩西的哥哥亞倫，比他大三歲，肯定沒有被殺死。

摩西的母親是法老的女兒，他父親是名以列人，或是他的父親母親都是以色列人，這些都還懸而未決。王室不會輕易收養一個不知名的流浪兒到王室家庭中來，並且視如己出，撫養成人，尤其是在這個流浪兒屬於一個被認為是次等的民族的情況下。母性之結，是唯一能超越社會等級、壓倒偏見的紐結。假如法老的女兒，或更可能的是「法老」本人，是摩西的母親，那她應該比利未人[22]的女兒更有理由將他藏身於香蒲草中。下達殺掉這些有利可圖的工人的命令，實在是值得懷疑。以色列人的力量、技術與能力，形成了一筆埃及人的寶貴財富。埃及人所想得到的，應該是更多的以色列人，而不是更少。

從只有兩名接生婆來看，那裏應該只有幾百個以色列人——最多也就是一到兩千人。

那就讓關於摩西童年的神話，仍夾雜着一些永遠的有趣話題吧。我們了解到，他被當作埃及人被撫養成人，作為法老女兒的兒子，並且是她給他取的名字。

---

22 利未人是雅各與利亞的第三子利未的後人，負責以色列人的祭祀工作，不參與分配土地，不算入以色列十二支派之一。

　　菲羅 [23] 與約瑟夫對摩西的生活及品格作了種種側面的記載。《米德拉西》[24] 或《猶太人歷史紀事》由很多人創作、增補或修訂，前後持續了 2000 年之久。這也給它們增添了份量，即使這些紀事的價值幾何稍加推測便知。

　　埃及人對摩西及以色列人的記述，通過希臘文化帶給了我們。非常自然地，這些記述絕對不是褒揚性的。摩西，或叫奧薩西，他們這麼稱呼他，被描繪成一個煽風點火的傢伙、一個不受歡迎的公民，他力圖顛覆國家政權。失敗後，與數百名亡命之徒逃往沙漠。面對派去追捕的軍隊，他們成功逃脫。並逐漸與其他流亡者彙集到一起，通過摩西出色的組織天才而形成了一個強大的部落。

　　摩西是他們至高無上的統治者。為了更好地控制他的人民，他發明了一套宗教儀式，並把他的神，耶和華，加諸他們，還要求他們不得信仰任何別的神祇。這樣，毫不困難地就將他們聯為一個宗教整體，這一點無可爭辯。不論起義的起因是什麼，或是誰應對此負責，無可爭辯的事實是，摩西在埃及領導了一次起義。他帶領出走的人，形成了希伯來民族的最核心部分。更進一步講，摩西的個人品格是創造這一民族的首要膠合劑，這一事實同樣無可置辯。此君的力量、鎮定、耐心，與毫不動搖的自立自強，通過他對耶和華神的忠誠而顯現，這些都不容置疑。事情依照他的安排而發生。

23　菲羅為公元前後的希臘哲學家，傳世著作有拜占庭基督徒抄本。約瑟夫為猶太歷史家。

24　《米德拉西》：猶太人對希伯來《聖經》的講解佈道書，編纂於公元 400 年到 1200 年之間，根據對《聖經》詞句的評注、寓言以及猶太教法典中的傳說而寫成。

　　以色列人在埃及的地位，屬於自願性奴隸的一種。政府是封建帝制。以色列人是自願來到埃及的，然而他們從未享有過完全的公民權利。毫無疑問，埃及人的排斥，容易使以色列的後裔們固定住自己的宗教信仰。另一方面，他們驕傲而排外的天性，容易將他們排除在擁有完全身份的，這片土地的真正主人之外。

　　埃及人從未像買賣戰爭奴隸那樣地對他們進行交易，而是非常滿意於役使他們做文書、工人和僕傭，付給他們一定薪水，同時要求額外的勞動以沖抵稅賦。換句話說，他們靠幹活繳納「路稅」，而這無疑是比較過分的。多年以後，雅典和羅馬也有類似的「奴隸」，他們中的某些人非常聰明、品德高尚。如果有人讀到現代經濟預言的作品，將會發現，美國的受薪工人往往指的是「奴隸」或是「男奴」，這種用詞很可能會給未來的歷史學家們引起極大的困惑。

　　摩西在國王的宮廷中長大，熟習了埃及的所有學問。我們不由猜測到，他看起來也像埃及人，因為據說人們第一次見到他時，他完全是個陌生人。他們走開的時候稱之為「那個埃及人」。他英俊威嚴、沉默寡言，是位堅定有力的顧問、一個安全可靠的男子漢。在埃及政府事務的管理中，他具有舉足輕重的作用。雖然他名義上是個埃及人，與埃及人住在一起，遵循着他們的禮儀習慣，然而，他的心與「他的同胞們」，這些以色列人在一起。看着他們受政府的剝削壓迫，他的心因而充滿着痛苦與悲傷。

　　摩西深知，一個不為增進人民福祉為己任的政府，是無法存續的。一次，當他深入到自己的人民中時，他見到一個埃及監工，或是工頭，正在毆打一個以色列工人。出於憤怒，他挺身而出，將這個壓

迫者殺死。這一事件僅有的兩位目擊者，是希伯來人。這次搏鬥後的次日，當摩西去勸解兩個正在吵架的希伯來人時，他們嘲笑他道：「誰立你作我們的首領和審判官呢？難道你要殺我，像昨天殺那埃及人麼？」

這讓我們有幸一瞥摩西要面對的這些人的素質與性格。這也告訴人們，改革者與調解人的路上，並非鮮花遍地，繁花似錦。這位改革家最難對付的敵人，並不是那些埃及人——他還得對付這些以色列人。

我曾聽史上最成功的勞工組織——「勞動騎士」的組織者，泰倫斯·V·鮑德利[25]說：「所有將自己的一生致力於幫助勞動人民的人，將被毀於他們之手。」他還補充道：「然而，這不應阻止我們繼續努力，造福人民。」

希伯來人的記載，清晰地描述了對所有男性希伯來嬰孩的謀殺，是由心照不宣的希伯來女人執行的，她們假裝伺候希伯來媽媽們。同樣，是希伯來人使得摩西被迫逃離埃及。他們變成了告密者，讓他在法老王面前顏面盡失，使法老王一怒之下，四處尋找他並要殺了他。

非常自然地，埃及人拒絕承認，一直拒絕承認，那道謀殺嬰孩的命令是由法老王發出的。他們同時還指出這一事實，即以色列人對他們而言，獲利頗豐——對埃及人而言，是一筆賺錢的資產。再者，

25　泰倫斯·文森特·鮑德利：1849－1924，一個被放逐的愛爾蘭佃農的兒子，後成為美國勞工領袖，是秘密組織「勞動騎士」的領導者。鮑德利領導該組織時，主張階級合作政策，否定罷工。

埃及人殺害嬰孩來規避麻煩的這一說法，是非常荒謬可笑的，因為，人類作出的行動，不可能有比屠殺嬰孩這樣的行動更能激起突然的暴動，煽起仇恨餘燼的火焰。假如埃及人真是試圖去做這種令人髮指的惡行的話，那他們要與之搏鬥的不只是以色列男人們，還有那些憤怒至極的母親們。埃及人不可能蠢到去挑起母性的深入骨髓的恨，與失心狂似的暴怒。如果這一計謀確已實施，那整個希伯來人的效率肯定也會受到強烈影響。一群憤怒而心碎的人，是不可能好好工作的。

摩西在殺死那個埃及人後開始了逃亡，他朝北、朝東走，來到了米甸人的地方，他們也是亞伯拉罕的後裔。此時，他已年屆40，尚未成婚。顯然地，他在埃及宮廷的工作完全花去了他的時間。

這是一個小小的羅曼史，所有的細節都非常之簡單——這位疲憊不堪的男人，停下來站在一口井邊，而葉忒羅的七個女兒們到井邊來給羊群打水。接着來了一幫牧羊人，他們把姑娘們從水邊給趕走了。此時，摩西真實的本性流露，他站到了姑娘們這一邊，這使得鄉下小夥子們既懊惱又尷尬，因為他們的禮貌都丟在家裏了。這一故事形成了一個戲劇性的舞台背景，演員們動作並不遲緩：七個女兒是芭蕾演員、牧羊人是男聲合唱團，而摩西是男低音兼英雄人物。姑娘們回家了，並告訴她們的父親，她們遇到了一位具有俠士風度的陌生人。而父親，帶着沙漠人的全部敬意，打發人去請他來，「他也許可以吃點兒麵包」。

自然地，摩西娶了姑娘中的一位。

摩西照看着他岳父葉忒羅的羊群，把它們帶到很遠的地方去，與

它們住在一起，並睡在野外、滿天繁星之下。

此時葉忒羅是他的部族的酋長了。摩西稱他為「祭司」，然而他只是順帶的祭司，像所有的阿拉伯酋長一樣。

神職人員起源於埃及。在以色列人到達歌珊地[26]之前，「聖器」，或稱為神聖的器具，是屬於每個家庭的。部落的酋長主持宗教儀式，告慰家族的神靈，或是委派另外一人辦此事。部落的首領，或曰酋長，被稱為「柯恩」。那個協助他的人，或是他委派的人，被稱作「利未」。成為「利未」這一行當的方式，借鑒於埃及人。埃及人單獨有人專門處理神祕事務。摩西自稱為一名利未，或利未人。

在忙碌奔波的生活之後，摩西無法定居下來過牧羊人的那種單調乏味的生活。很有可能，他是此時寫成的《約伯記》，它是世上第一部戲劇，也是《聖經》中最古老的一部。摩西躊躇滿志、胸懷大志。非常自然地，他向以色列人的神靈祈禱，神也認真傾聽他的禱告，與他交談。

寂靜、孤獨、大山的莊嚴、伸展無垠的閃爍的沙子、寧靜的漫漫長夜，這一切都極易引向幻想之旅。牧羊人常處於精神迷亂的長久危險之中。群居與離群索居同樣被人所需要。

經過與上帝的交談，摩西渴望見到他。一天，通過金合歡樹上的燃燒的紅焰，丰召喚着他；

---

26 歌珊地：《聖經》中記載的出埃及前，以色列人所居住的埃及北部的肥沃牧羊地。常被喻作豐饒樂土。

「摩西！摩西！」

摩西答道：「我在這裏！」

摩西天生是個統治者——他是人們的領袖——已屆人生之中年，25 年的習慣突然中斷，他的職業也已失去。他企盼着他的人民，心繫他們的疾苦，他的願望便是帶領他們走出困境、掙脫束縛。他了解埃及政權對以色列人的暴政。拉美西斯二世是一個有着建築癖好的統治者：總是在沒完沒了地建造花園、挖掘運河、鋪築道路、建設標準住宅、籌建宮殿、豎立雕像。他是個勞動者，也逼着每個人不停地勞作。摩西就正忙碌於這類紛繁龐雜的事務管理中的。當他滿懷熱情投入工作時，他知道這種忙忙碌碌的習慣將會走向極端，使它的追隨者成為它的受害者——還不僅限於此，這種艱辛的生活，將會把自由人轉變成為農奴，將農奴變成完全的奴隸。

現在，拉美西斯已死。驕傲自大、虛榮自負、狂躁易怒、自私自利的米奈塔上台統治。以色列人的日子比以前更難捱了！

摩西對此思考得越多，就越堅定了他要重返埃及，引領他的人民走出桎梏的決心。對於他自己而言，他已被逐出埃及，對此事憂心如焚：他已失去在埃及宮廷的位置，他將奪回它，並要爭得比以往更好的環境！

他傾聽到了「聲音」！所有偉人都聽到召喚他們的「聲音」。側耳傾聽內心深處的聲音，只不過就是做你真正想做的事。

「摩西，摩西！」

摩西答道：「主啊，我在這裏。」

摩西戒律依然影響着世界，不僅僅是正統的猶太人逐字逐句地遵循着它。我們帶着自己的理由來對待摩西戒律，對那些於我們不合的戒律，我們就輕輕一掠而過。實際上，大多數國家的民法，都禁止摩西提倡做的事。比如，《出埃及記》的第二十二章的十八節說：「汝不可容一巫婆存活。」無論如何，在這世界上的任何一個地方，都沒有猶太律師或拉比，會主張去殺死一些被認為是巫婆的人。我們解釋這一例子，指出這位啟示作者的錯誤之處，只會顯得我們忽略了他所處的時代。否則，我們便退守到這一無可爭辯的事實——即各種各樣的作者與譯者都已篡改了最原始的章節——這必然是這樣，因為摩西所著的書記載了他自己的死亡。

而當我們在摩西的章節中，找到要求我們善待敵人的詞語時，我們得老實說，這是第一個向我們描述人類兄弟友愛之情的文字。

「汝不可受賄賂：因為賄賂會叫明眼人變瞎，又能顛倒正義的話語。」此處，我們可得到 20 世紀的智慧。許多章節的內容都非常之好、非常之真，這向我們證明，可以無可挑剔地說，摩西正是他所處的時代的一部分。對任何在世或已故之人，加以此評論，那可是非常之高的褒獎。

在懷疑時代，猶太人民轉向《托拉》[27] 或是律法書上尋求答案。此書由拉比們，或是飽學之士們進行闡釋。為了迎合現實生活中種種情況下的緊急需要，該書被修改、擴大、延伸。這些改變，並未諮詢人民的看法。自然而然地，這都是祕密進行的，因為受啟示之人，在大部分人接受他們的法令之前，一定早已去世。仍舊在世，往往或多或

27　托拉：希伯來聖經，包括希伯來經典的一大部書籍，用於舉行宗教儀式時向人們佈道。

少是種冒犯，特別是當你僅僅是個普通人，而不是名人顯要時。

在摩西的一生中，反對他的交頭接耳的低語，往往迸發為蔓延的吵鬧與怒吼。暴民們指責他將他們帶往荒野，步入毀滅。為了遠離這些目光短淺之人持續不斷的爭吵與批評，摩西經常獨自一人走上大山，以尋求寧靜，在那裏與他的神交流。無疑地，這是一個偉大的進步：將所有的神聯合成一個至高無上的神，它無處不在、主宰着全世界。而不是數十個小神一起，相互嫉妒、吵吵鬧鬧、焦慮不安、狂躁易怒、大驚小怪、大吹大擂、將手杖變成毒蛇，或是做些其他無用之事。而是代之以唯一的、至高無上的上帝，平心靜氣、一個愛與正義之神。「在他並沒有改變，也沒有轉動的影兒」[28] 這種漸進式地將神性的概念給尊崇化，揭示了人把自己的本性給尊崇化的傾向。

直至不久前，上帝還有一個魔鬼作為對手；但如今，魔鬼已僅僅是一個打趣的對象而已。摩西時代之前，西奈山的神還只是希伯來人的神，這得歸因於上帝的暴力、憤怒、嫉妒，所有這些構成了一個野蠻首領的品質，還包括了上帝的子僕們欲與大地之女交媾的傾向。

非常可能的是，有關上帝的主意——相對於一個神、眾神中的一個神——是在摩西的頭腦中，漸漸產生並逐漸成熟起來的。理想在成長，摩西也與理想同時成長。接着，上帝從「一個神靈」成為「唯一的神靈」，是一個非常自然、輕鬆、而美好的演變過程。

關於天使、魔鬼、天堂信使，如加百列、聖靈等，一直圍繞着王

---

28 摘自《聖經》「雅各書」第一章第十七節：「各樣美善的恩賜，和各樣全備的賞賜，都是從上頭來的。從眾光之父那裏降下來的，在他並沒有改變，也沒有轉動的影兒。」

座的想法，是一種來源於絕對王權的宮廷的設想。三位一體是寡頭統治的提煉，而將自己的一個兒子替觸怒君王的人們獻祭出來，是對無知之夜的一種靜修與反思，所有民族都在通過人類的犧牲，來努力撫平他們的神祇的憤怒。

上帝對於我們來說是神靈，在揭示出來的大自然中隨處可見。我們是大自然的一部分——我們，同樣地，也是神靈。當摩西命令他的人民必須返還給他們敵人迷途的動物，物歸原主，我們看到的是一個偉人，努力造福於人類，使他們認識到神靈的法則。我們全都是一個大家庭——我們不能冤枉或是傷害別人，即使他是敵人。

如今我們有了一些州或邦的強大聯合，或稱之為國家，取代了數以千計的紛爭不斷的家庭或部族。如果一旦有某個國家對另一個國家開戰，它將迅速面對一個更強大的敵人。全世界只有一個政權的想法，業已成形——這世上必須有一個至高無上的主宰，所有這些因戰爭而生的龐大的金錢、血與肉、悸動的心的付出，都一去不復返，正如我們遺棄掉的那些擠擠挨挨、嫉妒成性的諸多神祇們一樣。同樣地，這個世界更美好的情感，將是把獨裁者、皇帝、國王、大公，以及那些貪婪的、號稱是民主制的瀆職者們，連同那些遮蔽了天日的神職的幽靈們，統統都送到遺忘之垃圾堆上。神祇們都灰飛煙滅，而人類，在此永存。

這些降臨到埃及人頭上的災難是他們應得的自然災害：乾旱、洪水、蠅災、虱災、蛙災，和疾病[29]。以色列人很自然地將這些災難，歸

29　指《聖經》的「出埃及記」中的事件。上帝曉諭摩西帶領以色列人出埃及，而埃及法老王百般刁難。於是上帝顯神跡於埃及，先後讓埃及遭受各種災害。最終法老王同意讓他們出埃及。

因於他們以色列之神的懲示。我還記得兒時的一個農夫，被鄰居們看作是異教徒。有一天，當他站在自家門口時，被閃電擊中，並很快死去。在此之前的星期天，這個人在地裏幹活時説了「該死的」，或是類似的不吉利的話。我們的牧師詳細地講解了這件事情，説這個人的死，是上帝的「審判」。而這之後，當我們的教堂被閃電擊中時，它又被當作是個意外事故。

愚昧迷信的人們，往往把特殊事情，歸結於特別的原因。1885年，當蝗蟲肆虐於堪薩斯時，我聽到一個南方來的好人説，這是對堪薩斯支持鼓動老約翰・布朗[30]的報應。次年，南方棉花地裏的象鼻蟲[31]肆虐，北方有些牧師認為已知天意，宣稱這是上帝揮之不去的對南方蓄奴的憤怒的表現。

有三個種族造就了我們現在的社會文明。它們是：希臘人、羅馬人與猶太人。珀耳修斯[32]、羅穆盧斯[33]和摩西的人生，都充滿了非凡的奇跡。但如果我們接受他們中的某一個的超自然，那我們就必須三者都接受。究竟這三個偉大民族中的哪一個，對我們的幸福安康貢獻最

---

30 約翰・布朗：1800－1859，美國廢奴主義者。1859年他與21名跟隨者在哈珀斯渡口佔領了美國軍火庫，為解放南方奴隸作出了努力。行動失敗後，布朗在審判後被判處絞刑。1854年，在南方種植園奴隸主的操控下，國會通過了《堪薩斯－內布拉斯加法案》，用武力在堪薩斯和內布拉斯加推行黑人奴隸制。堪薩斯當時成為兩種制度鬥爭的焦點。

31 又稱棉鈴象甲蟲。墨西哥及美國南部一種長鼻的灰色小甲蟲（墨西哥棉鈴象），成蟲在棉鈴上鑽孔和孵化幼蟲，破壞棉球。

32 珀耳修斯：源於希臘神話。達那厄和宙斯的兒子、安德洛墨達的丈夫，他殺死了蛇髮女戈耳工美杜莎。

33 羅穆盧斯：源自羅馬神話。為瑪爾斯的兒子及羅馬的著名建國者，他和孿生兄弟瑞摩斯由狼撫養和哺育。

大，仁者見仁，智者見智。但就目前而言，希臘之星冉冉而起，青雲直上。我們依靠藝術，得到精神慰藉與歡樂。希臘代表着藝術，羅馬代表着征服，猶太代表着宗教。

摩西還是個美的愛好者。他對人民的管理，通過訓練他們去工作而進行，也通過道德教育進行，兩者一樣重要。事實上，他的道德是權宜之計——根據現代科學，這理由已夠充分了。當他要求他們工作時，他説：「這是上帝的旨意」，和他希望加諸他們某一想法時一樣。

在閱讀到《出埃及記》第二十六、二十七和二十八章時，每個人都對此印象深刻：寫下這些篇章之人，有着工匠之王——御用工匠之靈魂。他將十誡刻在石碑上，顯示出了他使用大槌與鑿子的技巧。這是他在埃及時取得的才能，在那裏，拉美西斯二世有着數千個這樣的工匠，從事雕刻，並將銘文刻在石上。

《出埃及記》中有幾章，有可能是由阿爾布列希特・丟勒 [34] 或威廉・莫里斯 [35] 執筆。「汝勿為己雕製任何偶像」的戒律，顯然只是為了糾正一個當地的惡行：崇拜偶像，而不是崇拜它所代表的內涵的傾向。未參與創造一件東西的人，很容易會成為這種錯誤的犧牲品。從摩西所展現出來的所有這些過人的機智，可以公平地推斷出，他的本意並非是讓這些戒律成為永恆。因為多次的四處遷徙之後，猶太人似乎失去了他們的藝術思想。

34　丟勒：1471－1528，德國畫家與雕刻家，將意大利文藝復興的古典精神融入北歐藝術。

35　莫里斯：1834－1896，英國詩人、畫家、工藝美術家和社會改革家，因詩作而為後人銘記，包括史詩《烏有鄉消息》（1876 年）。

當然，猶太人心中的藝術之火從未熄滅，即使有些時候只是默默地醞釀、鬱積着。一旦猶太人擁有和平與安全，他們在創造才能方面從未落後。歷史上有相當多傑出的猶太人，他們在音樂、繪畫、詩歌與雕塑方面，對美的貢獻良多。在美國參加手工訓練與藝術學院的猶太兒童中，天才的萌芽隨處可見。

藝術在崇高感中得到昇華。它有時是宗教激情的一種滿足。在工作面前止步不前，停滯於祈禱與沉思的宗教，是發展停頓的一種形式。

出埃及的人數很可能是兩三千人。勒南 [36] 説，在約瑟進入埃及到起義之間，時間也僅一個世紀。非常肯定的是，進入沙漠的人數並不多。不可能有 50 萬的婦女向她們的鄰居借去珠寶——這一祕密不可能被守住。在摩西與國王的談判中，為人們所知的是，摩西只要求出去三天，到荒野裏去獻祭。這有點類似於外出野餐，或是宗教營會。這樣一個龐大的人群是不可能參與這一類的行動的。另外，我們聽到，他們因為到達了以琳 [37] 而唱起了感恩的歌，那裏有「12 股水泉，70 棵棕櫚樹」。假如像我們被告知的那樣，當時有數百萬人，那無足輕重的七十棵樹的蔭翳，對他們而言根本就算不上什麼。

從埃及的歌珊地，到巴勒斯坦的迦南地，距離大約 175 英里。但他們迂回曲折的旅行路線，將近有上千英里。路上花費了 40 年，因

---

36 約瑟夫·歐內斯特·勒南：1823－1892，法國文獻學家、哲學家和歷史學家。有系列著作《基督教起源史》。

37 源自《聖經》出埃及記，為摩西引領以色列人出埃及途經一地。據記載，他們到了以琳，那裏有 12 股水泉和 70 棵棕櫚樹，他們就在那裏水邊安營。以琳成為以色列人長途跋涉後非常怡人的休憩地。

為途中不得不與路經的敵國戰鬥，敵人自然而然地會極力阻止他們經過。迅速的交通是根本不可能實現的。速度大約是每年走 25 英里。

這群無家可歸、居無定所的人，時刻被沙漠裏的自然危險所包圍，同時還得面對他們經過的土地上的居民的暴怒。充滿恐懼、思想迷信，無時無刻忍受飢餓、危險與猜疑的威脅。夜晚，有人打前鋒，舉着柱子上的燈帶路；白天，馬隊捲起的一團團灰塵。事後，前者被詩人歌頌為火柱，後者為雲柱。偶然地，一群鵪鶉被狂風刮到人群中，此事被認為是神跡的展示。嗎哪樹 [38] 上流出的白色的蠟質，被稱作是「麵包」──或更是精神上的食糧。

最初參加出埃及的人，基本上都已離世──他們的孩子與孫子輩倖存下來，在沙漠中出生，苦難中成長。迦南地並不象先前描畫的那樣，是流着奶與蜜之地。奶與蜜是在土地上勞動之後的成果。摩西明白這一點，並極力傳播這一偉大的真理。他對神授信念是真誠的。經歷過懷疑猜忌、艱難險阻、貧困交加與重重誤解，他仍將理想高高舉起──他們是在朝一個更美好的地方行進。

最後，持續不斷的奮鬥使得他精疲力竭，時年 120 歲高齡的他，「他的雙眼仍未昏花，他的力量仍未衰退」──只有這些活得長得人，才能活得好──摩西像往常那樣，登上大山，在孤獨中尋求安寧。他的子民徒勞地等待着他──他一去不復返。獨自一人在那裏，陪侍着他的上帝，他永遠地睡去，並忘記醒來。他的人生歷程已經走完。「直

---

38 《舊約聖經》中記載的奇跡般出現的食物，提供給從埃及逃出，在荒涼的沙漠中流浪的以色列人充饑。

至今日，無人知曉他的墳墓。」

　　歷史很少現場記錄──無疑，那時也沒有。數世紀以來，事實與真相、世代相傳的習俗與傳統、詩歌、神話與傳說，都融合成為我們稱之為《聖經》的形式。但是，在重重迷霧與遙遠的往昔之中，浮現出一位英雄人物的身影──此君心懷期冀、不知疲倦、繁忙勞碌、躊躇滿志、深沉熱愛，步履蹣跚、踉踉蹌蹌，卻仍堅貞不渝。摩西乃史上第一人，為了人類的權利，為了尋求解放人民，甚至為了幫助他們掙脫自身的限制而努力奮鬥。「此後以色列中再沒有興起先知像摩西那樣的，他是耶和華面對面所認識的。」**39**

39　源自《聖經》舊約「申命記」第 34 節。

畢達哥拉斯

畢達哥拉斯（Pythagoras，約公元前 580－約公元前 500），古希臘哲學家、數學家、天文學家，被認為是世界上第一位真正的數學家。畢達哥拉斯早年曾在錫羅斯島向費雷西底學習，又曾師事伊奧尼亞學派的安約西曼德，之後遊歷埃及、巴比倫等地，接受古代流傳下來的天文、數學知識。他最後定居在克羅托納，在那裏建立了一個宗教、政治、學術合一的團體——畢達哥拉斯學派，它是繼伊奧尼亞學派後古希臘第二個重要的學派。這個團體後來在政治鬥爭中遭到破壞，他逃到塔蘭托，終被殺害。畢達哥拉斯曾用數學研究樂律，而由此所產生的「和諧」的概念也對以後古希臘的哲學家有重大影響。畢達哥拉斯還是在西方第一個發現勾股定理（在西方又稱「畢達哥拉斯定理」）的人。

臨行而思，臨行而問，則不做蠢事；不思而言，不思而行，則自找苦吃。勿做日後折磨自己之事，勿做日後追悔莫及之事。

——畢達哥拉斯

　　我並不想搞得博克先生 [1] 沒飯吃，只是想請大家注意畢達哥拉斯，此君生活在公元前六世紀。

　　即使在那個年代，世界已經開始變老。孟斐斯 [2] 建於 4000 年前，早已淪為廢墟；特洛伊 [3] 深深埋在塵埃中，直至一位德國出生的美國公民拂去塵土，使它重見天日；尼尼微 [4] 和巴比倫 [5] 奄奄一息，面臨輝煌過後緊跟而來的死亡命運；帝國之星，正準備向西緩緩而行。

　　畢達哥拉斯引領着希臘的黃金時代。緊隨其後的所有偉大作家都引用他的話，提到他。一些人崇拜他；另一些人則傲慢地批評他；大多數人都有那麼一點兒嫉妒他；其中還有一些人把他當作是可怕的壞榜樣，稱他裝腔作勢、誇誇其談、賣弄學問，老喜歡「掉書袋」。

　　利用報紙對人評頭論足，這並非畢達哥拉斯時代的發明；不過人

1　愛德華・威廉・博克：1863－1930，荷蘭裔美國記者和編輯。因擔任《婦女家庭雜誌》主編和力主和平及社會改革的工作而聞名。

2　孟斐斯：古埃及城市。位於今尼羅河三角洲南部，上下埃及交界的米特・拉辛納村。

3　特洛伊：古希臘殖民城市。公元前 16 世紀前後由古希臘人所建。公元前 13 至前 12 世紀，頗為繁榮。公元前 12 世紀初，邁錫尼聯合希臘各城邦組成聯軍，渡海遠征特洛伊，戰爭延續 10 年之久，史稱「特洛伊戰爭」。特洛伊也因此聞名。城市在戰爭中成為廢墟。據傳說，特洛伊城最後由希臘人用「木馬計」攻破。1871－1890 年，德國考古學家 H・謝里曼發掘出特洛伊城址，特洛伊的真實存在得以確認。

4　尼尼微：西亞古城。位於底格里斯河上游東岸今伊拉克摩蘇爾附近。是古亞述帝國的都城和文化中心，以巨大的建築著稱。神廟和王宮規模雄偉。公元前 606 年被迦勒底人、波斯人和米堤亞聯軍攻陷後，被夷為廢墟。

5　巴比倫：巴比倫王國的都城。公元前 18 世紀前半期，古巴比倫王國漢穆拉比王統一兩河流域，即以此為國都，同時這裏成為祭祀馬爾杜克諸神的中心。後成為加喜特諸王的都城。公元前 689 年為亞述王西拿基立所毀，不久又經新巴比倫王國重建。

身攻擊，自從巴蘭[6]和他對面的人飛短流長之後，就變得相當流行了。

阿那克薩哥拉[7]將自己的財富全部讓渡給政府，以期獲得自由。他是伯里克利的老師，也是畢達哥拉斯的學生，經常提及自己的恩師。

因此，伯里克利對畢達哥拉斯哲學印象深刻，並常常在演講中引用相關的理論。蘇格拉底將畢達哥拉斯列為簡樸生活的權威，並聲稱，願意在萬事萬物中追隨他，只要他不要求噤聲就行。蘇格拉底希望沉默是非強制的；而畢達哥拉斯則要求他的所有學生必須有一年的時間，禁止問任何問題，也禁止作任何解釋。在最過分的時候，他把禁令的期限加到五年。

在很多方面，畢達哥拉斯使我們想起了好朋友馬爾登，他倆都是仁慈的獨裁者，都通過身體力行證明自己的真誠。畢達哥拉斯曾說：「我從來不會要求別人做我自己沒做過、我自己不願意去做的事。」

為此，有一次，他的三百名學生向他提出挑戰，要他保持沉默一年。他接受了挑戰，對於狂風暴雨般襲來的批評與指責，他沒有作任何辯護，沒有發過任何牢騷，甚至沒有下過任何命令。不過，據傳說，後來，在他的禁令期限結束之後，他把禁令的平均時間變短了。

有兩部相當完整的畢達哥拉斯傳記，一部是第歐根尼‧拉爾修[8]

6　巴蘭意即「民眾之主」，可能只是一個高貴的稱呼，與「拉比」「先知」等相同。《舊約》中稱，摩押王巴勒因為懼怕以色列，所以召請巴蘭來咒詛以色列人，不料神不許巴蘭咒詛，把他的咒詛變成祝福。

7　阿那克薩哥拉：前 488 年－前 428 年，是古希臘哲學家。對日蝕做過正確解釋並相信物質由原子組成。

8　第歐根尼‧拉爾修：約 200－約 250，古希臘哲學史料《名哲言行錄》的編纂者。

寫的,另一部是楊布里科斯 [9] 寫的。

就個人而言,我更喜歡後者楊布里科斯的傳記,該書從畢達哥拉斯的名字推斷,認為他是艾尼阿斯 [10] 的後代。而艾尼阿斯則是尼普頓 [11] 的兒子。這樣的說法,確實比下面這個唐突而有些聳人聽聞的說法好得多:有人竟說,他的父親就是阿波羅。

畢達哥拉斯的出生地在薩摩斯 [12],希臘的一個島嶼。他的親生父母富裕而誠實,而且相親相愛——畢達哥拉斯說,若要出身無比高貴的話,這一點必不可少。畢達哥拉斯的這一假說,非常可能完全正確。

毫無疑問,他是男子氣概的高貴典範,無論是身體上,還是精神上,都是如此。他身材高大、輕盈敏捷、高貴威嚴,並且天生寡言少語。他深知,英俊男子的言談,總是無法像他的外表一樣完美無缺。

他完全清楚自己身體的優雅風度,在回憶自己早年生活時,他曾說,他父親是一位商船船長和貿易商。他又不經意加了一句說,如果男人一年有 11 個月遠離家人,他的子孫將後福無窮。許多當代的哲學家也同意這個觀點,只不過他們很少身體力行去實踐自己的理想。阿

9　楊布里科斯:約 250－約 330,有時被稱為卡爾基斯的楊布里科斯,是新柏拉圖主義哲學的重要人物,為該學派敘利亞分支的創始人。

10　艾尼阿斯:古代希臘、羅馬神話中特洛伊戰爭中的戰鬥英雄。在特洛伊城淪陷後,攜帶幼子,又揹負父親,逃出被大火吞滅的家園。此後長期流浪在外,最後到達了南部的意大利。傳說中,就是艾尼阿斯家族的後代子孫們,在稍後的時代中建立了羅馬城。

11　尼普頓:羅馬神話中的海神。

12　薩摩斯島:希臘東部愛琴海上一島嶼,位於土耳其西岸附近。最早於青銅器時代就有人居住,後被愛奧尼亞希臘人殖民,在公元前 6 世紀成為重要的商業和海上力量。先後被波斯、雅典、斯巴達、羅馬、拜占庭和奧托曼帝國佔領,1913 年此島成為今天希臘的一部分。

里斯托芬 [13] 和畢達哥拉斯的一些學生關係密切，他在自己一個劇本中建議，畢達哥拉斯所說的居家時限至少要增加一個月，這樣才對所有相關人員有好處。

柏拉圖、色芬尼 [14] 和亞里士多德經常提及畢達哥拉斯。上述這些偉人們都曾受其影響，可見畢達哥拉斯傳授了多麼崇高的哲學觀點！事實上，畢達哥拉斯便是萬師之師。和其他把智慧當作事業的偉人們一樣，他有時會變得反應遲鈍，沉溺於翻滾洶湧的詞彙之中而無法脫身，反而把原先的想法忘得一乾二淨──假如原先的確有一定想法的話。

知識、學問與智慧，這是三樣東西。而直到近期，世人才認定它們實際上是一回事。

知識，是由我們知道的事物組成的，不是我們相信或是認定的事物。它是一種個人直覺的東西，通過經驗確認證實。學問，則很大程度上由我們熟記的東西，以及別人或書本告訴我們的東西組成。伯克利廣場 [15] 的湯姆林森 [16] 是一個有學問的人。我們說起有學問的人，通常會把他描繪為一個坐在圖書館，被高出書架的大部頭書所包圍的人。

智慧，則是我們從經驗中所學到的精髓的濃縮。它幫助我們生

13　阿里斯托芬：公元前 448－前 388，雅典劇作家，被認為是最偉大的古典諷刺喜劇作家。現存的劇本有《雲》和《呂西斯特拉特》。

14　色芬尼：公元前 430－前 355，希臘士兵和作家，蘇格拉底的門徒。在進攻波斯的戰役中加入居魯士二世的軍隊。居魯士死後，色芬尼率領着希臘軍隊到了黑海，這次艱辛危險的經歷成了他《遠征記》的素材。

15　伯克利廣場：位於倫敦上流社區。

16　英國小說家吉卜林小說《湯姆林森》中的人物。

活、工作、愛。不論我們此生此世的人生際遇如何,它都將使我們的
生活富有價值、飽含意義。即使是飽學之士,仍可能還遠遠談不上有
智慧。

畢達哥拉斯屬於這一類奇特的人:天生就有着追求知識的渴望,
並最終破解了斯芬克斯之謎,明白實在是無話可說,但還是堅持在
說。換言之,大學問只不過是由一層層的詞語堆積而成的,在此基礎
上,造起了一個神統的系譜。實際上,他,就是一個祭司。

只要深挖所有的宗教哲學,都會發現智慧的金塊。它們閃閃發
光,就像漆黑夜空中的閃亮明星,指引着人們不斷向前邁進。

所有偉大的宗教都會有這樣的理智階段,否則就根本不會有信
徒。信徒們或多或少地明白了一些道理,希望最終能明白所有的一
切。而那些介紹別人入會的人,從內心講,在他們的良心深處,他們
明白自己其實也一無所知。在教授別人的時候,他們不得不假裝自己
已經完全明白自己所說的東西的意義。新入會者則將自己的缺乏認
知,歸因於自己的愚蠢,而且許多偉大的導師也鼓勵他們這樣想。

「耐心點,將來某一天你會明白的。」他們帶着冷笑說道。

當輕信威脅着要退縮,想止步不前時,魔法趕來救援,赫曼與凱
勒 [17] 的領域侵入了新的地盤。

神跡和奇跡源自埃及。它們作為一種制度,在那裏獲得發展,並
得到統治者的支持。與這個異常龐大的宗教騙局相比,當代的詭計詐
術簡直就像外行人做事一樣笨拙可笑。政府、軍隊、國家的徵稅權,

---

17 赫曼和凱勒都是著名的魔術師。

都宣誓保護這些巨大無比的保險箱，而這些保險箱貯藏的東西是——虛無。也就是說，除了偽裝之外什麼也沒有，而貪婪成性及自我催眠的輕信，在偽裝的養育下變得越來越肥大、壯碩。

通過啞劇表演及怪異的動作、服裝及儀式，表現及暗示這個世界最深層的祕密及人類的終極命運，所有這樣的機構都源自埃及。如今的埃及只剩下墓穴、墳地、公墓和無邊的沉寂。祭司們不再需要軍人保護他們的祕密了。曾經統治世界的阿蒙拉神 [18] 最終被耶和華驅走，如今和木乃伊們一樣喪失了生命，而那些木乃伊曾叱咤風雲，無所不能。

埃及人帶着嫉妒和恐懼，守護着他們的祕密。

現在我們知道他們的祕密了。這個祕密就是——沒什麼祕密！

這就是所有祕密社團諄諄告誡的唯一祕密。智慧不能用胡言亂語關進畜欄，更不能用術語、行話捆住手腳。知識是一回事——而謊言是另外一回事。俯瞰眺望之下，我們在羽毛未豐的時代組建的「希臘字母社團」依然隱約可見，隨後有了「鹿會」[19]，會員們帶着礦泉水和微笑，講着非常好聽的笑話。不過，要不是有了作為保留內容的手足情誼及友愛之情，一切都會顯得荒唐可笑。

所有這些祕密與奧妙都曾經屬於官方，後來，當局丟棄了它們，而學生們則繼續把它們當作寶貝，四處炫耀。

「希臘字母社團」曾是每個大學都必不可少的那一部分課程的殘剩

---

18 阿蒙拉神：也稱作阿蒙臘神，或是稱作阿蒙雷神，古埃及底比斯城的一位主神，也是太陽神，被認為是宇宙的創造者，相當於希臘神話中的宙斯。

19 鹿會：美國的一個慈善聯誼組織。

品。「死」語言變成了選修課，這是「屍體」斷氣之前的最後一次抽搐之踢。

現在許多大學都給學生的祕密社團貼上禁止的密封條；祕密社團將不再被容許作為教育年輕人的一部分內容，不管是直接還是間接，這一天很快就要來臨了。這是因為，一知半解的頭腦容易過於認真地對待希臘字母的奧祕，而把大學課程當作教職員工的笑話。

如果知識能夠通過騎羊獲得，那麼每一個小小的鄉村社區，就在雜貨店上面的寄宿屋，會住着一位赫伯特·斯賓塞 [20]；而耕地的農夫抓住羊頸背就能獲得智慧，只要抓住羊尾巴就能留住知識。

在生活及品行方面並無祕密可言，因為大自然已經為你提供了你所知道的每一個美麗的想法、你所感覺到的每一個珍貴的情感，它們在你的臉上閃閃發光，每一個偉大的人都能夠看見、知曉、明瞭、欣賞和享受它們。只有奉獻出東西，你才能留住東西。

畢達哥拉斯只有四五歲的時候，他母親教他早上在冰冷的小溪中洗浴，然後迎風奔跑，晾乾柔嫩的皮膚。他跑的時候，她也跟着跑，他們一起對着太陽唱着讚美詩。對他們來說，它代表着太陽神阿波羅。

這位母親教會他漠視寒冷、酷暑與飢餓，為堅持不懈而歡呼雀躍，為身體的熾熱而不勝欣喜。

於是這男孩長得強壯而英俊，充滿自豪；也許就是在他的幼年時期，從母親那裏他有了一個想法，後來他將這個想法加以延伸：他

20　赫伯特·斯賓塞：1820－1903，英國哲學家，試圖在其系列論著《合成哲學》中將進化論運用於哲學及倫理學，被稱為「社會達爾文主義之父」。

認為阿波羅曾出現在母親面前，太陽神之美令人炫目，母親完全折服了，這是她能認真注視的第一位神。

偉大母親的抱負總是會集中到自己的兒子身上。畢達哥拉斯滿是這樣的想法：他與眾不同、卓爾不群，是專門留下來教授人類的。

他自認為在出生地學到了所有的知識，而且未受賞識，於是他朝埃及這個學問之國進發。知識是一個祕密，必須通過口耳相傳及學習書本才能獲得，這樣一個謬論在當時盛行，如今也仍然大有市場。畢達哥拉斯的母親希望兒子通曉埃及之謎中隱藏最深的祕密。這樣的話，他就會明瞭一切。為此，她賣掉了自己的珠寶，以幫助兒子獲得埃及的教育。

婦女未被允許了解神聖的祕密——只能知道一些小小的祕密。這位女士想了解更多一點兒，於是她說，兒子可以學習，然後告訴她。

此時，這一家人已經非常富有，而且非常有權勢。薩摩斯的一位大人物寫了一封信給埃及的國務大臣。於是，年方二十的畢達哥拉斯，「留有一頭漂亮頭髮的小夥子」，邁向了前往埃及的征程，大膽地叩響孟菲斯神廟的大門，據說那裏貯滿了知識。當時，宗教壟斷了所有的學校，在畢達哥拉斯去世之後相當一段時間內依然如此。

他被婉言謝絕，理由是外國人不能進入神聖的大門——新加入者必須是在神廟的影子裏出生，而且自小由神聖的處女養育，對神充滿信念。

畢達哥拉斯仍然堅持要留下來，大概就在那時，他找到了一個保證人為他說話，說他就是阿波羅的兒子。廟裏的聖人們此時從窺視孔裏偷偷地張望了一眼，對於這位竟敢撒下彌天大謊，可與他們發明的

謊言相提並論的人，他們肅然起敬，從心底充滿了神聖的欽佩。

男孩肯定完全進入了角色。或許，站在這的正是一位他們假裝扮演的角色！騙子總是信任騙子，流氓要比誠實的人更容易被流氓習氣所俘虜。

他上大學的事成了一件國際外交事務。最後，因為被催逼得太緊，負責壟斷管理祕密的智人們讓步了。他們通知畢達哥拉斯，在某個晚上的半夜，他必須全身赤裸出現在某個廟的門前，之後，他會被允許進入廟內。

在特定時間的特定時刻，美髮少年畢達哥拉斯出現在那兒，除了一頭美髮之外一絲不掛。他敲擊着巨大的銅門，但只聽到微弱、空洞的迴響。

然後他拿了一塊石頭開始敲擊，但還是沒有任何回應。強勁的寒風猛地吹來。年輕人冰冷刺骨，但他依然執著地敲打着，高聲喊叫着，要求進去。他得到的回應是裏面嗥叫、咆哮的狗吠聲。他還是敲打着！過了一段時間之後，一個沙啞的聲音透過一條小縫大聲喊叫，命令他馬上離開，否則放狗來咬他。

他仍請求進去。

「傻瓜，難道你不知道？法律規定，這些門只有在日出時分才能讓人進來。」

「我只知道，有人告訴我半夜到這來，這樣就會讓我進去。」

「這些都有可能是真的，不過沒人告訴你，什麼時間會讓你進去——等待吧，這是神的意願。」

於是畢達哥拉斯等待着，全身麻木，奄奄一息。

剛剛發出吠聲的狗群不知怎麼地出來了，它們在這座巨大石頭建築的角落興奮地奔來跑去。他帶着絕望的力氣和它們搏鬥。搏鬥似乎又使他熱血沸騰了，而之前他還打算退回到歇息的寄宿屋去。

東方的天邊漸漸亮了起來，成群的奴隸從他身邊走過去幹活。他們嘲笑他，向他投擲小鵝卵石。

突然，越過沙漠，他看到了初升太陽的微微粉紅輪廓。剎那間，他倚靠的巨大銅門突然搖搖晃晃地打開了。他隨門倒了下去，毛糙粗野的手拎住他的頭髮，將他扯進大堂。

大門又搖晃着呼地一聲關上。畢達哥拉斯陷入深深的黑暗之中，躺在石頭地板上。

一個似乎來自遙遠的聲音問道：「你還想繼續嗎？」

而他的回答是：「我還想繼續。」

一個身穿黑袍的身影，戴着面具，在忽隱忽現的燈光中出現，畢達哥拉斯被帶進一間石頭小屋。

他被剃了頭，給了一件非常粗糙的長袍，然後被留下來獨處。當天快結束的時候，有人給了他一塊黑麵包和一碗水。他被告知，這些東西是為了給他增加體力，以準備迎接即將到來的嚴酷考驗。

「嚴酷考驗」的具體內容我們只能猜測，不過部分的內容是把滾燙的沙子埋到他的身上，直至沙堆淹沒了他腰部以下的身體。就在他似乎就要斷氣之時——

一個聲音大聲問道：「你還想繼續嗎？」

而他的回答是：「我還想繼續。」

回到最深處的神廟之後，他被告知要進入某一道門，並在那等待。然後他被蒙上眼睛，當打開門進去的時候，他一腳踩空，掉入一個冰冷的水池之中。

當他在水中苦苦掙扎之時，

那個聲音又一次問道：「你還想繼續嗎？」

而他的回答是：「我還想繼續。」

後來，他被捆在一頭驢的後背，驢被牽着沿着陡峭多石的懸崖行走，燈火在一千英尺下的地方搖曳、閃爍。

「你還想繼續嗎？」那個聲音問道。

而畢達哥拉斯回答：「我還想繼續。」

此時，祭司突然把驢推下懸崖，懸崖的高度實際上只有兩英尺，下面的深溝在透過牆壁閃爍的燈火的映襯下，化作一片幻影。

後來，畢達哥拉斯將這些可愛的小消遣引進到自己創立的學院之中，這樣就可以教會快樂的新生們——只要你堅持到最後，沒有什麼會像它看起來那樣糟糕，而大多數的危險只不過是幻象而已。

埃及人變得非常敬重畢達哥拉斯，因此給了他一切機會，讓他了

解最深層的祕密。他説，他已經學會了所有的一切，除了那些根本不可理解的祕密之外。

他説的極可能是對的。

在埃及花費的時間並沒有浪費——他學會了天文學、數學和心理學。當時還沒有心理學這個名稱，但已被理解得非常透徹——它是對人的管理。

20 年之後，畢達哥拉斯回到薩摩斯。他的母親已經去世，因此她去世時，對神的祕密依然一無所知——也許這樣還更好一些罷。

此時，薩摩斯給予畢達哥拉斯莫大的榮譽。人們蜂擁而來，傾聽他的演講，爭相向他贈送禮物，王公貴族向他深深鞠躬。

但是薩摩斯很快就厭倦了畢達哥拉斯。他太冷峻、太嚴肅了。當他開始責備官員們太懶惰、太冷漠時，他被要求到別的地方去教授他的生命科學。於是他旅行到意大利南部，來到克羅托納 [21]，在那建造了繆斯神廟 [22]，並創立了畢達哥拉斯學派。他是他的時代中最有智慧、也最有學問的人。

有一些不友好的人説，畢達哥拉斯是耶穌會的創始人。埃及神學的奠基石就是那一句箴言：為了正當的目的，可以不擇手段。畢達哥拉斯離開埃及時，他將這塊奠基石作為紀念品隨身帶走。只有通過魔法和奇跡，神職人員才能對民眾保持控制權，對這一點，大家都深信

----

21 克羅托納：意大利南部一城市。

22 繆斯：希臘神話中司文藝的女神，即「藝術九女神」。希臘宗教中司音樂、詩文、美術的女神，亦監管天文、化學等古代科學。共姊妹九名。

不疑。作為一個非常不錯的警察系統，有組織的宗教受到高度讚賞。事實上，如果沒有神職人員的支持，沒有哪個統治者能保住自己的位子。他們都屬於聖職人員。人們徒勞地想從蘇格拉底時代開始湧現的聖人、賢者、哲學家、詩人和預言家中，尋找簡單的真理，但一無所獲。因真理以求真理，這絕對是無法想象的；自由思想更是聞所未聞。

私利總是被置於真理之前。

真理總是需要虛飾裝扮，否則人們不會有深刻的印象。歌詠、長袍、儀式、隊列、鐘鼓齊鳴、香煙嫋嫋，奇特的聲音、樣子與味道，這些都被認為是傳授神聖真理時，必不可少的要素。

而對我們來說，用噪音來表示敬拜，有一點像對鋼管樂隊示愛。

畢達哥拉斯是一個非常偉大的人，但要他完全摒棄這些神學小把戲，幾乎是不可能的。因此我們發現，每當他要說話時，一俟他站起身，紅色的火焰便瀰漫着房屋。這完全有點像已故的 T・德威特・塔爾馬奇牧師，據說他總是讓一位愛爾蘭人在適當的時候，從風琴台那裏放飛一隻白鴿。

畢達哥拉斯燃燒起紅色火焰的時候，自然聽眾會認為發生了奇跡，他們不曾明白，這只不過是簡單的舞台把戲。如今，所有喜歡坐在戲樓裏看《浮士德》[23] 的男孩們都明白是怎麼回事。

不過，畢達哥拉斯學派本身有着許多值得讚美的地方，它認認真真、堅定不移地努力去解決一些仍然在困擾我們的一些問題。

23　浮士德：歐洲中世紀傳說中的人物，為獲得知識和權力，向魔鬼出賣自己的靈魂。德國作家歌德曾創作同名詩劇。

　　畢達哥拉斯在克羅托納建造的繆斯神廟，根據楊布里科斯的描述，是一個有着 20 英尺厚牆的石頭建築物，光線只能從屋頂射入。顯然它是依照埃及的風格建造的，目的是為了教授那些祕傳的教義。但畢達哥拉斯改進了埃及人的方法，在某些日子向所有願意進來的人開放。有時，他會只給婦女發表演講，有時只給男人發表演講，有時只給孩子發表演講。這表明，所謂「新式復興方法」並不完全那麼「新式」。

　　這些演講包含了畢達哥拉斯哲學的精華，也包含了許多實用常識，至今仍被引用。一些言論被蘇格拉底、伯里克利、亞里士多德和普林尼 [24] 所銘記。埃及人究竟教了他一些什麼知識，我們真的無從知曉——它們過於飄忽不定，而無法持久。只有那些好的東西才能經久不衰。畢達哥拉斯說：

　　不要去切開葡萄。來自葡萄酒的喜悅並非良物。此種情況下，你抱的希望太多，因此今後失望會更多。智者既不會因失敗而沮喪難受，也不會因成功而狂喜得意。飲食要適度，沐浴要充足，多在露天鍛煉身體，散步走遠一點兒，要獨自一人去爬山。

　　尤其重要的是，要學會保持沉默——聆聽一切，少說話。如果遭人誹謗，不要回應。高談闊論無人信服。你的生活與品格是最好的論據，勝過任何你說的話。謊言只會回頭折磨那些重複它們的人。

　　力量的祕密在於保持平和的性情。請記住，沒有哪件事情，只要它會發生，會無窮無盡地持續下去。正義、勤勞、勇敢、節制和沉默

24　普林尼：23-79，古羅馬學者和博物學家，他寫了 37 卷的《自然史》。

的進程表明，你每做一件善事，就會得到你應得的收穫。神可能會慢一些給出回報，但他們永遠不會忘記。

我們不應因遭受怠慢、冤枉或是侮辱，而去懲罰別人，或為自己報仇——請稍事等候，你將發現，復仇女神會把那些熱衷於誹謗的人掀翻在地，使他們名聲掃地。

婦女的修飾應當端莊、樸素、真誠、順從。如果女人想俘虜男人，只有通過順從才能實現。神對悍婦的憎恨，甚於惡男——他們都在毀滅自己。爭吵往往帶來失敗。

淫逸放縱、華麗奢侈，這些是企圖從生活中獲得不應屬於我們的愉悅，因此復仇女神為懶惰和貪婪準備了她的懲罰。

要敬畏和尊重神靈。他們指引我們的道路，在我們熟睡時保護我們。除神靈之外，每個人應首先想到自己的父母。然後是他的妻子，再就是他的孩子。

畢達哥拉斯真可謂魅力無限，許多前來聆聽他演講的婦女，在聽了他對驕傲和奢華之愚蠢的看法之後，乾脆把斗篷留下，將它們和戒指、腳鐲及項鍊一起放到聖壇上。

畢達哥拉斯用這些供品及其他一些供品建造了另外一個神廟。這次建造的是阿波羅神廟，而繆斯神廟在所有時間都對人們開放。他對民眾的影響力驚動了地方長官，於是他們派人去找他，詢問他的影響及意圖。他向他們解釋：

繆斯們從來都不會有內部分歧，她們總是服從阿波羅，因此，地

方長官也應該達成一致意見，應該一心一意只想着效忠國王。所有王室的佈告和法律都是神律的體現，因此必須毫無異議地服從。由於繆斯從不擾亂上天的和諧，而是事實上增添了和諧，所以人們應當在內部保持和諧。

所有的政府官員都應當把自己當作是奧林匹克運動會的跑步運動員，永遠不要想着去摔倒、推撞、騷擾或是激怒對手，並且要公平公正地跑完比賽，如果對手比你更強、更優秀，失敗了也應心服口服。不公平的勝利只會惹怒神靈。

國家的混亂皆來自年輕人的不良教育。孩子們並未學會忍耐、寬容、努力，不會體貼長輩、尊重他人，因而他們頭腦出了問題，最終變得無法無天、叛逆造反，以尋求安慰。因此，在孩子的嬰兒時期悉心照顧他們，而當他們進入青春期，卻放任他們我行我素，恣意妄為，這樣就播下了混亂的種子。深受父母寵愛、和父母保持親密關係的孩子，長大後就會給國家帶來榮耀，給神靈帶來歡樂。無法無天、牢騷滿腹、躁動不安、無所事事的孩子，只會給神靈帶來苦惱，給父母和社會帶來麻煩。

地方長官聽了非常高興，感覺非常滿意，畢達哥拉斯對國家沒有惡意。於是他們下達了命令，所有公民都應當每周至少聽他的一次演講，而且要帶妻子兒女一起去。

他們還提出給畢達哥拉斯付工資——也就是說，想讓他作為一名公共教師領取餉金——但他婉言謝絕了，不想為自己的服務收錢。在這一點上，楊布里科斯說，畢達哥拉斯非常聰明，由於他婉拒固定的

工資，十倍於工資的錢財被放在繆斯神廟聖壇上，而這些錢財無法返還給它們的主人，於是畢達哥拉斯被迫為了自己，為了窮人留下它們。

中世紀的神職人員在追憶畢達哥拉斯時非常不公正，他們生搬硬套、逐字逐句地引用他的文字，以證明他們比畢達哥拉斯了不起。象徵與警句需要志趣相同的聽眾，否則毫無意義。

比如說，畢達哥拉斯曾說：

「不要坐到一蒲式耳 **25** 的容器上面。」他的意思很可能是，要讓自己忙碌起來，把容器裝滿糧食，而不要把它當作座位。

「不要把心吃掉。」——不要做傷害朋友感情的事，不要傷心憂鬱。

「不要用劍攪火。」——不要激怒那些已經怒火萬丈的人。

「不要在你的珠寶上戴神像。」——不要把宗教當作一件驕傲自誇的東西。

「要幫助人們肩負責任，但不要幫他們卸下負擔。」聖方濟 **26** 曾引用過這句話，以說明異教的哲學家缺乏溫情，而晚些時候才有了博愛、仁慈。我們現在很容易就可以理解，幫人們卸下責任無濟於事；我們通過肩負責任而變得更強大。

「不要在灰燼中留下鍋的痕跡。」——抹掉過去，忘記過去，展望未來。

25　蒲式耳：計量穀物及水果的單位，等於 8 加侖或大約 36.4 升）。

26　聖方濟：舊譯名方濟各，1181－1226，意大利聖人，創立了方濟會，又稱「小兄弟會」。他是動物、商人、天主教教會運動以及自然環境的守護聖人。

「不要給長着畸形爪子的動物餵食。」──不要給流氓惡棍提供生計，鼓勵他們。

「不要吃長着黑鰭的魚。」──不要和做邪惡之事的人有什麼關聯。

「在餐桌上要放一些鹽。」──這就是羅馬人「要帶一點兒鹽」[27]的來源。

「把醋放遠一點兒。」──要保持甜蜜。

「不要面對太陽說話。」──甚至伊拉斯謨[28]也認為這說法與魔法有關。而對我們而言，這句話是合理的，它的意思可能就是：「不要在公共場合口若懸河。」

「餐桌上掉下來的東西不要撿。」──普盧塔克[29]稱之為迷信，但我們很容易就可以想到，這是為貓、狗或者飢餓的人考慮的。《聖經》要求拾落穗時不要跟得太近，要給旅行者留點東西。

「獻祭時不要修剪指甲。」──也就是說，一次集中精力做好一件事：不要在不適當的時間給鐘上發條。

「不要在戰車上吃東西。」──旅行的時候，要集中精力旅行。

「不要用左手吃東西。」──光明正大地謀生，不要做見不得人的交易。

---

27 「要帶一點兒鹽」：意思是「對某事有保留，持懷疑態度，有保留」。這一說法是從拉丁語翻譯過來的，1647 年最早出現在英語中並很快流傳開來。語源學家克里斯廷·艾瑪曾把它追溯到羅馬時代，根據羅馬學者普林尼於公元前 77 年的記錄，羅馬將軍龐培曾發現一種解毒劑，必須和着一小把鹽服下才有效。

28 伊拉斯謨：1466－1536，荷蘭文藝復興時期學者，羅馬天主教神學家。請參見本書「伊拉斯謨」一章的內容。

29 普盧塔克：古希臘傳記作家和哲學家。他寫的傳記集《希臘羅馬名人比較列傳》曾被莎士比亞用在他的古羅馬戲劇中。

就這樣，兩千多年來，畢達哥拉斯成百上千句的格言給我們的傑出人士帶來了煩惱。所有真正為自己的學識自負的希臘學者們都對其指手劃腳，攪得天昏地暗，就像可可摩 [30] 婦女俱樂部的成員一樣，她們為了討論布利斯·卡曼 [31] 或埃拉·惠勒·威爾科克斯 [32] 作品中某段意思不清的段落而爭論不休。有學問的人什麼都明白，就是不明白那些顯而易見的東西。

畢達哥拉斯學派不斷發展，直至成為克羅托納最耀眼的明星。因為人們蜂擁前來學習音樂、數學、醫學、倫理學和政治科學，城市的規模翻了一倍。

畢達哥拉斯利用音樂治療病人的方法，很久以來一直被認為只是施展魔法，但也有人懷疑，它可能是真正的科學。從前，有一個人終生騎着一匹竹馬，在他去世多年之後，人們發現它居然是一匹真正的馬，曾經載着此人長途跋涉。

畢達哥拉斯將音階簡化為一種數學科學。在天文學方面，他為哥白尼 [33] 預先作好了準備，事實上，哥白尼的主要罪過，被認為是從一位異教徒那裏借鑒了想法。看來，哥白尼使得那些快樂的教士們埋頭苦學希臘文學，以發現畢達哥拉斯是多麼地壞。這樣對教士們有所幫助，然而對哥白尼的事業卻毫無益處。

有一段時間，畢達哥拉斯曾試圖普及自己的工作，但他很快就沮

---

30 可可摩：印第安納州中部城市。

31 布利斯·卡曼：1861－1929，僑居美國的加拿大詩人、記者。

32 埃拉·惠勒·威爾科克斯：1850－1919，美國著名作家和詩人。

33 尼古拉·哥白尼：1473－1543，現代天文學創始人，日心說的創立者。

喪地發現，他只吸引了一些可鄙可恥之人。他們並不是因熱愛學習而來，而是為了滿足一種病態的好奇，為了得到一種獲得智慧的捷徑而來。他們想知道祕密，因為知道畢達哥拉斯在埃及呆了 20 年，他們奔他而來，希望從而了解這些祕密。

畢達哥拉斯曾說，「深挖之人，將會有發現。」在另外一個場合，他從相反的角度說這個問題，「不深挖之人，永遠無發現。」

畢達哥拉斯和克羅托納的一位大人物之女結婚時，已過不惑之年。他的妻子先是他的學生，後成為他的門徒。在妻子的鼓舞下，他構思出了一種全新的生活模式，認為它將顛覆舊有的生活方式。

畢達哥拉斯本人沒有寫下任何東西，但所有的學生都記筆記。在緊隨畢達哥拉斯的那個世紀，雅典充斥着這些畢達哥拉斯筆記，它們為我們提供一些散亂的資料，從中可以了解他的生平事跡。

畢達哥拉斯和其他偉人一樣，有着自己的烏托邦夢想：它是一個社團，或者從字面上講：「一群人」，所有人都是平等的。每個人都工作，都學習，都相互幫助，所有人都努力避免去打擾別人或是給別人帶來煩惱。它就像是奧奈達公社 [34]，也像後來代替奧奈達公社 [35] 的布魯克農場 [36]，更像是後來震顫派 [37] 建立的虔誠而科學的「新和諧

---

34 奧奈達公社：美國一空想社會主義團體，創立於 1848 年 2 月。

35 奧奈達：位於錫拉庫茲東北部偏東、紐約州中部的一座城市，由約翰佛爾在 1848 年建立烏托邦社會，又稱奧奈達社區，就在附近。它擁有繁榮的銀器製造業，並於 1881 年改建為股份制公司。

36 布魯克農場：美國超驗主義者組建的烏托邦組織，於 1841 年–1847 年在馬薩諸塞州的一個農場進行實驗。19 世紀中期眾多烏托邦式公社中最著名的一個。

37 震顫派：起源於英格蘭的基督教組織，成員過着公社式的生活並信奉獨身。

公社」³⁸。

當人們仔細察看指引成員的瑣細手冊時，會禁不住微笑起來。它們就像是約翰‧亞歷山大‧杜威³⁹的佈道抄本，根據羅伯特‧歐文⁴⁰的思想又作了一些修改。

這個畢達哥拉斯社團的組建，是為了躲避那些乘船從希臘過來的不速之客。這些人渴望得到新東西，而主要是希望不用付出勞動就能獲得知識和生計。

因此畢達哥拉斯和妻子組建了一個關係緊密的社團。每一個成員入會時都有一個嚴格、嚴肅的入會儀式，其目的完全在於阻止那些三心二意、吊兒郎當的人入會。每位成員都必須向公共寶庫上交各種價值、各種類型的財物。他們赤裸裸地重新開始，就像畢達哥拉斯當初站在埃及的那所神廟大門前時那樣。

簡樸、真摯、誠實及相互服務將支配一切。這是修道生活衝動地嶄露頭角，唯一不同之處是，婦女也被允許加入。畢達哥拉斯與埃及人不同，他相信男女平等，他妻子每日都指揮婦女合唱隊，而且她還發表演講。孩子們由一些身份為保姆及老師的婦女進行特殊照顧。他們希望，通過培養出完美的孩子，他們將培養出完美的一代代後人。

---

38 新和諧公社：1824 年央國空想社會主義者歐文在美國印第安納州創辦「新和諧公社」（New Harmony），進行和諧社會實驗。

39 杜威：1847－1907，生於愛丁堡，成長後移居澳洲，1869 年到 1872 年在愛丁堡大學讀神學；畢業後返回澳洲當公理宗的牧師。1888 年他來到美國，五年後因醫好垂危的林肯總統的外甥而聲名大噪，他在芝加哥建立的錫安會堂擠滿了人，每星期日有 3000 到 7000 人聚會，尋求得救之道和身體的醫治。

40 羅伯特‧歐文：1771－1858，威爾士裔的英國製造商和社會改革家。

整個構思是圖騰崇拜及禁忌時代的產物。

可以肯定，它繁榮興旺了大約 30 年時間。畢達哥拉斯的兩個兒子和一個女兒在社團裏長大成人，女兒後來遭到隱修會的審判，罪名是向外面的人兜售父親的祕密學說。

其中一位兒子似乎引起了麻煩，企圖篡奪父親的位置，作為「次代理人」接掌權責。烏托邦社團的極限大約是一代人。最初組建社團的人逐漸身體變弱，接二連三地去世；年輕一代接掌權責，老一輩人的節儉想法被遺忘，浪費及分裂出現。就這樣，我們不斷循環往復。

畢達哥拉斯社團的最後打擊，來自外面居民的嫉妒與誤解。這是所謂的「居民與師生對抗」的老問題。畢達哥拉斯社團的人大約有300 人。他們清高超脫，無疑有着令人氣惱的傲氣。外來者絕不允許進入圍牆之內——這是他們自己定下的法律。他們的內部衝突及持異議者講述的故事，更激發了居民們的好奇心及偏見。

接着就有了流言，說畢達哥拉斯社團正在收集武器，打算推翻當地政府，將使官員們淪為奴隸。

在某個晚上，在一隊喝醉的士兵的帶領下，一群暴徒襲擊了社團。房屋被燒毀，會員們被燒死在屋內，或者在沖出屋外試圖逃避時被殺死。據說，一位牧羊人後來在山上見到過畢達哥拉斯，但更有可能的是，他和他的人一起灰飛煙滅了。可是，你不能就此打發掉一位偉人，說他被人殺了。時至今日，我們依然在讀着、寫着、談論着畢達哥拉斯。

柏拉圖

　　柏拉圖（Plato，約公元前 427 年–前 347 年），著名的古希臘哲學家、思想家和教育家，也是西方哲學乃至整個西方文化最偉大的哲學家和思想家之一。他寫下了許多哲學的對話錄，並且在雅典創辦了知名的學院。柏拉圖是蘇格拉底的學生，也是亞里士多德的老師，他們三人被廣泛認為是西方哲學的奠基者。柏拉圖留下了許多著作，多數以對話體寫成，常被後人引用的有《辯訴篇》《曼諾篇》《理想國》《智者篇》《法律篇》等。《理想國》是其中的代表作。柏拉圖是西方客觀唯心主義的創始人，其哲學體系博大精深，對其教學思想影響尤甚。

我還非常清楚地記得，年老的詩人索福克勒斯 *，
有人問他，「索福克勒斯，你這麼大年紀還談情說愛
嗎？──你還是以往的你嗎？」他回答說：「別提了！我
洗手不幹了！謝天謝地，我終於解脫了，而且我感覺
就像掙脫了一位瘋狂而暴怒的奴隸主。」

　　他的這個說法經常闖入我的腦海，我當時覺得
他說得在理，現在更深以為然。上了年紀的確使人心
平氣和，寧靜寡欲；到了此時，情感之弦不再繃得那
麼緊的時候，就像索福克勒斯所說，你擺脫的不僅僅
是一個主子的控制，而且是一大幫窮凶極惡的奴隸主
的羈絆。蘇格拉底啊，上面所說的許多痛苦，包括親
人朋友的種種不滿，其原因不在於人的年老，而在於
人的性格和脾氣。如果他們是心平氣和、快樂大方的
人，他們幾乎感受不到年老對他們的壓力。而性格相
反的話，不論年老或年輕，都擺脫不了煩惱與痛苦。

──《理想國》

◆

---

*　索福克勒斯：古希臘著名劇作家，古希臘悲劇的代表人物之一，和埃斯
　　庫羅斯、歐里庇得斯並稱古希臘三大悲劇詩人。他大致生活於雅典奴隸
　　主民主制的全盛時期，在悲劇創作領域相當高產。一生共寫過 123 個劇
　　本，如今只有七部完整的流傳下來。他現存的劇作包括《埃阿斯、俄狄
　　浦斯王、安提戈涅》《俄狄浦斯在科勒羅斯》。

　　思想家是從大自然實驗室進化出的最新產品之一。第一位敢於以誠實、簡單、自然的方式，去表達自己對世界的看法的智者，就是蘇格拉底。他在表達自己觀點時，不會顧忌之前他人對世界的看法。

　　自蘇格拉底被處死 [1]，24 個世紀過去了，他的罪名是褻瀆神靈、毒害雅典青年的頭腦。其中有 10 個世紀，在教士與軍人成功聯盟的情況下，人類失去了思考的能力。這些人阻礙了人類的進化。使別人成為奴隸的代價是，你自己也成了奴隸。

　　鎮壓人類，即意味着鎮壓你自己。

　　人類是融為一體的。三世紀那些教士與軍人，雖然本身有那麼一丁點兒優點，卻也免不了深陷、湮沒於迷信與無知的大泥潭之中。這種恐慌持續了 1000 年，都是通過那些劣跡斑斑的人的努力，強迫人們實現的。在任何時候，甚而是直至我們生活的這個年代，坦誠地表達自己對宗教、經濟和社會問題的看法，即意味着巨大的危險伴隨左右。任何人若想成為著名的作家、演講家、商人或是政治家，他最好有意地隱藏自己心底的想法。如果哪位政治家敢於鼓足勇氣，大膽地對一些簡單的話題發表看法，比如說不管業主

1　蘇格拉底是著名的古希臘哲學家，柏拉圖的老師。蘇格拉底被判死刑，緩刑一個月，因此他有充裕的時間與機會出走逃避。他的朋友與弟子們出錢出力，努力策劃他的逃亡。在大衛所作名畫《蘇格拉底之死》中，蘇格拉底的床下有一塊地磚，描繪的可能就是逃跑計劃之一。另外按照當時雅典的法律規定，被判有罪的人可以請求寬恕，但這樣就等於承認自己有罪；法律還規定，被判有罪的人可自由選擇在認罪的前提下交罰金、或者選擇被放逐處罰。這一切活命的機會均遭到蘇格拉底的嚴正拒絕，他唯願以身殉道，甘願受死。行刑前他與弟子們談笑自若，獄卒送來行刑的毒汁時，他從容平靜地飲下。

從事何種業務，對房地產應徵同樣的稅；或者說不管是男是女，同樣的工作應得同樣的報酬，那麼這位政治家很快就會遭到貶謫，回歸平民的生活。依賴當地顧客獲得成功的商人們發現，最為方便有效的方式是迎合大眾的迷信，大捐特捐，支持那些連自己都不相信的東西。沒有哪位公開宣稱擁有獨立思想的思想家，會被承認為所謂文明國家的領袖。

事實上，直言不諱的懲罰如今只局限於社會和商業方面的排斥，好歹這還是讓人們的心中充滿了希望——幾年前，直言不諱即意味着上斷頭台。

我們這一代人繼承了一份沉重的恐懼遺產，它將歡樂驅趕殆盡，幾乎將生活變成一個漫長的噩夢。

事實上，人類曾經處於顛狂狀態。

幻想、謬論、恐懼曾噬咬着我們的心，人與人曾經瘋狂地捨命爭鬥。而那些干涉我們、試圖挽救我們的人，我們竟狠心殺其滅口。當我們說這句話時，說的是真話——「我們當中沒有健康人」。然而，我們反覆說這句話，目的並不是想治好我們的毛病。

現在我們正處於康復期。我們拄着拐杖，蹣跚着邁向陽光燦爛之地。我們已經解僱了那些老朽的顧問們，將那些使人變傻、要人命的瓶子摔出窗外，一心一意研究、了解我們自己所處的狀況。我們的座右銘已經有 2400 歲了——簡單地說，它就是：了解自己！

蘇格拉底是一位街頭傳教士，至於人們是否喜歡他，他毫不關心。對大多數雅典人來說，他就是城裏的小丑。雅典是個小城市（只有大約 15 萬人），每個人都認識蘇格拉底。流行的戲劇諷刺他；流行

的歌曲故意引錯他說的話；那些街道角落的滑稽藝術家用粘土塑像，你要是在旁邊駐足等候，將發現他們塑的是蘇格拉底的像。

每個人都知識蘇格拉底——我猜肯定是這樣！

柏拉圖，這位 19 歲的英俊少年，身穿紫色長袍，標明他是一位貴族，他停下腳步，聆聽這位粗鄙之人的演講，此人奉獻出一切，卻一無所求。

我的神啊！難怪他們會諷刺、模仿他！——他的誘惑力太大了，讓人無法阻擋。

柏拉圖微微一笑——他從來都不會張口大笑，他的教養太好了，因而不會這樣做。然後他歎了一口氣，接着往裏又靠近了一些。

「個人什麼都不是。國家就是一切。冒犯國家就要面臨死亡。國家是一個組織，我們都是組織的成員。國家與它最窮的公民一樣富裕。我們都被給了一丁點神性的標本，供學習、模仿及驚歎。要了解國家，你必須先了解你自己。」

柏拉圖繼續逗留，直到圍着的人群散開。當這位睜着溜圓的眼睛、長着滿月般的臉龐的老人，拖着腳步緩慢沿街而行時，他走向前去，問了一個問題。

這位蘇格拉底並不是小丑——民眾是錯的——他是一個非常自然的人，不喜歡作偽善之言，因而被那些不務正業之人、虛偽假冒之人當作偽君子，他們問道：「他是真誠的嗎？」

柏拉圖的出生、教養及遺傳使其成為一位高貴的人，而蘇格拉底天性高貴。

到目前為止，柏拉圖的抱負是追求高位及權力——要給人們留下

適當的印象以獲得政治上的升遷。他在詭辯家 [2] 的學校裏獲得了教育，他主要學習了詩歌、雄辯術和儀態學。

此時此刻，他立即毀掉了自己的詩稿，因為他突然發現，自己寫的詩沒有寫出自己內心相信是真的東西，而只是那些自己認為適合說、說得正確的東西。換言之，他的著作只不過是矯飾之作。

在此之後的每一天，蘇格拉底走到哪裏，柏拉圖就跟到哪裏。他們肩並肩坐在路沿邊——蘇格拉底發表演講，回答旁觀者的問題，向路人打招呼；柏拉圖談得很少，但聽得很多。

蘇格拉底個矮、粗壯、身寬體胖。柏拉圖則個子高挑、體格健壯、肩膀很寬。事實上，「柏拉圖」或是「柏拉頓」這個詞的意思就是「寬闊」，這個名字是他的好朋友給他取的綽號。他的本名是阿里斯托勒斯，但「柏拉圖」這個名字更適合他，因為它表明，他不僅有着寬闊的肩膀，更同樣有着開闊的頭腦。他不僅生來高貴，外表舉止同樣優雅高貴。

愛默生稱其為「宇宙人」。他汲取了同時代所有的科學、所有的藝術和所有的哲學思想。他英俊瀟灑、和藹可親、優雅得體、高雅親切、慷慨大方，一生一世都單身未婚。他從未和貧困或是婚姻發生過衝突。

蘇格拉底去世時，柏拉圖年僅 28 歲。有八年時間，他們每天都在一起。蘇格拉底去世之後，柏拉圖活了 46 年，只是為了使這位偉大先哲英名永葆。

蘇格拉底通過柏拉圖走向我們。同時代其他一些人提到了蘇格

2　智者派，詭辯派：職業哲學家或教師，尤其指屬於公元前 5 世紀的一群專攻辯證法、辯論術以及修辭法的希臘哲學家，他們常以其精彩巧妙和似是而非的辯論而聞名。

拉底，引用他的話，其中一些人說的是不利於他的話。留給柏拉圖的任務，是向我們闡述蘇格拉底哲學的核心內容，以令人難忘的概要形式，描繪他的品格，使他永垂不朽。

柏拉圖被稱為「希臘的驕傲」。他對於世界財富的貢獻在於，他傳授了才智之喜悅——通過思考獲得的終極滿足。這是純柏拉圖式的哲學：找到高尚思想之喜悅，而非身體放縱之滿足。柏拉圖的思想認為，剛剛成年的時候，應拿出五年時間，用於提煉思想，迴避實際事務，以獲得對學習的熱愛。這個理論已經嫁接到思想之莖，一直流傳到我們的這個時代。然而，一些世界上最優秀的思想家認為這是個謬論。人的生命單位是天，不是月或年，更不是五年這樣一長段時間。每一天我們都必須鍛煉頭腦，就像每天鍛煉身體一樣。我們不能把健康儲存起來，然後過了一段長時間存期後隨意取出。這個賬戶必須保持活躍。為了保持體力，我們必須每天消耗體能。赫伯特‧斯賓塞的看法是，思想是一種身體的活動——是在腦細胞的某個區域發生的震動——柏拉圖從未宣揚過這樣的想法。頭腦只不過是一個器官，不能僅僅用於五年這樣的一段時間，不能只用頭腦中的某個部分而排斥其他部分的使用，而應當每天都使用，而且使用所有部分。因此，生活的實際事務應當每天都吸引我們的注意力，時間應當不少於我們每天研究欣賞音樂、詩歌、藝術或是辯證法中顯而易見之美的時間。我們每天都應當凝視美麗的圖畫、讀美麗的詩歌或是聽一段美妙的音樂，這種想法是非常符合科學規律的。因為這樣研究欣賞和諧之美，是一種身體的鍛煉，也是精神的鍛煉，我們在鍛煉中長大、成長、發展。

我們不能花五年的時間用於純粹的審美鍛煉，排斥實際事務，

這要冒很大的風險，現在這已成為眾所周知的事實。我所說的實際事務，指的是大自然要求我們為了謀生要作出的努力。每個人都應當像窮人一樣生活，不論他是否富有。大自然對於銀行存款的多少一無所知。要使自己吃飯時有胃口，你首先必須掙得吃飯的錢。如果你想要在晚上睡得香甜，你必須首先通過體力勞動掙得甜美的睡眠。

柏拉圖出生於埃伊納島 [3]，父親擁有一個莊園。母親是梭倫的直系後裔，父親也毫不遜色，血緣可追溯到科德拉斯 [4]。

而蘇格拉底的父親是一位石匠，母親是一名接生婆，因此很自然地，兒子非常輕視家譜、血統。蘇格拉底曾對柏拉圖說，「每個人都能追溯到科德拉斯——只要花足夠多的錢給做家譜的人。」這似乎說明，當時家譜和現在一樣都是商業性的事物，普天之下，沒有什麼新鮮之物。不過，儘管他對遺傳持蔑視的態度，我們發現蘇格拉底經常表達自豪感，說自己是一名「土生子」，而地米斯托克利 [5] 的母親阿斯帕西婭 [6] 和其他一些相當出眾的人物，都是雅典的外來戶。

蘇格拉底屬於有閒階級，有足夠時間參加冗長的學術講座，因此，他的對話當中，有多少我們可以當真，這還是個問題。每一種味覺都需要調味品進行匹配。而且，我們無法知曉，其中有多少是屬於

3　埃伊納島：希臘薩羅尼克群島中的島嶼。位於比雷埃夫斯西南 26 千米處，面積 83 平方千米。其西海岸主要城市和港口埃伊納建在古代同名城市遺址上。

4　科德拉斯：雅典國王，根據希臘傳說，他是最後一位富有傳奇色彩的雅典國王。

5　地米斯托克利：公元前 524－公元前 460 雅典政治家和海軍戰略家。作為一個統治者，他在比雷埃夫斯建立了可防禦的海港。

6　阿斯帕西婭：活動時期公元前 5 世紀，雅典政治家伯里克利的情婦、當時雅典社會的活躍人物。

蘇格拉底的，有多少是屬於柏拉圖本人的東西。蘇格拉底什麼都沒寫，柏拉圖將所有的智慧歸於他的老師。這到底是簡單的審慎，還是高尚雅量，這還是個問題。

蘇格拉底之死對於柏拉圖來說，一定是一個沉重的打擊。他立即離開了雅典。這是他第一次下決心永不返鄉。他旅行經過希臘和意大利南部的一些城市，後來來到埃及，所經之地都給予他皇家般的禮遇。

在錫拉庫薩[7]的暴君狄奧尼西奧斯的多次懇請之下，他前去拜訪這位傑出人士，此君犯了哲學和文學疥瘡之病。狄奧尼西奧斯以愛慕文學藝術的仁慈獨裁者而自居。他統治他的人民，教育他們，照顧他們，管教他們。

有人稱之為奴隸制度；也有人稱之為實用社會主義。狄奧尼西奧斯希望錫拉庫薩成為世界的哲學中心，為此柏拉圖被要求在錫拉庫薩安家，並發揮自己的專長——宣揚真理。

對此，他表示同意。

這一切很像米西奈斯[8]和賀拉斯[9]的關係，或是伏爾泰[10]與腓特烈大

7　錫拉庫薩：意大利西西里島東岸海港城市。公元前 734 年由來自科林斯的希臘人創建，公元前 485 年被傑拉的希波克拉底奪佔，從此受暴君統治，直到約公元前 465 年發生一場革命運動，建立了民主憲政。公元前 413 年在伯羅奔尼撒戰爭中打敗雅典人的入侵軍隊。公元前 405－前 367 年在狄奧尼西奧斯一世的統治下，錫拉庫薩成為最強大的希臘城邦，與對手迦太基進行了 3 次戰爭。

8　米西奈斯：古羅馬的文學藝術資助者。

9　賀拉斯：前 65－前 8，羅馬抒情詩人，他的《頌歌》和《諷刺作品》對英國詩歌產生了重要影響。

10　伏爾泰：法國作家，18 世紀歐洲最偉大的作家之一。他以反暴政和反盲從的俠肝義膽而留名後世，也因其睿智、諷刺和批判能力而聞名。

帝 [11] 之間的關係。資助人就是資助他人之人——他會想要獲得點東西，而狄奧尼西奧斯想要的東西是：想讓柏拉圖投射一束彩色的燈光到這位無私、仁慈、高貴的獨裁者身上。但柏拉圖是個單純、誠實和直率的人，他從蘇格拉底那裏學到了這些習慣。

查爾斯·弗格森曾說，簡樸的生活不在於居住在森林裏、穿着馬褲和涼鞋，而在於將偽善之語趕出自己的世界，將虛情假意從自己的靈魂中剔除。

柏拉圖過着簡樸的生活。當他說話時，他說的是自己所想的東西。他討論了剝削、戰爭、稅收和國王的神授王權。國王非常不幸——他們在各個方面都被切斷、屏蔽掉與真理的聯繫。他們只能得到二手的事實，而且整天說着謊言。結果是，到了一定時間，他們變得沒有能力消化真理。王室作為一個人造建築物，需要不斷地加固。除了犯死罪的人之外，沒有人會像國王一樣膽怯、害怕。海涅 [12] 曾說，國王睡覺時，都必須用睡帽蓋住王冠，以防止被盜，而且他們很容易失眠。

沃爾特·惠特曼，他沒有什麼可失去的——沒有什麼名聲，甚至連一頂帽子也沒有——當他不戴帽子走過白宮時，他比俄羅斯的尼古

---

11 腓特烈大帝，腓特烈二世（1712－1786 年）：普魯士國王（1740－1786 年在位）腓特烈大帝是一個公認的軍事家政治家和自封的哲學家，同時也是一個文筆優美的作家，留下了《戰爭原理》《政治典範》《軍事典範》《佈陣法與戰術綱要》等諸多著作。他終身熱愛文學藝術，擅長吹奏長笛。

12 海涅，1797－1856，德國作家，自 1831 年之後生活在巴黎。

拉 [13] 或者西班牙的阿方索 [14] 可要高貴得多。

狄奧尼西奧斯認為自己想要一個通曉哲學的王室，而實際上他想要的，只不過是要讓人們認為他有一個通曉哲學的王室。而柏拉圖提供給他的卻是真材實料，很自然地，柏拉圖很快就被要求走人。

柏拉圖離開之後，狄奧尼西奧斯擔心柏拉圖會在雅典傳播他的壞名聲——有點像「越獄修女」的方式與習慣——於是派出一艘快速劃行的戰船追上他。柏拉圖被逮捕，然後在自己的家鄉埃伊納島被賣身為奴。

所有這一切聽起來很悲慘，但真正的事實是，它有點像誤解之喜劇——如果從安全而合適的距離來看，國王的行為都是如此。德・沃爾夫・霍珀 [15] 扮演的國王是真正的國王。狄奧尼西奧斯聲稱柏拉圖欠了他的錢，因此發出扣押令，將這位哲學家賣給出價最高的人。

這是一個完全合法的程序，只是簡單的當奴隸償債的行為，這樣的行為至今在美國的某些地方依然存在。我在描述這個事實時，不帶任何偏見，只是想說明，習俗的消亡是多麼地不易。

柏拉圖太過出名，因此藏匿或是處死他都不方便。雅典的某些人抄襲了約翰遜博士 [16] 的做法，當他聽到戈德史密斯 [17] 欠債數千英鎊時，

13　尼古拉一世・巴甫洛維奇：1796 年－1855 年，1825 年－1855 年在位，是俄羅斯帝國皇帝，保羅一世第三了。

14　阿方索十二世：1857－1885，波旁王朝的西班牙國王（1870 年－1885 年在位）。

15　霍珀：1858－1935，美國音樂喜劇演員，其在詩劇《捕捉蝙蝠》中的表演令人難忘。

16　塞繆爾・約翰遜：1709－1784，英國作家，批評家。英國文學史上重要的詩人、散文家、傳記家和健談家，編纂的《詞典》對英語發展作出了重大貢獻。

17　奧利弗・戈德史密斯：1730－1774，英國作家，他在文學界的名聲主要歸功於他的小說《威克菲爾德的牧師》（1766 年）、田園詩《荒村》（1770 年）和悲劇《委屈求全》（1773 年）。

他忍不住羨慕地説道：「難道之前詩人曾被如此信任過嗎？」另外一些好朋友則確認了聲稱的欠債金額，付清了債務，就像 H・H・羅傑斯仁慈地為馬克・吐溫 [18] 付清債務一樣，而這位《哈克貝利・費恩歷險記》的作者的商業之舟剛剛擱淺於沙洲上。

就這樣，柏拉圖自由地脫身了，40 歲回到了雅典，比離開雅典時更有智慧，更為出色。

沒有什麼比沉默和缺席更能寬恕一個人的名聲，或者還有村裏的編輯所稱的「冷酷的死神」。活着或多或少總是一種罪過，特別是如果你有思想，又表達了你的思想的話。雅典之所以倖存下來，從某種程度上講，是因為它殺死了蘇格拉底；耶路撒冷 [19] 令人難忘，也是因為類似的原因。南方人沒有意識到，林肯是他們最好的朋友，直到兇手的子彈穿過他的大腦。芝加哥許多大人物一直沒有停止辱罵他們的首席公民，直到奧耳特格耳德因死亡而停下腳步，雙手變得僵硬。死者的嘴唇最為雄辯。

柏拉圖離開的十年，為他帶來了聲望。他獲得尊敬，因為他曾是蘇格拉底最親密、最親近的朋友，而這位偉大而優秀的人被誤殺了。

大多數謀殺或是殺害，不管是法庭上的，還是其他方式的，都是誤殺。

柏拉圖被趕出錫拉庫薩，原因也是因為蘇格拉底在雅典被殺。不過現

---

18 馬克・吐溫：1835－1910，美國著名小説家，下文提到的《哈克貝利・費恩歷險記》為其作品。

19 耶路撒冷同時是猶太教、基督教和伊斯蘭教三大亞伯拉罕宗教（或稱「三大天啟宗教」）的聖地。在基督教徒心目中，耶路撒冷是耶穌基督的受難地和升天地。

在你看，當狄奧尼西奧斯看到雅典如何敬重柏拉圖時，他發現原來一切都是記賬員的過錯，於是他寫信給柏拉圖，請他回來，一切都可以原諒。

那些出發追求理想生活的人，必須走過一段崎嶇的小徑。通往耶利哥[20]的道路是巖石嶙峋的道路——特別是當我們有點懷疑，它是否真的通往耶利哥。也許，我們能夠找到那個過上理想生活的人，那他也一定是毫無知覺，他因為完全投入到自己的工作中而忘記了自我。

時間已經教會了柏拉圖使用策略。他現在明白，去教授那些不想被教的人，是一個錯誤的判斷，可能會使自己掉腦袋。

蘇格拉底是第一個民主人士：他代表了民眾——代表了人民。柏拉圖會做同樣的工作，但他明白，這個工作，用我們保險業朋友的話來說，屬於「高度風險」的工作。為人民工作的人會被人民所摧毀。毒芹[21]是一件非常稀有而寶貴的商品，很少有人買得起；十字架則是一項過於昂貴的特權，很少有人願意付出這個代價。

天才是第一個說出真相的人；所有的真相在第一次說出時都是煞風景的。與眾不同的東西總是令人不快。「以前誰聽過這樣的東西啊？」文學、哲學的山地部落表示強烈憤慨。詹姆斯·拉塞爾·洛厄爾[22]曾說：「我一不小心說出了不入耳的真相，你看，自我之後，沒人再需要說它們了。」

20　耶利哥，約旦河西岸城市，常指遙遠的地方。

21　指蘇格拉底被執行死刑時喝的劇毒藥的藥名。

22　詹姆斯·拉塞爾·洛威爾：1819－1891，美國編輯，詩人和外交家。他主編了《大西洋月刊》（1857－1861 年）。曾擔任美國駐西班牙公使（1877－1880 年）和駐英公使（1880－1885 年）。

　　柏拉圖是天生的教師：這是他的生意，他的消遣，也是他生活中唯一給他帶來樂趣的東西。但他退回到古老的方式，就像埃及的教士那樣，使真理變為祕不外傳的東西，而不像蘇格拉底那樣開放。他在老朋友阿卡得摩斯[23]的小樹林那裏建立了自己的學院，離雅典一英里遠，在通往艾留西斯的路上。為了紀念阿卡得摩斯，學校的名稱為「阿卡得米」[24]。它與世隔絕、安全可靠、風景優美。柏拉圖又適時購進了鄰近阿卡得摩斯樹林的大片土地，這些土地被留作固定的學院使用。所有的授課都是在戶外進行，師生一起坐在大理石長凳上，坐在噴泉前，或者在庭院漫步，綠樹成蔭，鳥語花香。雅典的天氣與加州南部的天氣相似，一年中，有 300 天都是陽光燦爛。

　　柏拉圖對口語文字的重視，超過對書面文字的重視，這樣做對他毫無影響，因為他本人是一位非常傑出的作家。同樣的原因，能夠衣衫襤褸見人而若無其事的人，通常是家產殷實之人。當代的演講學校的口號是：「我們通過表達而成長。」而柏拉圖是第一個說出這句話的人。柏拉圖的授課都是以「隨堂測驗」的形式進行，因為他相信，真理不是從別人那獲得的東西——它是一種自我發現。

　　確實，我們可以想象得到，一切都非常愉悅——散步、漫步，躺在草地上或是圍成半圓坐在一起，盡情地聊天，輕鬆地談笑，時不時地，讀一篇短文，以啟動腦細胞的震動。

23　阿卡得摩斯：希臘傳奇英雄。

24　原文為 Academy，本身即「學院」、「大學」、「學會」的意思。

　　亞里士多德來到了這裏，他從馬其頓[25]山區的偏遠家鄉過來，在這呆了 20 年，然後變成了老師的對手。

　　我們完全可以想象出，亞里士多德這位登山者和騎士的樣子，有時真是厭倦了這個花園，高高的圍牆、鋪碎石的路徑、精緻的灌木林，它的毛病就在於找不出它有什麼毛病。他抗議地大聲喊叫：「整個山脈、整個山谷、整個平原、整個世界，都應該做我們的學院，而不應僅僅是這個幽閉的尤蒂卡[26]，它使我們的力量不斷萎縮、變小。」

　　緊隨而來的，是關於說事與做事，或詩歌與科學之間的相對價值的爭論。

　　詩歌、哲學和宗教是非常古老的主題，即使在柏拉圖的時代，它們也是很古老的；但自然科學是伴隨亞里士多德而來的。科學只是對普通百姓的常識進行的分類。是亞里士多德將事物分門別類，而非亞當[27]。他主張，將植物、巖石和動物分門別類加以命名。它的重要性不亞於將人類幸福的思想分類，也不亞於對死後靈魂狀態的猜測。

　　當然，他完全被人誤解了，因為他倡導的東西，以前從未有人倡導過。他的美德就在於此，他超越了人們的同情，甚至偉大的柏拉圖的同情。

25　馬其頓：歐洲東南部巴爾幹半島上一地區，包括今天的希臘、保加利亞和南斯拉夫的部分地區。亞歷山大帝國滅亡後，羅馬人、拜占庭人、保加利亞人、塞爾維亞人和土耳其人先後統治過該地區。

26　尤蒂卡：非洲北部的一古代城市，臨近地中海，位於迦太基的西北。據傳它是於公元前 1000 年左右由蒂爾城來腓尼基人創立的。此城於公元前 1 世紀左右衰落，最後於公元 700 年左右被阿拉伯人摧毀。

27　亞當：《聖經》中世界上首個人類和第一個男人。

不過，有一段時間，這位年輕的野蠻人展現的天才使柏拉圖欣喜萬分，如果學生誠摯認真、熱心好學、富於才智、胸有抱負，每個老師都會感到高興。柏拉圖的偉大之處在於思考；亞里士多德的偉大之處在於觀察。曾有人說，是亞里士多德發現了世界，這話說得很好。亞里士多德老年時曾說道：「我努力將大自然的事物分門別類，這都來自於柏拉圖教我首先要將思想分門別類。」40 年前柏拉圖也曾說過：「是蘇格拉底教會了我這個遊戲：將思想相互關聯、分門別類。」

柏拉圖的作品由 35 篇對話構成，有一篇短文不是以戲劇的形式安排的——《申辯篇》。這些對話長短不一，有的長度只有 20 頁，每頁就說是 400 字吧，有的長達 300 頁。除了這些書之外，還有許多同時代的作家引用柏拉圖的話，或是提及他的內容。柏拉圖的作品超越了個人，就像莎士比亞的作品一樣。所有人類的想法，所有信仰、情感和願望的細微差別，都從他頭腦的濾器中通過。他允許每個人都有發言權。

柏拉圖自己的所思所想，只能通過推論得出，每個讀者都可以得出自己的結論。我們可以根據自己的形象，建造出我們自己的柏拉圖。評論家對柏拉圖哲學最高的評價，就是對評論家自己最高的評價。不過，我們最為合理、最為可靠的結論是，柏拉圖自己的思想被放到蘇格拉底的口中，因為柏拉圖終生唯一的目的，就是挽回蘇格拉底的聲名，駁斥針對他的指控。莎士比亞最喜歡的人物，是那些代表了大師的人物，而不是招人恨、人為製造的壞蛋。

柏拉圖在生活中的位置，是旁觀者的位置，而不是演員的位置。他站在旁邊，看着人群經過，在人們經過時評頭論足。他不收學生學費，也不收其他費用，聲稱兜售自己的影響或是思想，是不道德的。

人們將記住，拜倫 [28] 在開始文學生涯之初，曾站在類似的立場，發誓「決不會出賣自己的天才，受別人僱傭。」他要把自己的詩獻給全世界。後來，當他入不敷出時，他開始和巴拉巴斯 [29] 作交易，成為一位嚴格按百分比收錢的藝術家，沒有擔保，拒絕作詩。

對於拜倫的為人，沒有什麼重大的爭議。柏拉圖也是人。他有固定的收入，因此知道財富的無足輕重。他沒有公佈收費表，但有着可觀的報酬，他收的富學生會神祕地將報酬留在大理石長凳上，因為這是向神靈表示感謝。他說過許多重要的話，但從未說過這個：「我寧願每個人都貧窮，這樣他們就會知道金錢的價值。」

《理想國》是柏拉圖對話中最著名、閱讀得最多的作品。它描繪了一個理想的政體形式，在這樣的政體統治下，每個人都健康、快樂、繁榮昌盛。它啟發鼓舞了托馬斯·莫爾爵士 [30]、伊拉斯謨、簡·雅克·盧梭 [31]、威廉·莫里斯、愛德華·貝拉米 [32]、布里格姆·揚 [33]、約

28　喬治·戈登·拜倫：1788－1824，英國詩人，被公認為是浪漫主義運動的先驅。

29　巴拉巴斯：《新約》中被判刑的小偷，民眾要求彼拉特釋放他而處死耶穌。

30　托馬斯·莫爾：1478－1535，英國政治家、人文主義學者和作家，拒絕遵守行為至上的法令，這一法令強迫英國臣民承認亨利八世的權威在教皇之上，後來他被囚禁在倫敦塔內直至以叛國罪為名被斬首。他的政治論文《烏托邦》（1516年）構想了一種理想政府之下的生活。莫爾在1935年被封為聖徒。

31　簡·雅克·盧梭：1712－1778，法國哲學家和作家，主張人的本性是好的，但被社會腐化了。其著作有《民約論》和小説《愛彌爾》（均寫於1762年）。

32　愛德華·貝拉米：1850－1898，美國作家和幻想社會主義者，通過其流行小説《回顧》（1888年）宣傳其政治觀點

33　布里格姆·揚：1801－1877，美國宗教領袖，在摩門教創始人約瑟夫·史密斯遭暗殺（1884年）之後，他領導摩門教徒從他們在伊利諾斯州居住的是非之地出走，到今天的猶他州的鹽湖城所在地，在此為他們的教徒建立了永久的家園（1847年）。

翰·漢弗雷·諾伊斯 [34] 和尤金·維克托·德布茲 [35]。將勞動細分，分派特定的人做特定的工作——比如說，去照顧孩子——這一點吸引了厄普頓·辛克萊 [36]，他從自己的烏托邦木棚跳出來，走進了橡膠廠，消失得無影無蹤。

柏拉圖的打算是，把婚姻制度從嬗變為一種奴隸制度的危險中解脫出來。統治者、教師和藝術家尤其要獲得自由，由國家承擔起所有的責任。原因很簡單：他希望人們自我繁殖。不過，對於天才究竟是後天獲得，還是先天稟賦，他提到了，但談得很少。另外，他似乎沒有意識到「沒有哪個小屋不受其影響」[37] 的道理。

柏拉圖認為，如果所有的婚姻法則都被廢黜，結為配偶的男人與女人依然會彼此忠誠，警察對愛情關係干預得越少越好。

柏拉圖至少在一個方面肯定是正確的：他倡導性別平等，宣稱女人不應屬於某個男人，不應被強迫去過某一種令她厭惡的生活，不管是因為經濟窘迫還是因為結婚。另外，她有權生兒育女，這完全是她自己的事，而向一位母親發號施令，決定誰該做她孩子的父親，這樣

---

34 約翰·漢弗雷·諾伊斯：1811－1886，美國宗教領袖，根據其至善主義和公社生活的信念，在紐約鄂乃德建立（1848 年）了一個試驗性的社團。

35 尤金·維克托·德布茲：1855－1926，美國勞工組織和社會主義領袖，從 1900 年到 1920 年五次競選社會黨總統的職位，均失利。

36 厄普頓·辛克萊：1878－1968，美國作家和改革家。他對社會正義的關注表現在其小說中，作品有《叢林》（1906 年）和《波士頓》（1928 年）。

37 源自美國畫家詹姆斯·艾博特麥克尼爾·惠斯勒的名句「藝術會發生——沒有哪個小屋不受其影響」。惠斯勒：1834－1903，美國畫家，他的精細微妙的色彩及色調的和諧，受音樂美學和日本藝術的影響。他的作品包括一幅他母親的肖像，標題為《藝術家的母親》（1872 年）。

容易培育出奴性的種族。

《理想國》的優生學在奧奈達公社試行了 30 年，取得了真正的成功，但結果證明，公共婚姻的成功只能局限於一代人，對此，柏拉圖現在只能在高高在上的極樂世界明瞭這一切，他在人世間時的單身漢夢想中，並未曾意識到這一點。

在他細分的勞動中，每個人做自己最適合做的事，做自己最喜歡做的事。他認為，每個人都會有一個天賦，而要使用這個天賦，必須給他一個機會。現代人在呼籲「機會平等」，這可以追溯到柏拉圖的聲音。

即使在柏拉圖的時代，修道衝動是一個很古老的東西。簡單地說，修道衝動就是，當社會的壓力變得過於強烈時，找一個避難所與世隔絕——從這個世界逃走，就此擺脫這個世界。當見習修士耗盡了自己犯罪的能力之後，就會發生這種現象，他想嘗試追求聖徒的地位，希望獲得新的刺激。

柏拉圖對於畢達哥拉斯的實驗印象深刻，畢達哥拉斯實際上做了柏拉圖只說未做之事。柏拉圖此時找出了畢達哥拉斯哲學的弱點，並打算在想象中建造一個經得住時間考驗的事物。

然而，所有的烏托邦，就像修道院和教養所一樣，都是由挑選過的人組成的。奧奈達公社不是由普通人組成的，只有經過嚴格的測試的人才能獲准加入。柏拉圖雖然偉大，但他無法描繪出理想的生活計劃，只能描繪出理想的人民。

留在勞動的世界裏，分擔所有的負擔——不要求其他人在相同條件下沒有的東西——不要認為自己特殊、獨特，因此能免除、豁

免——這是現在最有智慧的人的理想。我們對於修道院制度或者一神論並不怎麼相信，但我們對一元論非常有信心。我們相信人類的團結一致精神。我們必須一起進步。不管畢達哥拉斯、約翰·漢弗雷·諾伊斯和布里格姆·揚是走在世界的前頭，還是後頭，這並不真正重要——重要的是，多數人都無法容忍他們。因此，他們的理想主義被危險所沖淡，直至其變得陰沉、嚴肅、灰濛濛的，就像普通百姓的生活一樣，隨後在沖刷中萎縮、凋零。

私利對於團體也好，對於個人也好，都沒有可能。我們只有通過推進人類的進步，才能幫助我們自己進步——我們只有在照顧整體的時候，才能感到快樂。人類是一體的，這就是一元論。

在這裏，蘇格拉底和柏拉圖似乎有了分歧，因為蘇格拉底一生中無欲無求，甚至連快樂也不想要。而柏拉圖的願望是安寧與幸福。不過，在柏拉圖的哲學當中，正義的理想是至高無上的。

沒有哪個作家在我們所稱的「伯里克利時代」——美與理智的繁榮時代——像柏拉圖那樣施加了這麼大的影響。緊隨其後的哲學家大部分都受到他的啟發與鼓舞。那些對他指責最厲害的，很自然地，是受益最多的。如果你教會了一個男孩寫作，最大的可能性是，在他從老師的圍裙掙脫，創辦了自己的小小雜誌之後，第一篇文章就是譴責那位教會他舞文弄墨之人。

色諾芬 [38] 在智慧上受惠於柏拉圖，超過其他任何人，但他非常

38　色諾芬：約公元前 434－前 355，希臘將軍，歷史學家，著有《長征記》一書。

苛刻地批評他的老師。普盧塔克、西塞羅 **39**、楊布里科斯、普林尼、賀拉斯和所有其他的羅馬作家都非常虔誠地閱讀柏拉圖的作品。基督教的教士們使他的作品保持活力，並把它們傳給了但丁 **40**、彼特拉克 **41**，還有文藝復興時代初期的作家們，他們的所有思想都用柏拉圖的精髓進行了調味。艾迪生 **42** 非常巧妙地將這些著名的詞句放到了加圖 **43** 的口中：

> 一定是這樣——柏拉圖，你說的道理真好！——
> 否則是從哪裏，來了這個愉悅的希望，這個天真的妄想，
> 這個對不朽的期望？
> 否則是從哪裏，來了這個祕密的恐慌，這個內心的戰慄，
> 擔心一切化為烏有？
> 為什麼靈魂畏縮不前，回歸自我，對毀滅感到驚恐彷徨？
> 是神性，它在我們內心攪擾；

39　西塞羅：前 106－前 43，古羅馬政治家、雄辯家、著作家。

40　但丁：1265－1321，意大利詩人，被恩格斯譽為「中世紀的最後一位詩人，同時又是新時代的最初一位詩人。」現代意大利語的奠基者，歐洲文藝復興時代的開拓人物之一，以長詩《神曲》留名後世。

41　彼特拉克．1304－1374，意大利早期文藝復興時期的著名詩人和學者，人文主義的奠基者，早期資產階級的藝術和道德觀的建立與他是分不開的。他還當過神甫，有機會出入教會、宮廷，觀察生活，追求知識，提出以「人的思想」代替「神的思想」，被稱為「人文主義之父」。

42　約瑟夫．艾迪生：1672－1719，英國散文作家，其詼諧而優雅的作品刊登於理查德．斯蒂爾於 1709 年創辦的《閒談者》及艾迪生與斯蒂爾於 1711 年合辦的《旁觀者》雜誌上。著作有《加圖》等。

43　大加圖（234－149 B.C.）：羅馬政治家、軍人及作家。

是天堂，它為我們指出了來世的希望；
告訴人們什麼是萬壽無疆！

艾迪生時代的所有英國作家都知道他們的柏拉圖，而加圖及將近2000年前的其他偉大的羅馬人，他們也同樣知道柏拉圖。從柏拉圖那，你可以證明，每個人的靈魂，都會有類似的自己的生活，就像聖方濟所證明的那樣，或者，你可以像休姆[44]那樣，擁有自己的柏拉圖，表明人只生活在自己的影響之下，他的個人生活要回歸大眾，成為激烈搏動的眾生的一部分，和花草樹林、飛禽走獸一起起伏消長。如今，我們求助於柏拉圖，終於找到了我們思想的支柱：此時此地，我們要好好活着，要達到我們的最佳與最高，這就是智慧的頂點。我們通過活着而準備生活。如果有另一個世界，我們最好為其作好準備。如果天堂是一個理想國，它應當建立在無私、真誠、互惠、寧靜和合作的基礎上，只有那些在此地擁有這些美德的人，才會自由自在。人生來應相互服務。極樂世界就是以這樣的方式存在的。

柏拉圖乃萬師之師。就像曾生活在這個世界的其他偉大教師一樣，他的靈魂永遠在向前行進，為人師者即意味着影響別人，而影響永遠不會消亡。讓我們向柏拉圖歡呼致敬吧！

----

44 休姆：1711－1776，蘇格蘭歷史學家、哲學家。

阿爾弗雷德大帝

阿爾弗雷德大帝（King Alfred，849 年－899 年），英格蘭韋塞克斯王國國王（871－899 在位）。868 年從軍，隨兄艾特爾雷德國王率軍支援麥西亞王國抗擊丹麥人入侵，871 年丹麥人入侵韋塞克斯時即位。在危難之際，他退守山林，重整軍隊，於 876 年在埃丁頓之戰中擊敗丹麥軍隊，迫其議和，撤至倫敦到切斯特以北地區。此後，為鞏固國防，派兵鎮守邊關，修建城堡，並積極擴充海軍。885 年率軍擊退入侵肯特王國的丹麥軍隊，並於次年佔領倫敦。892－896 年再次率軍擊潰從歐洲大陸進犯的丹麥軍隊。在位期間，他頒佈了《阿爾弗雷德法典》，其後來成為英國習慣法的基礎。他重視文化教育，翻譯大批古典名著，並組織編纂《盎格魯撒克遜編年史》。在阿爾弗雷德統治期間，英格蘭在軍事、外交、科學、文學、宗教等方面都有所發展。他是歐洲中世紀最傑出的君主之一。

一位從不迷信的聖人，一位從不自誇的學者，一位只為衛國而戰的勇士，一位桂冠上從未玷污殘暴的勝者，一位勝不驕、敗不餒的國君——在英國的歷史上，這個名字無人能比。

——弗里曼 *

* 　道格拉斯‧紹索爾‧弗里曼：1886－1953，美國歷史學家，因其反映內戰的作品及贏得普利策獎的傳記《華盛頓》（1948－1957 年）而知名。

尤利烏斯・愷撒 [1]，這位有史以來最有創新精神的偉人，有一個侄孫叫愷撒・奧古斯都 [2]。

羅馬最為輝煌的時期，是奧古斯都在位時創造的。是奧古斯都說出了這句話：「我接手了一個泥磚建造的城市，卻留下了大理石建造的城市。」尤利烏斯・愷撒給時代帶來的推動力，在奧古斯都那裏得到了保留。他繼續推進愷撒計劃好的工作，但在完成之前，他已經變得非常疲倦，而他表現出來的疲倦，也是這個年邁國家的疲倦。在浮雕的骨架上可以看到石灰了。

愷撒・奧古斯都曾說：「羅馬已經夠偉大了——我們就此休息吧。」他的意思只是說，他已經到了自己的極限，建築的道路足夠多了。在帝國的邊界，在每一條羅馬道路的終點，他都立了一尊護界神的雕像。此神對走出國界的人發出祝福，對回到國界的人們表示歡迎，就像星條旗歡迎跨洋回到美國的旅行者一樣。而護界神也為這個世界，特別是為鐵路界，提供了一個詞語「終點站」 [3]。

尤利烏斯・愷撒在 56 歲時到了自己的終點站，死於「強制性疫苗接種」 [4]。而奧古斯都在 77 歲時，安詳地死在床上。

奧古斯都在位期間，標誌着羅馬政權到達了頂峰，而頂峰是一個

1　凱撒：約前 100－前 44），羅馬將軍，皇帝，政治家，歷史學家。

2　蓋烏斯・屋大維，被尊稱為「奧古斯都」（尊貴的意思），羅馬帝國第一任皇帝（公元前 27 年－公元 14 年），尤利烏斯・凱撒的侄孫。他於公元前 31 年打敗馬克・安東尼及克婁巴特拉，然後得到了整個帝國的統治權，於公元前 29 年稱皇帝，並於公元前 27 年被授予奧古斯都榮譽稱號。

3　護界神 Terminus 也是「終點站」的意思。

4　前 44 年，愷撒遭以布魯圖所領導的元老院成員暗殺身亡。

沒有哪個人、哪個國家可以一直留駐的地方——你到了頂峰之後，就要改變方向，往另一端走下來。

當奧古斯都建起界標並向全世界宣告這就是極限時，羅馬的敵人又鼓起勇氣，活躍起來。哥特人⁵一直逡巡在羅馬的邊界，他們學會了許多東西，其中之一就是，若要快速富裕，征服要比生產更為便捷。這些野蠻人，其中一些顯然很有幽默感，他們把界標扛起來往裏搬，最後乾脆把它們整個打得粉碎。這有點像鄉下小夥兒，他們出去打獵時，會把鐵路標牌打得滿是洞眼。

在中世紀的時候，軍人至高無上，他們以保護人民之名掠奪人民。而這個傳統受到尊重，從未有人去加以破壞。

為了逃避戰爭的蹂躪，一些家族和部落往北遷移。歐洲南部的戰亂和騷亂，使古斯堪的納維亞人⁶在挪威、瑞典和丹麥定居，在荒野中安家，與天氣與惡劣的環境搏鬥，最終進化為一個強壯、健碩的民族。

在波羅的海的北岸，居住着古斯堪的納維亞人。在南岸，則零散居住着幾個小部落或家族，他們在人數上不夠強大，無法與哥特人作戰，因此只能向哥特人謀求和平，向他們納貢——或者説被他們掠奪——經常被逼到快要餓死的狀態。他們太窮了，太微不足道了，羅馬人真的從未聽説過他們，他們也從未聽説過羅馬人，除了在神話傳説中。他們住在洞穴和粗糙的石屋裏。他們捕魚、打獵、飼養山羊、耕種糧食，最後，大約在公元 300 年，他們得到了馬，他們是從哥特

5　哥特人：在公元初幾個世紀侵犯羅馬帝國的日耳曼人。

6　古斯堪的納維亞人：中世紀斯堪的納維亞任一民族的一員。

人那買來的，而哥特人是從羅馬人那偷來的。

他們的政府是「民間大會」，這是新英蘭「鎮民大會」的起源。所有的法律都必須由所有人通過。在制定法律時，女人和男人有平等的發言權。

在整個部落的利益處在危急關頭，需要作出重大的舉措時，一定要認真聽從母親們的意見。因為母親不僅會為自己說話，還會為自己的孩子們說話。母親是家庭製造者。而英文「妻子（wife）」這個詞的原義是「織工（weaver）」；要尊重家庭當中這位從事發明、創造，既準備食物又準備衣物的成員，這是顯著的條頓人 [7] 的本能。從強健的德國中產階級中，還可以看到這種殘留的本能，無論去聽音樂會，還是到露天啤酒坊 [8]，他們都會帶自己的妻子兒女一起去。在遷居的時候，他們總是會帶着全家一起遷移；而希臘人和羅馬人則將自己的女人丟到一邊。

南美是西班牙人的殖民地。印第安人和黑人同化了傲慢的顯貴，卻保留了雙方的缺點和毛病。

那些遷移到美國定居的德國人——他的家庭是自己的一部分。意大利人獨自出行，他的目的是盡可能撈一把，然後回家。這是征服的一種變種。

在愷撒的時代，那些來到布列塔尼半島 [9] 的羅馬人是男人。那些留

7　條頓人：是古代日耳曼人中的一個分支，公元前 4 世紀時大致分布在易北河下游的沿海地帶，後來逐步和日耳曼其他部落融合。後世常以條頓人泛指日耳曼人及其後裔。

8　露天啤酒坊：提供酒類的戶外酒館或與酒館相鄰的戶外區域。

9　布列塔尼半島：歷史上的一個地區，原法國西北部一省，位於英吉利海峽和比斯開灣之間的半島上。公元 500 年，被盎格魯－撒克遜人驅逐出家園的不列顛人定居於此。1532 年該地區正式併入法國。

下來「娶非利士 [10] 的女兒們為妻」的，是一些強壯的男人，他們在征服野蠻部落時習慣這樣做。請注意這一點——他們不但沒有把野蠻人或者原始人提升到自己的層次，自己反而淪落到他們的層次。孩子都以母親的層次為基準。和印第安女人結婚的白人男人變成了印第安人，他們的孩子也變成了印第安人。對黑人來說，這個法則同樣有效。

條頓民族之所以能征服世界，是因為他們在遷移時帶着自己的女人同行，精神上、肉體上皆是如此。寓意似乎可以這樣說：經濟上、道德上和精神上取得進步的男人，是那些不把自己的女眷丟在後面的男人。

當説起英國人，我們總是想到不列顛群島。但最早的「英格魯人之國」位於波羅的海的南岸。這是真正的「英國」，即英格魯人或盎格魯人 [11] 之國土。它的一邊是朱特蘭，朱特人 [12] 的家園。另一邊是撒克遜 [13]，居住着撒克遜人 [14]。

「朱特人的家園」還保留下來，留在朱特蘭；「撒克遜」這塊土地

10　非利士：巴勒斯坦西南一古代地區，戰略上位於從埃及到敘利亞的貿易路線上。在聖經時代，這個地區的城市形成了一個鬆散的同盟重地。

11　盎格魯人：公元 5 世紀從日德蘭南部遷到英格蘭的日耳曼民族的成員，建立了諾森伯利亞、東盎格魯和麥西亞三個王國，並同朱特人和撒克遜人形成了盎格魯－撒克遜民族。盎格魯人（Angles）又被稱為英格魯人（Engles）。

12　朱特人：日耳曼一族的成員，公元 5 至 6 世紀時入侵不列顛，定居在不列顛南部和東南部以及懷特島上。

13　撒克遜：德國北部的一個歷史地區，原來是撒克遜人的家園，8 世紀被查理曼征服，並在他死後成為一公國。由於分裂和重新劃分，這一地區的邊界最終向東南方向拓展，1356 年撒克遜大公成為神聖羅馬帝國的諸侯，1860 年撒克森大公加冕稱帝，但是將他的一半領地給予普魯士（1815 年），後來的撒克遜王國成為德意志帝國（1871－1918 年）的一部分。

14　撒克遜人：早期居住在德意志西北部的人，於 5 世紀及 6 世紀時征服了不列顛而定居下來。

依然標示在地圖上；但「英國」整個軀體被搬到了一千英里外的地方，她原先的土地變成了被遺棄的農場，野蠻人在那爭鬥不休。

現在，請看看，英國以不列顛島為補給基地或散發中心，已經滲透到全世界。在將加來 [15] 和多佛爾 [16] 分開的 20 英里海域後面，她找到了安全與保障，就在這，她的頭腦和膂力得到了進化與發展。因此就有了英裔美洲人、英裔非洲人、英裔印度人、英裔澳大利亞人和英裔新西蘭人。就像土著的美洲印第安人、新西蘭的毛利人一樣，在英國人的步步緊逼和堅持不懈之下，古不列顛人節節敗退，被盎格魯－撒克遜人所同化；而撒克遜人，也許和厲害的對手相比有點太斯文了，允許英格魯人領頭。就像荷蘭人、德國人、斯拉夫人和瑞典人隨第二代被轉換為英裔美國人一樣，「英國」來的人熔合了撒克遜人、古斯堪的納維亞人、朱特人、凱爾特人和不列顛人，將他們固定在無法擦除的「英國」圖章裏。

顯而易見的是，通過與遇到的各個民族的接觸、融合和同化，英國人的個性得到了加強。在影響別人的同時，自己也能得到成長。如果英國人只滿足於自己的國土，固守在不列顛島上，那她在此之前，就已經被西班牙或法國趕超或同化了。停滯不前即意味着退步。對人如此，對種族亦是如此。英國的殖民地，就是她的實力。它們給了她自信、儲備和穩定劑　　同時也給她帶來了足夠多的麻煩，這樣就可

15　加來：法國北部的一座城市，位於多佛海峽同英格蘭多佛相對。該城於 1347 年落入英國人手中，後又於 1558 年在被包圍了 11 個月之後被法國人奪回。

16　多佛爾：與法國加來市隔岸相對的英格蘭東南部自治市，臨多佛爾海峽。

以防止出現革命、停滯不前或是反省。

國家也都有着自己的青年期、成年期和老年期。英國現在是否進入了衰老期？是否靠她的孩子們：殖民地維生？問這個問題可能有點失禮。也許，就像不列顛人、凱爾特人、朱特人和撒克遜人被融合進來，製造了堅強、勇敢、活躍和強健的「英國人」一樣，英國人、荷蘭人、瑞典人、德國人和斯拉夫人移居到美國，將融合成為一個可以趕超有史以來的所有種族的民族。在不列顛島，就像在許多大城市一樣，人們變得根生滿盆、發展受限。在更新的土地上，根深深地扎進土壤裏，找到了人類之樹需要的所有營養。

圍牆在把人們關在裏面的同時，也把其他人關在外面。不列顛島四面環海，巖石嶙峋，將英國的敵人關在外面，卻並沒有把英國人關在裏面。四面環海的國家出產航海家，而英國的獨特位置，養育了使自己成為海上霸王的人民。當她的鼓聲環繞世界敲響，向初升的太陽發出問候之時，她的燈塔在全球閃耀，向水手們提供保護，哪怕飢餓的海洋在巖石嶙峋的海岸等着他們。英國在淺灘發出迴響，在巖礁上刻下印記，在海岸上留下圖標。

撒克遜人首次定居到不列顛，發生於 449 年。他們不像羅馬人 500 年前那樣作為侵略者而來；他們的人數太少了，而且他們的武器太粗糙，對於黝黑皮膚、黑頭髮的不列顛人構不成威脅。這些金髮碧眼的陌生人被視為新奇事物而受到歡迎，被允許在此安家，建設自己的家園。消息傳回到撒克遜和朱特蘭，於是更多的移民者到這來。幾年後，一整船的英格魯人來了，帶着他們的女人和孩子，紅頭髮，長着黃褐色雀斑。他們帶着信念和智慧耕種土地，而不列顛人從未有過

這樣的信念與智慧，這一點很像德國的移民者，他們緊跟那些拓荒者，在別人一無所獲的地方，他們可以發財致富。很自然地，金髮少女們受到黝黑皮膚的不列顛人的青睞。於是談婚論嫁開始，隨着歲月的流逝，新一代的男孩誕生了。更多的英格魯人來到此地。一個世紀之後，從肯特 [17] 到福斯灣 [18] 的海岸，到處都點綴着來自波羅的海的人們的農莊和家園。此時，原住民偶爾會進行抗議，於是爭鬥緊隨而來，不列顛人在陌生人的進逼下節節敗退，雖然他們很樂意談談條件。英格魯人終於安頓下來了。

但是，新的敵人出現了——古斯堪的納維亞人或者說古丹麥人。他們是海上遊牧民族，不承認任何人是他們的主人。粗野、大膽、嘲笑災難、沒有耐心建造，或挖掘、或者耕種，他們登陸只是為了搶奪、偷竊和損毀，然後回到自己的船上，揚帆遠航，對他們造成的毀滅津津樂道、洋洋得意。

第二年，他們又回來了。英格魯人的勤儉節約使不列顛成為了天國樂園，是一個肥沃的糧庫，搶奪它們要比生產、創造它們容易得多。此時此刻，面對這個共同的敵人，不列顛人、朱特人、凱爾特人、撒克遜人和英格魯人一起聯合起來，合力懲戒和驅趕這些侵略者。

災難是一種福氣——大多數災難都是如此。不列顛人從 10 幾個小王國，一下子變成了一個統一的國家。選出了 名「首領」——一

17　肯特郡：英格蘭東南部一區和以前的王國。公元 5 世紀朱特人在此定居，趕走了原有居民並建立了盎格魯－撒克遜七王國中的一個。597 年，肯特郡人皈依基督教，後來成為麥西亞王國和西塞克斯王國的臣民。

18　福斯灣：蘇格蘭東海岸的一個大港灣，福斯河的河口。

個英格魯人，有着有力的臂膀、清醒的頭腦、湛藍的眼睛和長長的黃色頭髮。他通過自己的人格和行為，贏得了尊敬。他的名字是埃格伯特 [19]。

阿爾弗雷德大帝或埃爾弗雷德王，於 849 年出生於貝克郡 [20] 的旺蒂奇。他是埃格伯特的孫子，埃塞爾沃夫的兒子，他的父親是位平凡中庸之人。阿爾弗雷德精明過人，遺傳了祖父的勇氣與毅力。我們的某些朋友是對的而馬克‧吐溫是錯的——擁有一位好祖父真的比擁有一個好父親重要得多。

英國的文明始於阿爾弗雷德。如果你查詞典，你會發現「文明」的意思只是指「有禮貌」。也就是說，如果你是文明人，你溫和而不會粗野——通過友好而令人信服的方法實現你的目標，而不是通過強迫、威嚇和武力。

阿爾弗雷德是英國的第一位紳士，但不要讓那些愛開玩笑者加上「也是最後一位紳士」。不過，說「文明人」並不一定彬彬有禮，「紳士」並不一定溫文爾雅，這毫無必要，也話不對題——由此可見，字詞本身是多麼地無足輕重啊！許多「紳士」都只是假紳士。

阿爾弗雷德既彬彬有禮，又溫文爾雅。童年時期，他被送到羅馬，這樣的移居生活使他受益非淺。出眾的人總是那些移居過的人：不出行的沒有遠見。呆在家中意味着生根滿盆，沒有發展空間。你要不往土壤底下搜尋色與香，要不就往上伸展面向太陽。

19　埃格伯特：韋塞克斯國王（802－839 年），公元 829 年成為英國人民的第一任君主。

20　貝克郡：英格蘭中南部一郡。

在離阿爾弗雷德時代僅有幾年的時間，一位基督教教士出現在愛丁堡，向驚訝的英格魯人和撒克遜人講述友善的耶穌的故事，天父派人來到人間，告訴人們，要愛我們的敵人，要溫和、謙恭，不要粗暴，己所不欲，勿施於人。古條頓民族以前信仰的「大神」自然教有許多好的地方，但現在他們準備接受更好的宗教了——他們有希望在死後享受安息與幸福的天堂。

基督教在遭受踐踏、貧窮、屈服及迫害的民族中最能興旺發達。勒南曾說，它是一個悲傷的宗教。原始基督教——行為的宗教，有着非常美好和純潔的教條，神志正常的人都不會嘲笑它或是藐視它。

阿爾弗雷德的父母對基督教抱着神聖的熱誠，允許其中一位教士帶男孩到羅馬去。他們的想法是，他應當成為教會的主教。

阿爾弗雷德的哥哥艾特爾雷德已經繼承了父親埃塞爾沃夫的王位。古丹麥人踐踏、洗劫了這個國家。多年來，這些掠奪成性的篡奪者，用這塊土地的產出餵飽了自己的軍隊。此時，三分之二的國土在他們的控制之下。迫在眉睫的恐懼是，他們將完全征服盎格魯－撒克遜人。埃塞爾沃夫在絕望中放棄了鬥爭，離開了人世。艾特爾雷德在戰鬥中倒下了。當年古希臘人在恐慌中到處尋找能夠抵抗波斯侵略者的最強壯的人，他們找到了亞歷山大[21]；同樣地，盎格魯－撒克遜人找到了阿爾弗雷德，這位溫和而沉默的勇士。他只有23歲，從體格上講，他纖細而修長，但他已經和兄長一起作戰四年，展現出了非同尋常的

---

21 亞歷山大大帝：公元前356年－公元前323年）是馬其頓王國的國王；他統一了因敵對交戰而分裂的希臘諸城邦，並征服了波斯、埃及和許多其它的王國，直至印度的邊界。

勇氣。他有着與亞歷山大和愷撒極為相似的品質。他有着冷靜、清醒和活躍的智慧，他有着無敵的勇氣。但他超越了上面提到的兩位，因為他還有着一顆溫柔、同情的心。

古丹麥人過於自信，因而紀律鬆懈。剛開始阿爾弗雷德顯然誘使他們認為自己已經贏得了勝利，因為他軟弱無力地攻擊了一下，然後將軍隊撤退到沼澤地，丹麥人的騎士無法追趕上來。

丹麥人進入冬季軍營，肥頭大耳，大擺宴席。阿爾弗雷德制定了一個精密的作戰計劃，訓練好士兵，和他們一起祈禱，使他們的心中只有一個想法，那就是他們將取得一場勝利。他們的確大獲全勝。他們出其不意向丹麥人發出了猛烈的進攻，無人能阻，丹麥人還未來得及披甲上陣或是騎上戰馬，便已經潰不成軍。每一位膽怯的英格魯人和撒克遜人現在都振作起來了——這是神的勝利——他們在為保衛家園而戰。丹麥人節節敗退。完成這一切，並不像我寫的這樣容易，但艱難困苦及災難只是激發出阿爾弗雷德更多的聰明才智。他就像福吉谷[22]的華盛頓一樣沉着冷靜、充滿希望，而他的士兵們也同樣地衣衫襤褸。他也像托馬斯·潘恩[23]一樣喊道：「此時此刻，是考驗人的靈魂的時候——感謝這個危險時刻，因為它給了我們機會，讓我們證明，我

---

22 福吉谷：美國賓夕法尼亞東南部的一個村子，位於費城西北部的斯凱奇爾河上。1777－1778 年為華盛頓冬季總部。以士兵冬季操練和檢閱聞名。福吉谷是美國的革命聖地，1777 年冬，費城陷落，華盛頓率領敗將在這裏修整，凍死、開小差的士兵不計其數，是整個獨立戰爭最艱難的時光。但同時華盛頓也利用這段時間重新訓練了軍隊，過冬之後，又殺出谷來，重新和英軍較量，最終贏得了獨立戰爭的勝利。

23 托馬斯·潘恩：1737－1809，美國裔的英國作家和革命領導人，他寫了小冊子《常識》（1776 年），為美國從英國手中爭得獨立而辯論。在英國他出版了《人的權利》（1791－1792 年），為法國革命辯護。

們都是男子漢！」他把士兵們的情緒引導到了一個頂點，告訴他們，丹麥人要麼將他們全部殺死，要麼就要滾蛋。既然丹麥人無法殺死他們全部人，丹麥人必須滾蛋。拿破崙 26 歲就成為法國的主人，將意大利踩在腳下；同齡的阿爾弗雷德在不列顛南部同樣至高無上——包括韋塞克斯 **24** 和麥西亞 **25**。

他圍捕敵人，奪走他們的武器，然後舉行一場培靈會，要求每個人走到前面，坐到懺悔板凳 **26** 上。沒有證據表明他強迫他們信仰基督教，但他們很樂意接受。阿爾弗雷德看來有着可與托里博士牧師媲美的說服力。丹麥人的國王古瑟姆曾親手參加了洗劫，他被捕獲，後來接受洗禮成為基督教徒，阿爾弗雷德成為他的教父，並給他取名艾斯爾斯坦。他被委任為主教。

丹麥人的領袖接受了基督教，這大挫了丹麥人兇悍本性，和平緊隨而來。阿爾弗雷德告訴士兵們，要用他們的戰馬來犁田。相互作戰的兩支軍隊現在聯手合作修路築橋，抽乾沼澤地的水。其中一些丹麥人乘船逃走了，但許多人留了下來，成為這個國家的公民。丹麥人的姓名依然可以辨別出來。以送氣音「h」開頭的姓名，如赫伯特、赫勒特、哈伯德、哈伯斯、哈羅德和漢考克等，都是丹麥人的姓名，正是有了他們，才有了這個完全含糊不清的「h」音。而不列顛人的舌頭依

---

24 韋塞克斯：英格蘭南部一地區，是古代盎格魯－撒克遜王國所在地。根據傳說，該王國由征服大不列顛的撒克遜人創建，國土最廣時佔據了英吉利海峽與泰晤士河之間的區域。

25 麥西亞：英格蘭中部的一個盎格魯－撒克遜王國。盎格魯人於公元 500 年開始定居於此。在奧發統治期間（757－796 年）國力達到鼎盛。874 年，王國被丹麥人推翻，並分裂成韋塞克斯和施行丹族法的地區兩部分。

26 懺悔板凳：置於培靈會前端供懺悔者或悔悟的罪人坐的板凳。

然咬不准這個音，它的發音規則是，把它放到需要發音的地方，然後就在那停下來。丹麥人叫英格魯人「亨格魯人」，而英格魯人則把名為亨利的人叫成「恩利」。

在挽救韋塞克斯的同時，阿爾弗雷德為英國人民挽救了英國；因為正是從韋塞克斯，他的繼任者們把它作為一個中心，開始了重新奪回被丹麥人佔領的英國國土的任務。

在阿爾弗雷德的統治下，開始了我們所了解的英國。我們通常把希羅多德[27]稱為歷史之父，同樣地，我們把阿爾弗雷德時代的阿瑟爾稱為英國歷史之父，這也完全適當。英國最古老的書是阿瑟爾修士所作的《阿爾弗雷德傳》。

阿瑟爾是他的傳主的屬下，而且深愛他的傳主，毫無疑問，這使傳記有着非常強烈的偏向。它的主要內容是正確的，偶爾細節上會有一些錯誤，多項可以確證的資料都證明了這一點。

在阿爾弗雷德的時代，國王的話就是法律。阿爾弗雷德非常謙遜，曾公開宣佈，國王不是神，只不過是一個人，因此國王的法令必須在民間大會上獲得人民的贊同。由此我們可以追溯到平民政府的起源，一位強大的統治者，自願放棄自己的一部分權利，而交還給人民，在我的記憶中，這好像是唯一的一次。國王通常需要修剪整理，而做修剪工作的是革命。通常的規律是，人們不會自願交出自己的權利——除非強迫他們拿出來。

----

27 希羅多德：公元前 5 世紀希臘歷史學家，有歷史之父之稱，他的作品主要涉及波斯戰爭，系人們所知的敘述體史書的最早樣品。

　　然而，阿爾弗雷德知道平民的心——他離普通百姓非常近。他和士兵們一起睡在地面上，和豬倌家人同桌吃飯，和農民一起耕田。他的心和人民在一起。他不會高估普通人的頭腦，但他也不會低估他們。他對人民有信心，知道到了最後，權力和人民在一起。他並沒有說：「民眾之聲即神之聲。」但他想到了這一點。因此他開始致力於教育平民百姓。他預測，將來會有這麼一天，所有的成人都能夠讀書寫字，所有人都會對政府有着深思熟慮的、個人的認識。

　　在英國的歷史上，曾經有過一段時間，英國令人遺憾地落在後面，因為當時的英國國王們忘記了人民的權利，不但沒有努力去為人民服務，反而搜刮民脂民膏，魚肉百姓。他們認為這樣才是統治。喬治三世 [28] 認為阿爾弗雷德是個野蠻人，帶着居高臨下的憐憫談論他。

　　阿爾弗雷德引進了陪審團制度，儘管有事實表明，發明這一制度的並不是他。這可以追溯到強悍的古斯堪的納維亞人，他們不承認任何人是他們的主人，可以追溯到那個無法無天的時代，當時，對人民來說，共同的願望至高無上。事實上，它來源於「私刑」或者「警戒會」的裁決。剛開始，在村子裏，人們對罪犯聽之任之，隨後又將他的肢體扯成屍片，最後有了一定程度的審判，由選出的十二人委員會調查事件，然後宣佈他們的裁決。

　　陪審團制度由海盜和強盜而始，但這一點並不會使它的偉大有所遜色。也許我們還可以加上一句：自由也是自海盜和強盜而始。因為

28　喬治三世，1738 年－1820，喬治二世的孫子。全名喬治‧威廉‧腓特烈，英國及愛爾蘭的國王，漢諾威選帝侯（後為國王），英國漢諾威王朝的第三任君主。

正是他們大聲喊出：「我們不承認任何人做我們的主人！」

早期的希臘也有陪審團制度——蘇格拉底是被由五百名公民 [29] 組成的陪審團審判的。

但是，請記住這個事實，阿爾弗雷德是將陪審團制度引進英國的第一人。他有着絕對的權利，他是唯一的法官和統治者。但在許多場合，他放棄了裁決的權力，並說：「我覺得我不能審判這個人，因為我往自己內心看時，我發現自己充滿了偏見。我也不會去挑選別人來審判他，因為在挑選的時候，我同樣會有偏見。因此，就叫一百個人來吧，從中抽籤選出 12 人，讓他們聽一下指控，考慮一下辯護，他們的裁決就是我的裁決。」

我們有時候會說，英國普通法是建立在羅馬法的基礎上的，但我並沒有發現阿爾弗雷德研究過羅馬法或者聽說過《民法大全》[30]，或者認為建立一個法學制度有什麼價值。他的政府是最簡單的政府。他尊重普通百姓的習慣、方式方法和風俗，這些就是普通法。如果某人有一條小路，他的孩子、父母和祖父母用過，那麼這條小路就屬於此人，阿爾弗雷德曾說，即使是國王，也不能把這條小路奪走。

對人民樸素的方式方法、習慣和天賦權力的尊重，表明阿爾弗雷德有着無比崇高的胸懷，因為偉人之所以偉大，就在於他有着博大的同情心。阿爾弗雷德有着豐富的想象力，把自己放到低下、卑微之人的位置考慮。

---

29 應為五百零一個陪審員。

30 《民法大全》是公元 6 世紀東羅馬皇帝查士丁尼主持編纂的一部法典。

英國人對法律、制度和秩序的熱愛，可以追溯到阿爾弗雷德。耐心、慈愛、樂觀及追求公平公正，這更是他的功勞。他自信、鎮定、有着堅定的信念和永不衰弱的勇氣。他和克倫威爾 [31] 一樣虔誠，和華盛頓一樣堅定，和格萊斯頓 [32] 一樣不屈不撓。在他身上，融合了學者和愛國者的美德，將實業家的高效與哲學家的智慧相結合。他的人品，無論是公眾品格還是私人品格，都是毫無瑕疵、無懈可擊，他的整個一生，是為他的國家提供啟蒙教育及慷慨服務的一生。

在奧古斯都的時代，有一種學問被認為比其他學問更重要得多，它就是雄辯術，或曰演說的藝術。雄辯家的工作就是說服別人，讓別人信服。

公共論壇在野蠻人自然形成的村民大會或是祈禱儀式上會有作用。但在羅馬，它得到了發展，被改良到了聽不到公眾聲音的程度，儘管自詡的論壇依然存在。這些論壇被這個或那個政治派系的職業演講家所壟斷了。

這就有點像如今美國的政治「論壇」。

羅馬最偉大的人，是那些能夠發表最偉大的演講的人。因此所

31　奧利弗・克倫威爾：1599－1658，英國軍人、政治家和宗教領袖，他在英國內戰時（1642－1649 年）率領國會軍隊取得了勝利並要求處死查理一世。

32　威廉・尤爾特・格萊斯頓：1809－1898，英國政治領導人，曾作為自由黨人四次擔任首相（1868－1874、1880－1885、1886 和 1892－1894 年）。他進行了教育和議會的改革並支持愛爾蘭的自治。

有羅馬的媽媽們和夫人們都讓兒子學習雄辯術。塞內加[33]的父親開辦了一所演講學校，富有的羅馬年輕人被教會用洪亮的聲音說話，用曲線做手勢。他一定是一個非常不錯的老師，因為他有着兩位非凡的兒子，其中一位在《聖經》裏提到，還有一位堪稱模範的女兒。

如今，我們認為，雄辯術終究是一種毫無價值的藝術。首先需要的是要有切身感覺——要發出一定的信息，如果你智力不差，身體健康，你就會讓你的聽眾留下印象。但是受僱傭去讓別人留下印象，說的是別人的話題，這樣的人是訟棍，訟棍這一類人已經差不多走到了盡頭了。

歷史循環往復，兜圈而行。芝加哥公共理事會厭倦了雄辯術，最近拒絕聽受僱律師的講話；每個公民都可以為自己說話，他的鄰居也可以來到公共理事會，發表自己的看法。

首席法官富勒[34]曾發表看法說，將來美國會有這麼一天，損害案件將由自動法庭審理，不需要律師的幫助。就像人們在郵局填寫匯票單一樣，只要他提起了損害賠償訴訟，就會受到注意。成功酬金將會引發不良行為。另外，將來有可能平民百姓能夠直接來到衡平法庭前，勿需理會法律或是先例，或是律師的托詞和狡辯，而它們經常會妨礙司法公正。審判應當便宜而簡單，而不是昂貴而複雜。

----

33 塞內加：約公元前 4－65，羅馬斯多葛派哲學家、作家、尼祿的私人教師，他的作品包括關於修辭學和統治的論文和大量的戲劇，曾影響了文藝復興和伊麗莎白女王一世時代的戲劇。

34 梅爾維爾・韋斯頓・富勒：1833－1910，美國法官，曾任美國最高法院首席法官（1888－1910 年）。他主張政府的權限必須從對憲法的嚴格解釋中得到。

顯然首席法官想到了阿爾弗雷德大帝時代的做法，法庭律師只是法庭的僱員，他的工作是要找出事實，並用盡可能少的詞語告訴國王。

阿爾弗雷德認為，受僱的律師，甚至是受僱的法律顧問，都是不能容忍的，這樣的人永遠不被容許到法庭上來。如果法庭律師向提起訴訟的人收取費用，他將被剝奪律師資格。

不過，到了最後，收費的方法有了變更，為了恢復法庭律師的興趣，必須要容許收費。因為對於我們無法壓制的東西，我們可以許可。於是在每個法庭律師的背後，在雙肩之前縫了一個口袋，如果不脫下長袍，他的手伸不進去，委託人被允許把自己能夠負擔的酬金悄悄地放進口袋。

通常採用的委託人付錢給律師，而不是法庭的作法，在後來的數百年裏沒有實行，然後又被當作一種有效手段，用於控制爭訟、懲罰那些因為愚蠢而不能解決自己的麻煩的委託人。

在英國，最初的口袋依然保留下來，就像大衣後面的鈕扣，以前曾被用來固定劍帶。

在美國，我們已經廢棄了律師的假髮和法衣，但律師依然被當作是法庭的附屬品，儘管按照波士頓德庫希法官的說法，其中有一半人，大部分時間都在企圖欺騙、迷惑法官和陪審團，挑戰司法公正。同樣地，我們還在用「庭」這個詞，表明這個地方還是個「宮廷」，還住着皇家貴族，即使它只是鄉村司法官的邋邊辦公室，滿是鋸末和痰盂這些小玩藝，專利報告堆積如山，審判的過程都省去了。我們現在還是通常稱這個地方為「法庭」。

阿爾弗雷德充滿了教育的願望，為此，他在牛津組建了一個學

校，他的朋友阿瑟爾在那任教。這個學校就是牛津大學的前身。學校有一個附屬農場，男孩們被教會用最好的方式播種、耕種和收割。他們還飼養、牧養馬和牛，照顧牲畜是課程的一部分。這是第一所農學院。

看到我們現在是如何回歸到簡樸，我們真有一點感到驚奇，農學院現在獲得了它應得的細緻的關注。20 年前，我們的農學院被認為或多或少是個笑話，現在它為國家增添了大量的財富，為人民增加了幸福與快樂，被認為值得我們支持，值得我們致以最崇高的敬意。

直到阿爾弗雷德的時代，英國沒有海軍。對政府來說，擁有自己的船隻看起來荒謬可笑，因為人們到英國來是想定居的，並不想象古斯堪的納維亞人那樣，做掠奪者，去剝削別人，去征服別人。

但在阿爾弗雷德打敗丹麥人，丹麥人作為公民定居下來之後，他留下了他們的船隻，進行了整修，又建造了更多的船，他說：「不會再有掠奪者在這些海岸登陸了。如果我們受到威脅，我們將在海上迎戰他們。」

幾年之後，來了一隊古斯堪的納維亞人船隊。負責瞭望的英國船隻發出了警報，英國的海軍全部出動迎戰他們。敵人措手不及，500年後西班牙無敵艦隊 [35] 遭遇的命運，他們最先品嘗到了。

----

35 西班牙無敵艦隊是西班牙國王為遠征英國而組成的艦隊。英國自 16 世紀中葉起，資本主義獲得迅速發展，與西班牙殖民地經常進行走私貿易，攔劫西班牙運送財產的船隊，襲擊西班牙殖民據點。西班牙國王腓力二世決意派遣大軍遠征英國。1588 年 5 月，由大貴族麥地納．西多尼亞率領的無敵艦隊駛離西班牙，這支艦隊包括 130 艘兵船和運輸船，7 千名船員和水手，2 萬 3 千名步兵。7 月 21 日至 29 日（一說 7 月底至 8 月初），艦隊在英吉利海峽遭到英國海軍迎擊，損失慘重。後被迫繞道蘇格蘭返航。途經蘇格蘭北部海岸附近時，遭風暴，艦隊幾乎覆沒。從此，西班牙的海上霸權被英國所取代。

自那時至今，英國有了一支逐漸變得強大無比的海軍。

我們不要想象阿爾弗雷德就此得到了安寧與休息。他的一生是戰鬥的一生，因為他不僅要與丹麥人作戰，而且還要與國內的無知、愚昧和迷信作鬥爭。帶領人們走出被囚禁的狀態，這是一項無人感恩的任務。當你去除他們的迷信時，他們總是問道：「那你拿什麼給我們作回報呢？」他們沒有意識到，迷信是一種病症，給他們另外一種病症作為回報，這樣並無好處、沒有必要、也不禮貌。

阿爾弗雷德去世時年僅 52 歲，為了人民的福祉，他不停歇地進行教育、建造、計劃、發明和改進各種方式方法，這些無休止的工作使他疲憊不堪、筋疲力盡。

他去世後，丹麥人取得了成功，克努特 [36] 成為英國的國王。但他很自豪被稱為一名英國人，並宣稱他不再是一名丹麥人。

就這樣，英國俘虜了他。

接着來了諾曼人威廉 [37]，他宣稱有王位繼承權，然後成功地通過戰爭奪取了王位；但英國人民還是認為「征服者」與自己血脈相連——是他們的親戚朋友——他也確實是這樣。他發佈了一條法令，禁止任何

---

36 克努特：英格蘭（1016－1035 年）、丹麥（1018－1035 年）及挪威國王（1028－1035年），其統治最初殘暴，但後來因其睿智和寬容而出名。他是許多傳奇故事的主人公。

37 威廉一世：1027－1087，法國諾曼底公爵，英格蘭第一位諾曼人國王（1066－1087 年在位），綽號「征服者威廉」。英國國王威廉一世以「征服者」聞名於世。1066 年他向英格蘭開戰。10 月，擊敗了英格蘭國王哈羅德的抵抗。聖誕節，威廉在威斯敏斯特大教堂加冕為英格蘭國王。為了確保邊疆的安定，威廉於 1072 年入侵蘇格蘭，1081 年入侵威爾士，並在邊境設立特殊的居民地。他一生的最後 15 年多住在諾曼底，任命老友蘭弗朗克為坎特伯雷大主教，把英格蘭朝政交給主教掌管，有 5 年或 7 年時間，他根本未到英格蘭一次。1087 年，死於諾曼底。

人叫他或是他的屬下「諾曼第人」或「諾曼人」，並宣佈有一個統一的英國。因此他活着是英國人，死後也是英國人；自他之後的這 900 年時間，沒有誰是憑藉征服坐上英格魯人的王位的。

　　克努特和威廉都認可和珍視阿爾弗雷德的統治。阿爾弗雷德的美德，是那些使得條頓部落橫掃世界成為可能的美德。正是阿爾弗雷德，他教會了貴族們勤儉、服務、教育、耐心、忠誠、毅力以及堅守信念與希望。通過筆尖和舌頭，特別是通過自己的一生，阿爾弗雷德傳授了我們至今還珍視的真理。以此精神，汝可得勝！

伊拉斯謨

德西德里烏斯・伊拉斯謨（Desiderius Erasmus，
又譯埃拉斯默斯，史學界俗稱鹿特丹的伊拉斯謨，
1466－1536），是中世紀尼德蘭（今荷蘭和比利時）著
名的人文主義思想家和神學家，是 16 世紀初歐洲人文
主義運動主要代表人物。伊拉斯謨是一個用「純正」拉
丁語寫作的古典學者。他試圖使古代的古典經文復興，
恢復基於《聖經》的樸素基督教信仰，消除中世紀教會
的一些不當行為，他的主要作品包括《基督教騎士手冊》
（1503 年）和《愚人頌》（1509 年）等。《愚人頌》強
烈指責教會和貴族的腐敗，嘲笑經驗哲學家和僧侶們愚
昧無知的空談。他知識淵博，忠於教育事業，一生始終
追求個人自由和人格尊嚴。

我們看過不少的凡人，他們竭盡全力想效法神聖的美德，熱情洋溢卻收效甚微，他們陷入到微弱而雜亂的喋喋不休之中，把話題變得隱晦難懂，使聽眾的耳朵不堪重負，空洞的詞語和句子擠在一起，把一切歡樂的可能趕得無影無蹤。那些試圖擬出這一藝術原則的作者，他們大量使用冗詞贅句，但除了暴露自己的黔驢技窮之外一無所獲。

　　　　　　　　　　——伊拉斯謨《論佈道》

伊拉斯謨出生於 1466 年，卒於 1536。同時代的思想家，沒有誰像他那樣影響了這個世界。他位於一個關鍵的支點上，有人說，他，就是文藝復興的智力支點。

同時代的評論家一致譴責他——而這一事實，將他推薦給了我們。

有幾個身居高位的教士，他們仍活在文字裏面，只是因為他們辱罵伊拉斯謨，將自己的名字與他的名字連在一起。就讓評論家們振奮一下吧——他們可以逃脫被人遺忘的命運，哪怕他們除了吹毛求疵之外什麼也沒做。只要他們足夠聰明，對那些已套好馬車、準備邁向偉大之路之人，他們吹毛求疵，發出嘎嘎聲、咳嗽聲、噓聲和噴嚏聲。以這樣的方式，他們也能走向不朽之路。伊拉斯謨是一位以自己為教眾的教士，他通過嘲笑修道士找到了樂趣。另外，他也是同時代最有智慧的人。智慧是經過提煉的直覺知識的精華，通過經驗進行確證。學問是另外一回事。有學問的人通常是深入探究、翱翔高飛之人，但也有少數人潛得很深，可是只抓起來一些骨螺 [1]。而那些翱翔高飛的人當中，飛回地面，告訴我們所見所聞的，真是少而又少。就像拉撒路 [2] 一樣，他們什麼都不說。

伊拉斯謨有着幽默感。幽默是生命的保護者，當你跳入說教之海時，它可以幫你避免溺斃。不會哈哈大笑的神學家，非常容易突然爆發——他們非常危險。伊拉斯謨、路德、比徹爾、西奧多·帕克、羅

1　骨螺：一種盛產在熱帶海洋的海生骨螺屬腹足類動物，殼粗糙而常有棘。

2　源自《聖經》。拉撒路，麻瘋病患者，聖經中的麻瘋乞丐，耶穌的朋友。他在死後第三天被耶穌從墳墓中喚醒復活。

傑‧威廉斯和約瑟夫‧帕克[3]——他們都會張口大笑。而加爾文、科頓‧馬瑟和喬納森‧愛德華茲[4]，從來不會對自己的妙語，或是別人的妙語，發出快樂的咯咯聲，或是輕聲大笑。

伊拉斯謨會微笑。他曾被稱為所處時代的伏爾泰。盧梭與伏爾泰的關係，就是路德與伊拉斯謨的關係。狄德羅[5]說得好：伊拉斯謨產下的蛋，路德孵化出來。伊拉斯謨為有教養者、有修養者、有學問者寫作——路德則吸引了普通平凡之人。

路德分走了教皇的權力。而伊拉斯謨認為這樣做簡直是場災難，因為他認為，教派有爭吵，會使人們對於宗教唯一本質——和諧，視而不見，會導致人們只是為了勝利而爭鬥不休。伊拉斯謨想做的，只是修剪教皇辦公室的翅膀，銼一銼它的爪子——而路德，則想把它整個消滅掉。伊拉斯謨認為教會是非常有用、必需的組織——因為社會的原因。它可以控制生活和行為，使人們「體面一些」。它應當是一所道德倫理的學校，在所有的人類改良中起領導作用。人天生是合群的動物，教眾聚集符合人們與生俱來的欲望。而聚集的理由是宗教——讓他們聚會吧。天主教教會的歷史絕不止 2000 年——它已經有一萬歲了，因為可以追溯到埃及。耶穌的出生，只不過是教會的歷史得了一次精神錯亂病而已。

就在這一點上，伊拉斯謨與路德分道揚鑣，路德是一個教條主義者，想就他的九十五條論綱進行辯論。而伊拉斯謨嘲笑所有的宗教爭

3　這些都是著名宗教人士。

4　這些都是著名宗教人士。

5　狄德羅：1713－1784，18 世紀法國唯物主義哲學家，美學家，文學家，教育理論家，百科全書派代表人物，第一部法國《百科全書》主編。

端，稱它們為引入幻境的迷宮。很自然地，人們說他不夠真誠，因為平庸的頭腦永遠不會知道，悖論才是真理。因此伊拉斯謨遭到天主教徒的仇恨，同時又遭到新教徒的譴責。

最奇異的是，那些帶着腳鐐鐵條的人，並未有目的性地跟隨他。要是在 50 年之後，他會被格殺勿論。但在當時，羅馬非常驚異於竟然還會有人批評自己，因此還回不過神來。此外，這個時代是大笑的年代、反抗的年代、智力競賽的年代、較量的年代和愛情摩擦的年代，犯錯的教士太多了，懲罰不過來。每個人都在忙着做自己的事。那可真是一段快樂時光啊！

伊拉斯謨是意大利文藝復興的重要組成部分。在他的頭頂上，閃耀着燙金的文字，也就是那個難忘的日子：1492 年。他是這場偉大運動的一部分，他幫助了這場偉大運動的發生。每一次覺醒運動，每一次文藝復興，都是一個懷疑的時代。保守主義的時代是苔蘚的時代、地衣的時代、休養的時代、生鏽的時代和毀滅的時代。我們只有提出疑問，才能成長、壯大。只要我們確認目前的規則是完整無缺的，我們就會把鈕扣放到衣服的後面，而生活在這個時代的哥倫布、路德、梅蘭希頓 [6]、伊拉斯謨、米開朗基羅 [7]、達芬奇 [8] 和古騰堡 [9]，卻永遠不會

6　菲利普・梅蘭希頓：1497－1560，德國神學家及德國宗教改革的領導人。他是馬丁・路德的朋友，著有《奧格斯堡信綱》（1521 年），這是有關新教教義的第一本詳細著述。

7　博那羅蒂・米開朗基羅：1475－1564，意大利文藝復興時期偉大的繪畫家、雕塑家、建築師和詩人，文藝復興時期雕塑藝術最高峰的代表。

8　達芬奇：1452－1519，意大利文藝複新時期最負盛名的藝術大師，科學家。

9　古騰堡：1400－1468，德國活版印刷發明人。

這樣去做。1492 年，和 1776 年 [10] 一樣，基本上是「不信教的年代」，就像如今這個時代正在積極打破舊習一樣。我們正在拆掉穀倉，以建造更大的穀倉。鐵路工人曾說：「每天早上，在吃早餐前，我把一個引擎丟到垃圾堆裏。」這句話說明了一個大道理。我們正在丟棄差的東西，換取好的東西；再把好的東西丟掉，換取更好的東西。

鹿特丹因為是伊拉斯謨的出生地而享譽世界。在他生前，狂風暴雨般的誹謗瞄準了他，指責他的出生不合常規。「他根本就沒有權利出生。」一位傲慢的高級教士說道，說完便將他的教士長袍圍攏在他那受俸的軀體上。但是，靈魂會在生命之門敲擊，請求進入。事實上，只要人們在這個世界上生存，他就有理由在這個世界上生活。「私生」這個詞，不是上帝的詞彙。如果你不知道這一點，說明你還沒有讀過上帝的有益而有趣的作品。

各種各樣的評論家宣稱伊拉斯謨的母親是一位王室夫人，或者是一名內科醫生的女兒，或是廚房使女，或是女修道院院長——都根據自己先入為主的偏見發表意見。從某種程度上講，她肯定是位「女修道院院長」——就讓謊言自生自滅吧。

事實上，我們並不清楚伊拉斯謨的母親是誰。我們所知道的，只是她就是伊拉斯謨的母親。歷史在此踟躕不前。他的兒子曾告訴托馬斯·莫爾爵士，她在第一個孩子出生後幾個月，和一位不幸的無名小卒結了婚，在嚴重不足的限量母愛和黑麵包的幫助下，她含辛茹苦地帶大了一大窩無名小卒，她很高興可以就此忘記她年輕時的不檢點。

10　1776 年 7 月 4 日，美國發表《獨立宣言》，宣佈獨立。

但父親並不這樣認為。人們是否真的擁有父母親的愛，對於這個爭議已久的問題，在這能找到答案。

伊拉斯謨的父親是格哈德·馮·普拉愛特，孩子的名字叫格哈德·格哈德斯——即格哈德的兒子。父親是一位有產者，在政府擔任公職。當這位耀眼的嬰兒出生時，格哈德·馮·普拉愛特還未結婚。可以非常合理地推測出，他沒有和孩子母親結婚的原因，那是因為她屬於不同的社會階層。不管怎樣，嬰兒被給了父親的名字，這位小小的航海家享受到了所有的照顧和關注。父親就像許多溺愛孩子的母親一樣愚蠢，因為他給這個失去母愛的孩子設想了偉大職業的夢想，並作出各種各樣的預言。

六歲的時候，小孩正在學習拉丁文，而在這樣的年齡，他本來應當去挖沙堆玩。八歲的時候，他會說荷蘭話和法語，用希臘語和保姆爭論酪乳的質量好壞。

在此期間，父親結了婚，然後幽靜地安居下來，成了一名受人尊敬的鄉紳。另一種說法是他成為了一名牧師。不管怎樣，這位初生牛犢此時正獨自走在去一所私立學校的路上。

小夥子 13 歲時，父親離開了人世，留下了一個遺囑，為兒子作了很好的安排。根據遺囑的內容，我們的主人公長大成人後能夠獲得的財產接近 4000 美元。

幸運的是，資金的受託人是几隻貪婪的惡狼。他們設法修改了遺囑，向法庭說明，這個孩子是一位無家可歸者，絕對沒有任何法定權利。於是他被交給一所孤兒院，給他「正確的宗教教育」。這真是個奇怪的舊世界啊！如果格哈德·格哈德斯成為父親的合法繼承人，他會

變成什麼樣的人，對此無從知曉。他有可能膀粗腰圓，成為一名受人尊敬的市長。而事實是，他成為一名修士的幫手，為戴頭巾的虔誠的高級教士們擦洗石頭地板，搬運東西。

然後他為修道院院長做抄寫工作，並證明了自己完全稱職。

他個子瘦小、眼睛湛藍，長着一頭金髮，身材修長、纖細，有着長長的鼻子和清秀的容貌。「因為長着這樣的鼻子」，阿爾布萊希特・丟勒多年之後曾説，「他成功地捕獲到所有東西，除了異端之外。」

18 歲的時候，他成為一名修士，自豪地把淡黃色頭髮剃掉。他的上司非常喜歡他，預言他將成為一名主教，或是一個大人物。

孩子們不會遭受太多、太久的痛苦。上帝對他們是友善的。他們滑進了某個環境之中，然後就接受了環境。這個男孩學會了閃避修士們光光的大腳丫——學習功課，偶爾會玩一會，用他的智慧挑戰他們的愚昧，事實上贏得了他們的讚美——或者説，這些時而是修道者、時而是玩樂者的人給了他們能給的一切。

大約就在這個時候，有人嘲笑小夥子沒有姓名。「我會給自己取個名字，」這就是他自豪的回答。

進入修士見習期後，他被允許取一個新名字，從此與俗世告別，舊的名字被完全遺忘。

他們稱他為德西德里烏斯兄弟，即「理想的人」。於是他將這個拉丁名修改為對應的希臘名字，伊拉斯謨，字面的意思是「受人愛的人」。對於他的家譜，或者説對於他沒有家譜的這個事實，他毫無必要地感到自豪。因為這使他與眾不同。他有同母異父的兄弟姐妹，但他把他們看作為陌生人。他們來看他的時候，他説：「除了精神方面的聯

繫，靈魂之間沒有關聯。」

他給一位朋友寫信時，迸出了他的智慧之火花：「父母雙全是常態；父母雙亡是例外；只有母親、沒有父親不同尋常；而我有過一個父親，卻從未有過母親。我由一個男人一手帶大，修士們給了我教育，所有這一切都表明，女人或多或少就是多餘的創造物。上帝本身就是個男人。他有一個兒子，但沒有女兒。小天使都是男孩。所有的天使都男性的，就《聖經》告訴我們的而言，天堂裏面沒有女人。」

然而，伊拉斯謨寫這封信時，是寫給一個女人的，因此泄露了這一點，他的這個看法並不是認真的。他是個愛開玩笑的人。雖然女人並未佔用他太多的時間，但我們發現，他外出旅行時，經常改道，專程去拜訪一些有智慧的女人——其他情況根本無法讓他這樣感興趣。

如果你屬於某個宗教組織，即意味着你要受其管制。你若尋求保護，即意味着放棄了自由。伊拉斯謨的靈魂反抗着修道院的生活。他痛恨傳統的修士——痛恨他們的食物、他們的生活方式、他們的詭辯和他們的愚昧。他說，如果人們開始過上不自然的生活，那麼變成貪吃者、把愚昧作為宗教的一種安慰，這是這個世界上最自然不過的事情了。美味佳餚只能與男女同校的精神養生法相匹配。男人都喜歡用手從鍋中抓食物，除非有女人在場，強迫他們體面一點。而如果有這種可能的話，女人單獨在 起比男人單獨在一起還要叫憐。

通過模仿，人類獲得成長。性別差異使男人和女人有了良好的舉止行為。

人類追求權力的欲望使自己成為奴隸。伊拉斯謨寫道：「在修道院，沒有誰有良好的行為舉止，除非有人到訪。不過有人告訴我，在

家庭也是如此。」

油膩、粗糙的廚藝，使得可憐的伊拉斯謨嚴重消化不良——他在生前從未停止過對此事的抱怨。他的身體過於高貴，任何修道院的水槽都無法滿足它。不過，他在其他的一些方面偶爾會得到補償，有自己的發言權。有一次，我們聽到，他在一張卡片上印上了這個圖標符號：「如果我擁有一個地獄，同時又擁有一個修道院，那麼我會把修道院賣掉，然後住在地獄裏。」就這樣，伊拉斯謨為特庫賽 · 謝爾曼將軍[11] 提供了他的著名演講[12] 的雛形。謝爾曼戰前是巴吞魯日[13] 一所學院的教授，顯然為了某種目的曾深入研究過拉丁古典文學。

和伊拉斯謨居住的修道院相連的地方有一台印刷機。我們這位多才多藝的年輕修士學會了印刷，他操縱墨球，調整槓桿，顯然，他通過自己準備好的紙筆和雄辯的舌頭，在一定程度上驅走了這個地方的單調乏味。當他寫東西時，他為自己的耳朵寫作：所有的東西都通過大聲朗讀進行檢驗。當時，偉大的作家並沒有印刷工那樣英明或聰明，於是伊拉斯謨的任務是，對拿到手的文字進行潤色。

伊拉斯謨通過寫東西學會了寫作；在當代散文作家中，他是第一個有着鮮明的文學風格的作家。他的語言輕巧、流暢、充滿寓意。他寫的段落都蘊含深意，充滿了詞典無法提供的韻味。這就是天才——完全超越了自己寫出的字詞。

....

11　威廉 · 特庫賽 · 謝爾曼（1820 年－1891 年），美國南北戰爭中的聯邦軍（北軍）將領，以火燒亞特蘭大和著名的「向海洋進軍」而聞名於世。

12　謝爾曼將軍在火燒亞特蘭大時講過「戰爭就是地獄」的名言。

13　巴吞魯日：美國路易斯安那州首府。

　　如果伊拉斯謨再有一丁點耐心，再有一丁點手腕，他可能已經得
到了一個主教的職位。他不吝筆墨、大加讚揚的東西——愚蠢，是引
起他失敗的原因，同時也是他的朋友。

　　26 歲時，他是當地最好的老師、最聰明的學者。另外，在修道院
這邊，他被當作是一個刺頭，因為他拒絕把它當回事。他抗議說，沒
有誰是自願當修士的——他是被那些不友好的親屬猛推進教會的，或
者說是命運一腳把他踢進來的。

　　接着來了坎布雷主教，他突然迷上了舞文弄墨，想找一個年輕的
修士幫他訂正手稿。主教打算前去巴黎，尋找一些重要的歷史事實，
必須找一個能幹的祕書。只有精通拉丁文和希臘文的學者才能勝任。
修道院院長推薦了伊拉斯謨，就像當年阿爾特姆斯·沃德 [14] 當年推薦
妻子的所有親戚參戰一樣。

　　安德魯·卡內基 [15] 準備前往歐洲時，對他的鐵路製造商比爾·瓊
斯 [16] 說道：「當我登上船隻，前往歐洲，桑迪胡克的海岸逐漸消失得無
影無蹤時，我從來沒有這樣開開心心、無憂無慮，比爾。」

　　而比爾非常嚴肅地說道：「卡內基先生，我可以代表我自己和工友
們說句真心話，當你登上船隻，前往歐洲時，我們也從來沒有這樣開

14　阿爾特姆斯·沃德：1727－1800，美國獨立戰爭時期將軍，在波士頓包圍戰中指揮馬薩諸
　　塞州部隊，直到喬治·華盛頓接替他的領導職位並將英軍驅逐出城（1776 年）。

15　安德魯·卡內基：1835－1919，蘇格蘭裔美國工業家和慈善家，靠鋼鐵工業聚積了大量財
　　富，並為公共福利捐款數百萬美元。

16　桑迪胡克：美國新澤西州東部下紐約灣入口外一低半島，該半島將桑迪胡克灣與大西洋分
　　隔開來，最早於 1609 年被發現。

開心心、無憂無慮。」卡內基先生立即非常恰當地將比爾的薪水每年提高了 5000 元。

卡爾特會 [17] 的兄弟們假惺惺地流着眼淚與伊拉斯謨告別，但事實上，他們解脫的快樂超過了離別的傷感。

伊拉斯謨的旅行由此開始。

主教已人到中年，但在他的血液中有着騎士的衝動，這使得他更喜歡馬鞍而不喜歡馬車墊子。於是他們騎在馬背上出發，主教在前，伊拉斯謨、他的祕書，保持合適的距離跟在後面；在後面 10 步遠的地方跟着一位僕人，帶着馱籃，充作後衛。

喜獲自由，而且能夠騎在馬背上面對這個世界！伊拉斯謨心花怒放，感激地進行祈禱。他說，這是他經歷的第一次感恩的感覺，也是他經歷的第一件值得感恩的事情。

他們就這樣向巴黎前進。

伊拉斯謨轉過頭來，望了望修道院——他曾在這裏度過了 10 年的艱辛歲月，它漸漸消失在視野之外。

這是他所知道的最幸福的時刻。整個世界就在他的前方。

坎布雷主教給伊拉斯謨引入了一種全新的生活模式，伊拉斯謨對此非常適應。它的主要內容是四處旅行，獲得榮譽、熱情款待及物質上所有的好的東西，而只需報之以得體的陪伴。大門為這位好心的主教欣然敞開，所到之處都受到熱烈歡迎。他是位教士——這已經足夠了。伊拉斯謨分享了這些歡迎，因為他相貌堂堂、玉樹臨風、伶牙俐齒，而且可以最好地控制住自己。

17　卡爾特會僧侶：11 世紀由聖·布魯諾創建的一個提倡苦修冥想的教派的成員。

此時，歐洲到處點綴着修道院、女修道院和其他宗教機構。它們的遺跡如今依然可見——要想不看到尖頂，也真的很難。但教會獨一無二的特權已經一去不復返了，在許多地方只剩下遺跡，而在那曾經是充滿生機、忙忙碌碌的回廊、走廊、小禮拜堂、大廳和花園。

加州的「傳教所」，是建立在歐洲修道院的總體規劃基礎上的。他們提供了過夜的住所——為旅行者提供一個休息地——是教育的輻射中心——至少是當時存在的所有教育。

在加州，這些「傳教」相隔 40 英里遠——也就是一天的旅程。在法國、意大利和德國，它們相隔 10 英里遠。在到達傳教所之前的地方，旅行者徒步跋涉，或是騎在馬背上、坐在馬車裏，是一支獨特的隊伍，有男有女，有老有少。四處旅行、四海為家，這就是教會顯貴的幸福命運。

教會機構的教區是可輪換的；通過遷移的制度，生活變得更愜意，還可以確保合理的誠實。我注意到，在多個城市擁有支行的歐洲大陸金融機構，經常輪換出納。這個想法是從羅馬學來的。羅馬非常聰明——她的政策是幾百年來世界智慧的結晶。教會好戰分子發出的戰鬥口號「世界歸於基督」，只是表明了人們佔有的欲望，只是把基督作為一個幌子。如果真的要說有什麼是人為的機構的話，那就是教會。她的欲望是想控制人類，但神奇的是，通過對天堂的承諾、對地獄的威嚇、對世俗權力——社會和軍事上的特權的緊抓不放，她被勸誘部分地放開權利。我們應當感謝薩佛納羅拉[18]、路德和伊拉斯謨，他們使

18　薩佛納羅拉：1452－1498，意大利改革家。多明我修道會的托缽修士，他有大量追隨者，在1494 年將梅第奇家族逐出佛羅倫薩。他後來因批評教皇亞歷山大六世而被逐出教會並處死。

我們獲得自由。這些人更關心真理，更不關心特權，他們的影響是打破僵硬的舊習俗，使人們思考。

思想就是精神炸藥。難怪教會總是害怕、仇恨思想家！

坎布雷主教不是思想家。後來就任大主教的費奈隆 [19] 使坎布雷主教永垂不朽。遵奉者死亡，但異教徒永生。他們是那些贖回十字架、使絞刑架變得光榮之人。

就這樣，坎布雷主教和他的小小金髮祕書逐漸邁向了聲譽與財富之路——主教被人銘記，是因為他有這樣一位祕書；祕書被人銘記，是因為他變成了一位偉大的老師。

在每一個逗留地，主教都會作彌撒——工人、學生和見習修道士停下手頭的活，傾聽這位大人物口中説出的勉勵話語。偶爾，伊拉斯謨會被主教推到前頭去説幾句話，當主教需要專心於自己的個人祈禱的時候。聚集的朋友們喜歡這位年輕人——他聰明伶俐、充滿智慧，而且從不説虛偽的話。他們甚至開懷大笑，就這樣，在以前從未有過微笑的地方，經常有了兩張笑臉。

他們悠閒地策馬前行——有時，在飯菜豐盛、招待周到的地方，他們會停下來住幾天時間。在女修道院和男修道院，總是留着招待大人物的客房，而且這些客房總是住滿了人。

因此，可以説，每一所教會都是一種大學，課程如何，要看負責

---

19 弗朗索瓦·德·薩利格奈·德·拉莫斯·費奈隆：1651－1715，法國大主教以及作家。他曾教授路易十四的孫子，開創了引起爭議的寂靜主義思想，著有史詩《泰雷馬克歷險記》，國王認為此作是對王室的諷刺。

人或修道院院長的靈魂高度有多高。這些持續不斷的旅行、漫遊，取代了每日的報紙、西方聯合電報公司和電話的作用。如果時間倒流，我真為我自己擔心，因為現在墨丘利神 [20] 只是通過長途電話聯繫別人，而不去親自拜訪——加百利 [21] 天使亦是如此。我們節約了時間，但我們錯失了親自接觸的機會。

修道的衝動是建立在人的需要的基礎上的。像大多數好事情一樣，它已經令人傷心地走上了歧途；但尋找一個避難所來撫慰受傷的心——一個避難的地方，在那裏，簡樸的生活、服侍及有益的努力佔支配作用——這樣的想法永遠不會從人們的心中消亡。收容所代表着熱心款待，但我們現在只有旅館和醫院。

後者只代表着碘仿 [22]、石碳酸 [23] 和甲醛 [24]；而前者經常代表着黃金、燦爛、暴食和實實在在的自私，一邊是痛風，另一邊是輕癱，而中間是布賴特氏病 [25]。

收容所是修道院的一部分。它是無家可歸者的家。在這裏，你可以遇到有學問的人——有智慧的人——有頭腦也有臂力的人。你走進去，很快就以此為家。不用付錢——你只需要給窮人留點東西。

---

20 墨丘利神：各路神靈的使者，其本身是商業，旅行及盜竊的守護神。

21 加百利：《聖經》中七大天使之一。

22 碘仿：一種淡黃色晶狀碘化合物，CHI_3，用作抗感染劑。

23 石碳酸：酚（味烈、藥性強的防腐劑和消毒劑）。

24 甲醛：一種無色的氣體化合物，分子式為 $HCHO$，是最簡單的醛，用於制三聚氰胺和苯酚樹脂、化肥、染料、防腐液劑和甲醛澄清水溶液中的防腐劑和殺蟲劑等。

25 布賴特氏病：腎小球腎炎，一種腎臟疾病，以尿液中出現血清蛋白為標誌。

　　只要有誰有勇氣、對人類有足夠的信念，在美國建立起收容所制度，他將收穫豐富的獎賞。如果他對客人有足夠多的信心，就像林賽法官 [26] 對他的壞男孩有信心一樣，他將獲得成功；如果他猶豫、拖延、懷疑，開始陰謀的策劃，那麼破產仲裁人將向他招手示意。

　　早期的大學都是自修道衝動而發展壯大的。學生來了又走，而老師是偉大巡迴制度的一部分。人是有遷居習慣的動物。他的進化通過環境的變化而發生。移居使野草變成了玫瑰，溫室和花園的所有植物的祖先，都曾生長在籬笆裏或是戶外的田野上，因不友好的競爭而生長緩慢，或被粗野的腳步所踐踏。

　　大學生活的優勢即在於移居。把男孩從他的家庭環境中趕出來；切斷把他與家人捆在一起的繩索；讓他面對新的臉龐，看到新的景色，聽到新的說教，遇到新的老師，而他調整適合的努力將幫助他成長。亞歷山大·洪堡 [27] 是對的——大學一年的時間要比四年的時間更安全。一年的時間會啟發激勵你——而四年的時間則使你生根滿盆，只會誇誇其談，充滿偏見。

　　未來的大學將變得工業化——所有人來去自由。所有人都將成為大學生，因此對一種想象中的對能力的自豪將被沖淡，將被健康地淡化。努力工作、使自己有用——而不僅僅是死記硬背，這將是唯一的動力。

26　林賽：美國著名法官。他拒絕懲罰因犯法而帶到他跟前受審的青少年，組建了青少年法庭。唯一的目的便是不去懲罰他們做的事，而是追本溯源，找出這個孩子犯法的原因，之後將其成因消除掉。通過這樣做，林賽法官自己不得不違反法律，因為他常常違背他的就職誓言，拒絕針對某項特定的違法行為，執行法律的特定懲罰。

27　洪保德·洪堡：1769－1858，德國自然科學家、自然地理學家、著述家、政治家，近代氣候學、植物地理學、地球物理學的創始人之一。

教授們將來可以互換流動，智慧莊稼的循環輪替，將為健康、和諧和高效出力。

團體或是社團將是活動的單位，而不是家庭。社團曾是指為了共同的知識、宗教或是經濟利益，而聚集在一起的一群男人和女人。

我們將回到這種團體或是社團。

人是群居的動物，基督的奉獻一切而獲得一切的想法，在不久的將來的某一天將被發現是可行的。獨霸特權的想法將被丟棄。

大學致力於有益的工作——藝術，從它的最高意義上講：頭、手和心——它將到處點綴這個文明的世界。收容所將回來，回到更高的層次，目前使用的這個詞「熱情款待」將被淹沒在午後茶會中，被奶酪片塞住，被保姆焦慮的緊抓和女伴的巧計所挽救。建立在愚蠢沙粒上的社團將讓位於普及性的大學，而強大、健康、助人、誠實的男人與女人的友誼和情誼將大行其道。

主教的目標是巴黎大學。

自荷蘭騎馬出發，消磨一段時間之後，主教和祕書終於在某個適當的時間抵達了。他們安頓下來，開始研究文學作品；在空閒時間裏，伊拉斯謨逐漸熟悉了巴黎的美麗和神奇。眼前的任務完成了，主教建議回家，並理所當然地認為祕書就像一個固定物一樣，會跟他一起回家。但伊拉斯謨對於自身的價值有了新的想法。他已經在身邊吸引了一小圈的學生，並以自己熱情的個性留住了他們。此時貧窮之誓言已經被看得很輕。不管怎樣，貧窮是一個相對詞。許多修士帶着包裹徒步，但我們的伊拉斯謨不想這樣做。他是「外表上的主教」。

坎布雷主教和伊拉斯謨分手時，為他想得周到，把自己騎的馬送

給了他。

伊拉斯謨經常在巴黎四周遠足，帶着一兩名學生作為僕人或隨從。當時，教學大多數情況下是以獨立為基礎的，每個學生挑選自己的老師，然後直接付錢給他。

伊拉斯謨在巴黎的學生當中，有一位名叫蒙特喬伊勳爵的年輕英國人。他們倆建立了很深的友誼，當蒙特喬伊勳爵回英國時，伊拉斯謨陪同他一起回去。

在倫敦的時候，伊拉斯謨以完全平等的身份與英國許多有學問的人相會。我們聽說他在倫敦市長閣下的家裏赴宴，在那遇到了托馬斯‧莫爾爵士，並與這位可敬人士進行了口頭上的交鋒。

伊拉斯謨似乎把「新人文主義」帶到了英國。有人說，世界是於1492 年被發現的；而人是於 1776 年被發現的。這根本不是事實，因為 1492 年，在歐洲所有的大學，有一群研究神學科學的年輕人，他們正在復興希臘文學，隨之產生了關於人的尊嚴與價值的思想。伊拉斯謨把他天性的熱誠帶給了這場運動。也許他和其他人做得一樣多的是，去煽動灰燼，將它煽成一股名為「改革運動」[28] 的熊熊大火。

他經常嘲笑舊時代教士的苦修、迂腐、學究與膚淺，當新的問題出現時，他會問道：「它裏面有什麼好處呢？」

每一樣東西都被他從常識的角度進行評測。它為什麼樣的目標服務？是怎樣為人類服務的？人類如何從中受益？

28　歐洲宗教改革運動：16 世紀在歐洲新興資產階級以宗教改革為旗號，發動的一次大規模反封建的社會政治運動。主要反對教皇通過教會對全國進行控制，以及天主教會內的驕奢腐化。

因此，人類的利益，而非上帝的榮耀，才是崛起的這一代人的口號。

伊拉斯謨在劍橋、牛津與倫敦進行演講和授課。

意大利曾是他旅行的目標，但英國在一段時間內將他吸引過去。1500 年，伊拉斯謨在加來登陸，裝好馬鞍，然後向南出發。所到之地，他參觀、寫作、講課、演講。遇到新的人，看到新的景色，這樣的刺激都有利於智慧的增長。

天才的修士把化緣當作一種藝術，而伊拉斯謨繼承了這一階層的大部分本能。他與信徒的聯繫，大部分是與貴族或有錢人的聯繫。他在提出要求時，不會有什麼顧慮，不管是襯毛皮的斗篷、馬鞍、高級騎馬靴、馬或是祈禱書。他不會作任何解釋——而是把拿走他所需要的東西當作是天授神權。另外，他認為自己也奉獻了一切，這樣就為拿走自己所需物品找到了理由。他為托馬斯·莫爾爵士提供了「烏托邦」起源，因為伊拉斯謨一次又一次地描繪了一個理想的社會，所有人都有了足夠豐富的東西，沒有人會因為缺衣少食或是東西過剩而遭受痛苦——在這樣的一個社會裏，所有人，無論去哪裏，都會把那裏當作自己的家。

要是伊拉斯謨覺得應當在英國定居，那麼肯定將人頭落地，就像《烏托邦》的作者 [29] 一樣。這樣對待一個人的頭顱，真是荒唐之至——竟然使它與人的軀體分離！

意大利像英國一樣給予伊拉斯謨皇家般的熱烈歡迎，精通希臘、羅馬古典文學的人不是太多。大多數修士只能停留在寫聖人故事的層

---

29 指莫爾，他被以叛國罪之名斬首。他的政治論文《烏托邦》（1516 年）構想了一種理想政府之下的生活。

次上，就像南美因為長期分裂而停滯不前一樣。

伊拉斯謨會裝飾首字母、裝訂書本、給印刷工人提建議、給老師們講課、講授雄辯術和演講術的課程，或者背誦《伊利亞特》[30] 和《奧德賽》[31] 的詞句，為女士們提供娛樂。

他就這樣來來回回地騎馬奔馳，在城市和鄉鎮，在男女修道院逗留，直到英國、德國和意大利的所有學者都熟悉了他的名字。他博學多才、謙遜好學、誨人不倦、和藹可親、坦率真誠、機智詼諧，人們開始以伊拉斯謨為基準而產生分歧。他們分成了兩派：一派是支持伊拉斯謨的，另一派則是反對他的。

1517 年，路德走來了，並帶來了反抗教會的炸彈。這種鬥爭的姿態完全不是伊拉斯謨的姿態——他的武器是詞語。在與高級教士交鋒的同時，路德也向伊拉斯謨發出了一些霹靂般的攻擊，指責他優柔寡斷、膽小懦弱。伊拉斯謨不失尊嚴地進行了回應，隨後就正在革命中盛開的「新人文主義」，與路德的朋友梅蘭希頓進行了長時間的論戰。

伊拉斯謨預言說，通過簡單的進化過程，通過教育，修道院將全部變成學校和工廠。他不願意摧毀它們，而想把它們改變成為不同的東西。這導致天主教徒的不滿，他被亨利八世邀請到英國去加入新的宗教政權。但伊拉斯謨並不喜歡這種英國式的天主教。他的願望是改革教會，而不是摧毀教會或是分裂教會。

---

30 《伊利亞特》：古希臘描寫特洛伊戰爭的英雄史詩，相傳為荷馬所作。

31 奧德賽：古希臘兩本僅存史詩中較新的一部，始於荷馬記述但也合併了歷代口耳相傳的故事內容，描寫希臘戰士奧德賽在特洛伊城陷後如何掙扎奮鬥以返回家園並奪回伊薩基王位所經歷的冒險與考驗。

他現在正處在一個危急關頭：曾經歡迎過他的修道院現在害怕他的接近，以免他們受到污染，捲入麻煩。有謠言說，主教已經發出了逮捕令。他被邀請到羅馬去解釋他的立場。

伊拉斯謨知道最好不要承認收到這個逮捕令。他策馬前往瑞士這塊自由的土地。在巴塞爾[32]，他在偉大的印刷商、出版商福洛本的房子前停下腳步。他把馬兒牽到馬倉，卸了馬鞍，然後說道：「福洛本，我來投奔你了。」

前兩天，我在一本有點零亂、脫節，但也蠻有趣的《標準詞典》中仔細搜索，這時，我發現了「草率」這個詞。這是個很方便使用的詞，我不是很有把握，但曾經有那麼一兩次，有人輕輕地把它朝我扔過來。譴責，通常是一種微妙的恭維，因此我並不感到難過。「草率」意思是指簡化程序、膚淺輕率、粗枝大葉、疏忽大意、漠不關心——也就是說，「隨它去吧，管它呢——這樣已經足夠好了！」如果說世界上還有人會堅持細節，做誠實勞動的話，我就是那個堅持到底的鄉巴佬。我經常把東西做得太過無可挑剔，以至於一萬人當中只有一個人買得起，而最終，我只好自己留着它們。

你知道，如果你腦子裏有了一個想法，你閱讀的所有東西都會暗示這同一件事情。知識是粘性的。我查找到那個快樂的詞彙「草率」之後的第二天，正在讀《伊拉斯謨趣文選》，突然我又遇見了這個詞「草率」，不過是用荷蘭語寫的。此時伊拉斯謨已是一名成功的作家，他也是意大利、荷蘭和德國在紙張、墨水、裝訂和一般製書等方面最

32　巴塞爾：瑞士北部一城市，位於萊茵河畔，是歐洲最古老的文化中心。

有權威的人。他熱愛學問，經常聆聽詞語的誘惑，因而從未在財富的
泥潭中跌打滾爬過。但在追尋思想的過程中，他感到其樂無窮。吉
卜林曾說：「沒有什麼捕獵，能比得上對人的捕獵。」但吉卜林是
錯的──對思想的捕獵，比對人的捕獵嚴重一倍呢。伊拉斯謨追捕思
想，很自然地，教士們追捕伊拉斯謨──從英國開始，穿過法國，來
到意大利，然後在巴塞爾，他找到了避難所，和福洛本這位偉大的印
刷商和出版商在一起。

在法蘭克福，有一位印刷商兼作家，他沒有能耐反擊伊拉斯謨的問
題，因此惱羞成怒地破口大罵。對這位法蘭克福的舞文弄墨者，福洛本
的校對員沒有篩選掉他的詞彙，伊拉斯謨後來說他是個「草率傢伙」，
因為他用的是廉價的紙、廉價的墨和密密麻麻的空邊。不久之後，這
個詞傳到英國，指的是在質量、重量、尺寸和計數等方面欺詐的人。
但最先的意思只是指印刷商在空邊方面做文章，在紙張方面欺詐。我很
抱歉看到伊拉斯謨模仿敵人的做法，有時在使用文學臭彈時身手不凡。他
的詞彙可以比得上馬爾登的詞了。他曾經罵一位評論家為「垃圾」，還
罵另外一位評論家為「怪物」。也許他們的確是這樣──我真的不清楚。

但作為圖書業的權威，伊拉斯謨仍然值得一讀。正是他，確定了
標準的頁邊空白──頂頁的空白是內頁空白的兩倍；外頁是頂頁的兩
倍寬；底頁是邊頁的兩倍寬。如果哪個印刷商敢和這個標準不一樣，
就會暴露他對比例的無知。伊拉斯謨曾說道：「使用糟糕的紙張，說明
品味低下，印刷商和贊助人都是如此。」在伊拉斯謨去世後，福洛本
的公司垮了，因為他們開始製造廉價的東西。「在質量上競爭，不要在
價格上競爭。」這是伊拉斯謨的工作箴言。

當變得「草率」之後，所有偉大的圖書中心都凋萎了。法蘭克福那位可敬的作家，曾對伊拉斯謨破口大罵，他放棄了自己的事業，後來又放棄了自己的生命。伊拉斯謨給他寫了墓誌銘，並因此給了本傑明·富蘭克林[33]以靈感——「這裏躺着一本舊書。它的封面無影無蹤，它的書頁殘缺不全，書蟲正在咬噬着它的命脈。」

做好工作的智慧如今依然適用，就像在伊拉斯謨的時代所起的作用一樣。

對福洛本來說，伊拉斯謨被證明是一個非常寶貴的收穫。他成為這個偉大的出版社的總編輯和文學顧問，當時它是全世界最重要的出版社。

除了編輯工作，伊拉斯謨還幫助在文學界默默無聞的人士發表了多部作品，因為商業的原因，他的名字印在扉頁上。

在那個年代及後來的 200 年，將書歸於這個作者或那個作者，這個問題被認為是一件無關緊要之事。盜版盛行，所有印刷商都修改古典作家的作品，只要他們認為合適就行，經常因此還受到教會的特別獎勵。大約在這個時候，有些人把一些有關耶穌的段落，塞進了約瑟夫斯[34]的文章。16 世紀，塔西佗[35]的《編年史》被作了類似的修改，也

---

33 本傑明·富蘭克林：1706－1790，美國政府官員、作家、科學家和印刷業者。當他的作品《窮理查的曆書》成功之後（1732－1757 年），他進入了政界並在美國革命中起了重要作用。富蘭克林通過談判說服法國支持殖民地，簽署了巴黎和約（1783 年）並幫助起草了憲法（1787－1789 年）。

34 弗萊維厄斯·約瑟夫斯：約 37－？，猶太將領、歷史學家，曾參加猶太人反對羅馬人的起義。他的《猶太戰爭史》是關於馬薩達圍困（72－73 年）的重要史料來源。

35 普布留斯·科內利烏斯·塔西佗：古羅官員和歷史學家，他的兩部最偉大的著作，《歷史》和《編年史》，記述了從奧古斯都之死（公元 14 年）到多米西安之死（96 年）這期間的史實。

有可能是沒有完整地印刷。值得銘記的是，在同時代的文學作品中，只有兩處提到了耶穌，就是在約瑟夫斯和塔西佗的作品裏，後來教會還自豪地提到了這一點。

在他生命的最後幾年，伊拉斯謨積累了相當多的財富。他留下遺囑，將這些錢用於教育某些青年男女，他老朋友約翰·福洛本的孫子孫女，以及外甥、外甥女等。他沒有依據教士的慣例，將錢財留給大眾，在他最後生病時，沒有教士服侍他。他去世前幾年，他不作懺悔，很少參加教會的活動。他說：「我作為一名印刷商，要比作為一名教士自豪得多。」

伊拉斯謨的一尊銅像裝飾着鹿特丹的一個公共廣場，而巴塞爾和弗賴堡[36]以同樣的方式向他致敬，也為自己臉上增光。

為了展現伊拉斯謨微妙而銳利的文學風格，我附上以下摘自《愚人頌》的內容：

人生最幸福的時光是幼年和老年，而唯一的原因，是因為這是受愚蠢控制最多、受智慧控制最少的時期。正是因為孩子缺少智慧，他們才那麼迷人；我們討厭早熟的孩子。女人之所以有魅力、有權威，就是因為她們的「愚蠢」，也就是說她們對於衝動的順從。但是，如果女人想要人家把她當成聰明人，她只會變得雙倍地愚蠢，就像人們訓練母牛上鬥牛場一樣，這樣完全違反了自然本性。女人就是女人，不

36　弗賴堡：德國西南部一城市，鄰近萊茵河，位於黑林山邊緣地帶。建立於 1120 年，是製造業、文化及旅遊中心。

管她戴上什麼樣的面具，她應該為自己的愚蠢感到驕傲，努力把愚蠢用好。

難道丘比特，這位所有宗教的始祖不是完全瞎眼的嗎？他自己都無法辨別顏色，因此他讓我們在判斷所有談情說愛之事時，變得兩眼昏花、頭昏目迷，他哄騙我們，讓我們覺得總是選擇正確。就這樣，每個男人都粘住了自己的女人；補鍋匠眼中只有那個妓女；釘鞋匠看上了擠奶女工瓊兒，而看不上貴夫人的女兒。這些都是真實的事情，常常為人所嘲笑。但不管它們顯得多麼地荒唐，只是因為有了它們，這個社會才變得穩固、團結。

我們還發現，命運之神總是青睞反應遲鈍者，而驅趕走在前列之人；打擊使愚人得到撫慰，用成功為他們的所作所為加冕；而智慧則使她的追隨者變得羞羞答答、偷偷摸摸、藏藏掖掖、膽小如鼠，因此你經常發現，他們在經過艱難的變動之後變得不堪一擊；他們必須與貧窮、寒冷和飢餓進行艱苦卓絕的搏鬥；必須接受寂寞、輕視和漠然；而愚人則財源滾滾，不斷升官進爵，簡言之，將整個世界都掌握在手心。如果有人認為，成為王室的寵兒、左右職位與升遷，是一件樂事，唉，這樣的樂事絕對不能通過智慧獲得，只要招致一丁點懷疑，那麼所有努力都將付之東流。有人想為自己置辦一套豐富的家產嗎？唉，如果從商者過於聰明，面對偽證躊躇不定、對謊言感到臉紅，或者對欺騙和詐騙遲疑不決，那麼他連一個子兒也得不到。

所有教士都獲得了公共特許狀，他們可以隨意鑄造或扭曲神諭，直到它們符合自己的想象，隨意地把它們像簾子一樣展開（就像造物

主造天一樣），合起來，再拉起來。就是這樣，聖保羅 [37] 自己也是裝腔作勢，胡亂找了一些引文使用，將它們扭曲成與原先的意圖不同的意思，偉大的語言學家聖海爾龍曾承認這一點。這位使徒在雅典看到神壇上的碑銘時，他引用這些碑銘，作為證明基督教的一個論據；但他把這一句的大部分內容省略掉，也許是因為完整引用的話，會給他的目的帶來歧義，他只提到了這幾個字，即「致未知的神」；而即使是這幾個字，他也作了些修改，因為完整的碑銘是：「致亞洲、歐洲和非洲的神，致所有外國和未知的神。」

　　我可以向你保證，我們的年輕教士們以同樣的方式進行模仿，在這略掉四五個字，又在那加上幾個不曾存在的詞，這樣可以使每一個段落都為他們的目的服務；儘管從前文或後文連貫地看，真正的意思要麼是太寬泛，要麼與他們插入的東西或是強加的意思自相矛盾。教士們的技術如今變得非常專業嫻熟，律師們開始變得妒火燒心，因為教士侵入了原本專屬他們的特權和職業。事實上，他們應該對於證明這一切感到絕望，因為上述的註釋者對聖路加 [38] 的一段文字所作的解釋，不但與意思或地點不符，而且在性質上也相互矛盾。

37　保羅（Paul，拉丁文 Paolo，3 年？－67 年？），羅馬天主教聖經思高譯本譯作保祿。原名掃羅（Saul，拉丁文 Saulo），因家鄉為大數（又譯塔爾索），所以根據當時的習俗也被稱為大數的掃羅（Saul of Tarsus），悔改信主後改名為保羅。天主教教廷將他列為聖品，提到他時常稱聖保祿（St. Paulo），但新教則通常稱他為使徒保羅。他是神所揀選，將福音傳給外邦人的使徒，也被歷史學家公認是對於早期教會發展貢獻最大的使徒。他一生中至少進行了三次漫長的宣教之旅，足跡遍至小亞細亞、希臘、意大利各地，在外邦人中建立了許多教會，影響深遠。

38　路加是保羅的門徒，《新約聖經》中路加福音和使徒行傳的作者。

由於男人似乎天生就是要管理事務的，所以必須配給他合適的那麼一點智慧，就此幫助他卸下職責。為了實現這個目標，這樣的做法是必需的，但為了防止這種做法太危險、太致命，別人建議我準備好一個解毒劑，開出一個絕對可靠的藥方——那就是給他配一個妻子，她無害而愚蠢，但方便實用，這樣就可以平息、軟化男人僵硬而乖僻的品性。

柏拉圖顯然拿不定主意，到底應該把女人擺在理性動物之列，還是放在沒有理性的牲畜之列，其用意只在於表明女性的無比愚蠢。一個女人如果要堅定不移地一心想讓自己成為聰明人，那她只會變成更惹眼的傻瓜。這樣的做法，就像逆水游泳；不止如此，還背離了大自然的本性，這樣赤裸裸的企圖不僅是浪費精力，更使它的效果變得更不可能。

就像一句諺語說的那樣，猴子就是猴子，披上紫袍還是猴子。女人就是女人，就是蠢人，不管她如何喬裝打扮。另外女人也沒有理由覺得，被認為愚蠢是不恰當的。因為，如果她們能夠正確地對待這一問題就會明白，正是由於她們愚蠢，她們才有了許多天賦才能，使她們在許多方面遠遠超越男人。首先，她們有天賦之美，其魅力可使最強大的暴君也俯首貼耳，唯命是從；此外，男人因為受到智慧的巨大掌摑而變得臉色蠟黃、皮膚粗糙、鬍子拉碴，帶着冬天或是老年才有的所有特徵。而女人一直是臉頰精緻光滑、聲音輕柔溫和、肌膚柔潤純淨，似乎大自然給她們繪製了所有勻稱、清秀之美，讓她們青春永駐。再者，女人除了讓自己的丈夫滿意之外，還有什麼更大的目標或企求呢？她們用化妝、沐浴、美髮和香水，還有所有各種神秘的裝飾品裝飾自己，目的只是為了向意中人大獻殷勤；不管怎樣，女人之所以能被男人接受，只是因為她們的愚蠢。妻子們通常被允許率性而

為，但也只是為了交換興奮與愉悅，而興奮與愉悅只不過是愚蠢的代名詞；對這一點誰也無可否認，只要你認為男人必須嬌寵、逗笑他的伴侶，必須陪伴侶玩數不清的小遊戲的話。

然而，現在有一些冷血的老人，他們沉湎於酒杯甚於女色，假裝認為最大的幸福莫過於大張宴席、飲酒作樂。就算是這樣吧；但可以肯定的是，即使是最為奢侈的娛樂，也必須加上愚蠢作為調料，這樣才能品味到最為美味的佳餚。如果客人當中沒有誰有足夠多的自然的愚蠢，不能讓其他人來取笑，他們就必須得僱個搞笑的小丑，有了他的笑話逗趣、插科打諢和信口開河，才能使大夥兒哄堂大笑起來。要是嘴裏品嘗着美食，但眼之所見，耳之所聞，心之所惑，都沒有加入笑談、打趣和妙語進行調和，那麼即使肚子裏填滿了各式各樣的佳餚美品、山珍海味，這又有什麼意思呢？它們就像是上的第二道菜，有助於消化。而喝醉後拿出鞋拔、把每個人都當成自己的手下、亂扔東西和四處閃躲、把酒杯倒個滿杯、用一隻手喝掉兩杯酒、開始向女主人舉杯祝健康、醉得狂呼亂叫、大聲嚷嚷叫喚小提琴手、把每個人都拉出來跳舞，諸如此類的放縱狂歡——所有這些都不是希臘人教授、指揮的，而是由哥譚鎮[39]的人教授、指揮的。而這些都是我的發明，由我開出了最好的健康防腐劑藥方：每一樣東西，它越是荒唐可笑，就越能受到歡迎。事實上，睡眼朦朧地繞着世界慢跑，保持着憂愁悲哀的姿勢，這樣的人，確切地說，不能稱得上是還活在人世。

39　哥譚鎮：英國傳說中的愚人村。

❖ 布克·T·華盛頓 ❖

布克·T·華盛頓（Booker T.Washington，1856－1915），美國政治家、教育家和作家。他是美國黑人歷史上的重要人物。華盛頓的父親是白人奴隸主，母親是黑奴。他是奴隸，1865 年才獲得解放，他在體力勞動工作中學會讀和寫。16 歲時，他來到弗吉尼亞漢普頓的師範和農業學院（現在的漢普頓大學）接受教師培訓。1881年，他被任命為阿拉巴馬州塔斯基吉學院的院長，在他的管理下，該校獲得蓬勃發展。華盛頓在黑人政治中扮演了一個非常突出的角色。1895 年，華盛頓發表了著名的亞特蘭大演説，這使他聞名全國，受到政界和公眾的關注，成為美國黑人的代言人。他和白人合作，幫助籌款創建數百個社區學校和高等教育機構，以提高美國南方黑人的教育水平。除了在教育領域貢獻卓著之外，華盛頓還大力促進美國各種族之間的整體友誼和工作關係。他的自傳《超越奴役》於 1901 年首度出版，至今仍然廣為流傳。

在人的天性當中，總是有着讓人們回報美德的東西，不管是什麼膚色的人，總是能找到他的美德。我也已經發現，它是可見的、有形的，在破除偏見時要走一段長長的路。親眼瞥見黑人建造的漂亮房屋，這比數頁紙的關於他應當建造，或者也許能夠建造房子的評論，有着多過十倍的說服力。只要他能夠做這個世界希望達成之事，他最終將邁步前進，不論他是屬於什麼種族。

——布克·T·華盛頓

這是一個關於一位黑人的故事。這個奇特的故事是一個真實的故事。此人出生於弗吉尼亞時，是個奴隸。他的母親是個奴隸，曾在市場上被賣過三次。此人就是布克‧Ｔ‧華盛頓。

布克這個名字是玩伴們給這個小夥子取的怪名，原因是他特別喜歡一本碰巧找到的、摺了角的單詞拼寫課本[1]。在此之前，他只是媽媽的寶貝。「Ｔ」沒什麼含義，不過後來他一高興就寫成了塔利亞菲羅。

大多數剛剛脫離奴隸身份的黑人，開始自己做主，給自己取名叫華盛頓[2]；如果不用這個名字，就用林肯[3]、克雷[4]或者韋伯斯特[5]。

而這個小夥子當時還是個孩子，有人突然問他的名字，於是他大聲說「華盛頓」，這個名字就這樣定下來了。

男孩的父親是一位白人，但孩子們總是隨母親這邊，因此布克‧Ｔ‧華盛頓是一位黑人，並為此感到自豪，而他也應當是一位黑人，因為他的行為表現符合黑人的標準，即使血統家譜並非如此。

這位黑人的父親被以一個 Ｘ 號代替。這位慈愛的父親一直默默無聞，把自己能夠名垂千古的唯一機會浪費掉了。我們甚至不知道他的姓名、他的社會地位或者他以前有過什麼卑鄙行為。我們假定他婚姻幸福、受人尊敬。但沒有關於他的傳說，也沒有關於他的寓言。至少

1　譯者注：「布克」（Booker）與「書本」（book）的讀音相似。

2　華盛頓：美國第一任總統。

3　林肯：1809－1865，美利堅合眾國的第十六任總統（1861－1865 年），在美國內戰期間領導北部聯邦，並在 1863 年解放南方的黑人奴隸。

4　克雷：1810－1903，美國廢奴主義者、外交官，曾任駐俄國公使。

5　韋伯斯特：1782－1852，美國政治家。曾任美國新罕布什爾州的眾議員，後任馬薩諸塞州的眾議員和參議員。他是著名的演講家，曾支持保存聯邦政府。他兩度出任國務卿。

他的孩子，我們不清楚他是出生於 1858 年，還是 1859 年，我們不知道他的出生月份或日期。東邊[6]也並未出現什麼神跡。

母親住在一個只有一間房的小木屋裏，房間大約 10 英尺寬，12 英尺長，同時兼作廚房，因為母親給僱主的農場工人做飯。小屋沒有窗戶，沒有地板，只有堅硬的粘土地面。有一張桌子、一個長凳和一個大火爐。沒有床，孩子們晚上只能蜷縮、偎依在屋角的一堆稻草和破布裏。毫無疑問，他們有足夠的食物，因為他們可以吃「富人」餐桌上掉下來的碎屑——順便說一句，這些「富人」其實也並不怎麼富裕。

黑人嬰兒布克最早的回憶之一，是半夜三更被母親弄醒去吃炸雞。請想象一下這個畫面吧——已經過了半夜，房間裏暗無燈光，只有那跳躍在椽子上面的長長的、閃爍的斑紋。屋外面，狂風吹奏着悲哀、歎息的樂曲。角落裏，蜷縮着緊緊擠在一起、蠕動着的孩子們，他們手臂交叉在一起，靠自己小小的半裸身體相互取暖。

在黑暗中，母親快速、靈巧地走過來，對自己的行動半帶害怕。

她從夜幕中走進來，竟然帶着一隻雞！她是從哪裏搞到的？噓！你想想看，這樣一位受盡壓迫的黑人，她是從哪裏搞到雞的？

她抓住雞，準備好煎鍋，就着煤塊烤好。當按照馬里蘭風味的做法烤得差不多的時候，這位充滿了母愛的母親——母愛是上帝從來不會省略的原料，她搖醒每一個小小的黑人孩子，給他們受禁的美食——雞腿、雞叉骨、雞胃、雞白肉，或者是穿越籬笆的那一部分東西——除了雞脖之外的所有東西。

---

6 《聖經》預言明確指明再來的耶穌基督降臨在東邊。

羽毛、骨頭和渣子被扔進火爐，村莊編輯所稱的「吞噬元素」隱藏了所有的犯罪痕跡。然後所有人都躺下來睡覺，直到微弱的粉紅色光線進入東邊，歡樂的白天踮着腳尖站到了山頂上。

這位前奴隸還記得一個奇特而難受的時刻，種植園所有的黑人都被通知到「大房子」集合。他們來了，成群地站在那兒，等待着，猜測着，低聲聊着。主人走了出來，他站在大陽台，以顫抖的聲音宣讀着一張紙上的內容。然後說，他們都自由了，並和每個人都握了握手。所有人都哭了起來。不過，雖然淚流滿面，他們還是非常高興，因為自由對他們來說意味天堂——休息的天堂。而對於他們的前主人，他們只有愛。

大多數人開始離開——他們覺得應當離開原來住的地方。幾天之後，聰明一點的都回來了，和以前一樣開始工作。布克・Ｔ的母親只停了半天的工作。

但不久之後她丈夫回來了——幾年前和她結婚的一位黑人，被賣到很遠地方去了。現在他又回來，並帶着他和她的一小窩孩子全部向西弗吉尼亞進發。他們聽說，那裏有人僱黑人在煤礦幹活，並付真正的錢給他們。

他們往前趕路，將所有的財產捆成包裹。沒有馬，也沒有母牛，沒有馬車，他們一直徒步前行。如果天氣晴朗，他們就露天睡覺；如果下雨，他們找一個煙草棚，或是穀倉，或是秸稈堆的舒適的一面。至於食物，他們靠隨身帶着的一些玉米粉，母親就着營火的灰燼做玉米餅。沿路一些友好的黑人往糧袋補充了一些東西，因為黑人對於挨餓和貧困的人總是非常慷慨大方，只要他們有可以慷慨大方的東西。有時，造物主會為迷路的小雞找到路，就像猶太人在荒野裏以鵪鶉為

食一樣。有一次他們抓住了一隻負鼠——真是一次難得的盛宴，孩子們吃得肚皮滾圓，像鼓一樣繃。他們終於到了西弗吉尼亞這塊樂土，在查爾斯頓[7]附近的梅頓小村，他們停了下來，因為這裏有煤礦和鹽廠，黑人可以在這裏找到工作，真正掙錢。

布克的繼父找到了一個工作，他又給小布克找到了一份工作。他們身無分文，只能等待發薪日的到來，於是煤礦的那位好心主人允許他們賒帳，先拿商店裏的東西。這完全是新的體驗——毫無疑問，他們買了一些並不需要的東西，因為價格和價值都完全超出他們的所料。除此以外，他們不知道自己能拿到多少工資，也不知道如何計算他們購買的東西值多少錢。無論如何，當發薪日到來的時候，他們還欠着債，因此他們沒有看到真正的錢——當然，小布克在他生活的這段時間裏，從未見到過真正的錢。

路易斯·羅夫納將軍[8]擁有鹽廠和小布克工作的煤礦。他嚴厲、嚴肅、嚴格。但他相信黑人都是人，而當時有一些人反對這個看法。

羅夫納將軍為他的幫工們建立了一家夜校，讓他的一些簿記員教課。此時在附近沒有一個黑人能拼寫出「貓」字，更不必說自己的名

7　查爾斯頓：美國西弗吉尼亞的首府和最大城市，位於該州中西部。

8　路易斯·羅夫納將軍（1797－1883）於 1797 年 10 月 1 日出生在西維吉尼亞州的查理士頓市。在南北戰爭爆發前，他是維吉尼亞州議會的議員。美國南北分裂後，維吉尼亞亦分裂為西北二州，新州是效忠美國聯邦政府的西維吉尼亞州，路易斯·羅夫納被晉升為美國陸軍官拜少將，負責西吉尼亞州的軍事防守。南北戰爭後的路易斯·羅夫納，為美國聯邦政府負責卡納華河流域的水壩工程，功在家國。從美國陸軍退役後，路易斯·羅夫納棄軍從商，投資於製鹽廠和煤礦場而致富，後出任西維吉尼亞州眾議院議員，他同時也是自己老家查理士頓市的民間領袖。

字了。有一些人能數到五。大約 10 歲的時候，有一天，布克吹牛說自己數學方面有點才能。工頭讓他數數煤礦產煤擔數。男孩勇敢地數了起來，「一，二，三，四，噠兒（那兒）又來了一夠（個），噠兒又一夠，又一夠，又一夠，又一夠！」

工頭大笑起來。

男孩感到羞愧，接着又有點懊惱。「送我去上夜校，過一個月我就會告訴你如何數數！」

工頭給男孩寫了一道命令，允許他上夜校。

但此時又出現了另外一個難題——男孩晚上要工作到九點鐘，最後一小時的工作是打掃辦公室。而夜校從九點開始上課，離辦公室有兩英里路。

小夥子抓耳撓腮，想了又想。他突然有了一個偉大的想法——他可以把辦公室的鐘往前調半個小時。這樣的話，他可以在九點鐘離開辦公室，一路上跑步過去，就可以在真正的九點鐘準時到學校。

這個計劃奏效了兩天，然後辦公室的一位職員說，有幽靈亂調鐘的時間。他們想出了一個辦法，把裝鐘的箱子鎖了起來，然後什麼事都沒了。

布克當時大約 12 歲，馬上就到 13 歲了。有一天，他仰面躺在煤堆上，用腳撥弄着碎煤渣。這時，他無意中聽到兩個男人談論一個非常出色的學校，黑人可以在裏面學會讀書寫字和計算——而且還能學會公共演講。學校還允許學生在部分時間勞動，以這樣的方式付清膳食費用。

小夥子在黑暗中往前爬近了一些，認真地聽他們聊天。他聽到了「漢普頓」和「阿姆斯特朗」的名字。「阿姆斯特朗」是不是地名？「漢普頓」是不是人名？他搞不清楚，但他認真地記下了這些名字。

那裏有一個為黑人設立的學校——他一定要去那裏！那天晚上，他把這個事情講給母親聽。她笑了起來，拍了拍他長着捲髮的腦袋，寬容他天馬行空地夢想。

她只是個貧窮的黑人婦女，連 ABC 都不會拼寫，數數的話數不到 10，但她給兒子定了一個計劃——將來有一天他將成為一名牧師。

這是她能想象出來的最高夢想——做一名牧師！沒有比這更高的成就了。小夥子幹了 14 小時的活才去夜校上課。小布克坐在長凳上，他的腳在離地大約一英尺的地方搖晃。有一天晚上，他坐在那，拚命地想汲取知識，但他睡着了。他打着盹，又打起精神，接着又打起盹，然後整個人向前傾倒，跌成一堆，倒在地面上。全班哄堂大笑，而他自己則羞愧不已。

第二天，正當他為自己的糟糕經歷感到難過的時候，他聽說羅夫納夫人想找一個男孩在大房子做雜務。

這是一個機會。羅夫納夫人是位佛蒙特州 [9] 的北方人，這意味着她對於污垢有着特別靈敏的嗅覺，而且不會容忍「無禮的黑鬼」。她已經聲名遠揚，說她是如何捏「幫工」的耳朵，如何在某個特定的時間就叫他們起床，要求他們至少每天使用一次肥皂和水，甚至強迫他們使用牙刷；所有這些都是歷史，描述得非常詳細。

布克説，他可以使她滿意，即使她是個北方人。他提出了申請，並得到了這份工作，工資固定為每周一美元，並承諾每周再加二毛五分錢，只要他幹活時不會回嘴，而且不會打碎盤子。

9　佛蒙特州：美國東北部的一個州，與加拿大接壤。它於 1791 年被接受為美國的第十四個州。

「天才！哪個小屋裏都會出現！」惠斯勒曾説。

天才在於，不用被告訴超過三次，就能把事情做好。

布克默默地研究這位可怕的北方女人，看她真正想要什麼。他最後判定，她希望她的僕人有乾淨的肌膚，相當整潔的衣服，做事麻利，把工作做完，無話可説時要保持沉默。

他下定決心使她滿意——也終於讓她滿意。

她借書給他讀，給了他一支鉛筆，教會他如何用鋼筆寫字而不會把墨水弄到臉上和手上。

他向她講述了自己的夢想，並詢問有關阿姆斯特朗和漢普頓的情況。她告訴他，阿姆斯特朗是人名，漢普頓是地名。

最後他獲得了她的同意，離開此地，前往漢普頓。

出發時，她給了他一把梳子、一支牙膏和兩塊手帕、一雙鞋子。他已經為她工作了一年之久，她想，他當然把工資攢下來了。但他從未告訴她，這些錢都用來養家糊口了，因為繼父參加罷工丟掉了工作。

於是男孩離開，前往漢普頓。它在 500 英里之外。他不知道五百英里有多遠——沒有人知道有多遠，除非他走完這五百英里。

他帶了三美元，於是高興地在驛站買了個座位。第一天結束的時候，他已經離家 40 英里遠，而且身無分文。他到一個穀倉裏睡覺，一位黑人婦女從廚房窗戶交給他一塊火腿骨和一人塊麵包，然後把臉別過一邊去。

他步履艱難地向東前行——永遠往東前行——向着太陽升起的地方前行。他走了幾周——幾月——幾年，他想是這樣。他沒有記錄天數。為了節約，他光着腳走路，把鞋拿起來。

最後他把鞋子以四美元的價格賣給一個人，即付一毛錢，那人承諾在漢普頓相遇時再付其餘的錢。然而將近 40 年已經過去了，他們再也沒有見過面。

他繼續往前走——不斷地往東方走，永遠往東方走。

他到了里士滿[10]市，他見過的第一個大城市。寬闊的大街、人行道、街燈使他入迷。它簡直就像天堂。但他飢腸轆轆、身無分文，他渴望地看着一個街頭小攤上的冷烤雞肉，詢問雞腿要多少錢，同時說明他沒有錢，這時他發現自己根本就不在天堂。他被罵作「懶惰的黑鬼」，並被要求滾開。

後來他發現，「黑鬼」是指一個沒有錢的黑人。

他緊了緊自己用作腰帶的那根繩子，在沒人看見的時候，爬到一個人行道下面，進入了夢鄉，打擾他睡夢的只有上面沉重的腳步聲。

醒過來之後，他發現自己就在碼頭附近，一艘大船將船首斜桅直推到街道上。人們正在從船上搬袋子和箱子下來。他跑過去，問大副是否需要幫手。「是的！」大副粗魯地回答。

他站到隊伍中間，在重壓下搖搖晃晃。

他個子小，但身體強壯，更主要的是，他很樂意去幹活，但他扛東西時感到天旋地轉。

「你吃早飯了沒有？對，就是你，肝褐色的男孩——你說，你吃早飯了沒有？」

「沒有，先生。」男孩說，「昨天晚上沒吃晚飯，昨天中午也沒吃

---

10 里士滿：弗吉尼亞州首府，位於該州的中東部，彼得斯堡以北的詹姆斯河畔。

中飯！」

「噢，我都看出來了。你拿上這二毛五分錢，到那個攤子去，買一個雞腿，一杯咖啡，還有兩個油炸糕！」

小夥子不需要催促。他把錢放到手掌裏，向那個人走去，前一天晚上，那人還叫他「懶惰的黑鬼」，他把銀幣給了那人，挑選了一塊雞肉。

那人急忙招待他，並說今天是個好天氣，祝願他一切都好。

終於到了漢普頓，這位黑人男孩，這位徒步走完這漫長而疲倦之路的男孩，羞怯地站在一座巨大的磚樓建築之前——他知道，這，就是漢普頓學院。

他是如此地渺小——而這個地方是如此之大——他有什麼權利要求進校學習？

最後，他壯着膽子走了進去，用盡可能鎮定、但實際上卻是顫顫巍巍的聲音說道：「我來了！」，並指向自己山胡桃樹色的襯衫的胸襟。

那位北方女人示意他坐到一個椅子上。來這的黑人數都數不清。通常他們都想過上理想的生活。他們想將來能佈道——而女孩子想成為音樂老師。

測試很簡單，但很嚴格：他們願意，或者能夠做好一件有用的事情嗎？

布克坐在那，等待着，並不知道此時正在測試他的耐心。

然後普里西拉小姐，用生硬的聲音說道，她「猜想」毗鄰的背誦室需要清掃和擦灰。她交給布克一把掃帚和一塊抹布，指了指那個房間，然後就離開了。

啊哈！她真是不了解我們這位小夥子。這位黑人男孩不禁偷笑起

來——掃地和擦灰就是他的專業啊！——他已經從一位來自佛蒙特的北方女人那學會了這個手藝！他微笑起來。

然後他開始打掃房間——把每把椅子、桌子和辦公桌都挪開了。他給每個家具擦了四次灰。他把橫檔都擦得錕亮，並用手和膝蓋支撐，爬着擦好了地板。

普里西拉小姐回來了——她把桌子挪開，立即發現下面並沒有藏灰。她拿出手帕，擦了擦桌子上面，然後是辦公桌。她轉過身來，看了看這位男孩，她的微笑正好迎上了他拚命壓住的勝利微笑。

「你能行。」她説道。

塞繆爾‧C‧阿姆斯特朗是漢普頓學院的創始人，可以稱得上是塔斯基吉 [11] 學院的太祖。他是位白人，曾經與南方英勇作戰，戰功赫赫。

他似乎是在戰爭即將結束時，清楚地意識到另一場戰爭即將開始的，唯一的北方人——真正的敵人並沒有被鎮壓下去，這些敵人是無知、迷信和無能。

從奴隸身份獲得自由的 400 萬人，他們處於非常可悲的處境之下，被迫自謀生路，沒有責任感，對於這個巨大變化還沒有作好心理準備——這意味着另外一種奴役。

阿姆斯特朗將軍的心和他們連在一起——他打算向他們説明，怎樣才能變得有用、有助、自立、健康。對於南方的白人，他只有高度的

11　塔斯基吉：美國阿拉巴馬州東部一城市，位於蒙哥馬利以東。它是布克‧T‧華盛頓於1881 年建立的塔斯基吉學院的所在地。

尊敬和友誼。他比其他人更知道，他們是如何遭受戰爭之苦的——而且他也認識到，他們是為自己認為是正確的事業而英勇作戰。在他的心中，沒有仇恨。他下決心奉獻自己——他的生命、他的財產、他的智慧、他的愛、他的一切，用於建設南方。他以預言家的遠見看到，懶惰和傲慢是真正的敵人，對白人如此，對黑人也是如此。必須教會黑人如何勞動——讓他們知道人類勞動的尊嚴——為社會服務——通過幫助別人而幫助自己。他意識到，並沒有什麼卑微的工作——為人服務的工作都是神聖的。

正是這個人，在這位不知名的黑人男孩布克・華盛頓的內心播下了真理的種子。阿姆斯特朗的口號也是，「不要怨恨別人，而要對所有人抱仁慈之心，讓我們完成上帝交給我們的工作吧！」

對於這個教育的課題，我不是特別了解。但我相信，我所知道的和大多數人一樣多。我拜訪過美國和歐洲的一些知名學院，對於預科學校和高中，我非常熟悉。我知道城市裏的夜校、特殊兒童學校、殘疾人學校、監獄學校、手工課學校，和Ｇ・斯坦利霍爾 [12]、約翰・杜威 [13] 和其他十幾位偉大的美國男人和女人進行的「新教育」（最先是蘇格拉底提出來的）。我對於紐約馬隆的聾人學校和巴特維亞 [14] 的盲人學校很熟悉，在這些地方，即使是遭受重大不幸的人也能學會自立、自助和快樂。我曾在拉皮爾的圓形安全出口處摔了一跤，那裏住着癲癇

12　格朗維爾・斯坦利・霍爾：1844－1924，美國心理學家，1882年他在約翰斯・霍普金斯大學建立了一座實驗性的心理實驗室，創建兒童心理學，對教育心理學影響極大。

13　約翰・杜威：1859－1952，美國哲學家，教育家，是哲學實用主義的倡導者。

14　巴特維亞：在紐約西部的一城市，在羅切斯特西南偏西。

病人之家的成員，我聽到那些從未發出過笑聲的嘴唇裏發出的歡呼大笑聲。我還看到芝加哥猶太手工課學校，把俄羅斯難民轉變為有用的公民——能幹、熱心、出色。我對斯沃斯莫爾學院、韋爾斯利學院、瓦薩大學、拉德克里夫學院等學院有所了解。也曾把我的腦袋伸進西點[15]和安納波利斯[16]，但從未聽到有人喊：「天才啊！」

對於哈佛大學、耶魯大學和普林斯頓我也了解一些，在它們那我都呆過一段時間。我曾經給牛津大學、劍橋大學和海德堡大學的畢業生提供工作，但結果是讓我難過，也使他們懊惱。這並不能證明，知名大學的畢業生一般會失業，或者説他們一般都能力不行。它只能證明，有些人從知名大學畢業，拿到了文憑，但仍然不具備這個世界真正需要的東西，不管是思想方面也好，服務方面也好。

我的「優等畢業生」為什麼不喜歡我？為什麼我不得不和他們分手——從喬治叔叔那裏給他們一些路費？不是因為他們缺乏智慧，而是因為他們想得到一個職位，而我只能給他們提供一份工作。

他們就像奧什科什[17]的風之洞，在八月時起到破冰的作用，而在冬天就是戶外園藝家——而僱工則是另外一回事。

作為一個通用的命題，我相信這一點是無可爭議的：教育的目的

15　西點：美國紐約州東南一處軍事設施，位於紐約城東南部哈得孫河西岸。1778 年以來它就成為一處軍事要塞，1802 年之後成為美國軍事學院所在地。

16　安納波利斯：美國馬里蘭州首府，位於該州的中部，巴爾的摩府南偏南的切薩皮克海灣入口處。1649 年開始有人定居，這裏是 1786 年安納波利斯大會的舊址，該大會導致了 1787 年聯邦憲法會議的召開。1845 年建立的美國海軍軍官學校就設在此地。

17　奧什科什：美國威斯康星州東部城市，位於豐迪拉克西北偏北，溫內貝戈湖畔。19 世紀下半葉發展為一個經營木材的城鎮，今天它成為一個有多種產業的旅遊勝地。

是使人能夠通過服務社會而使自己受益。

要使他人受益，你必須相當快樂：必須通過有益的活動、樂觀向上、友好善良和健康生活使自己生氣勃勃——要有健康的思想和健康的身體。要使社會受益，你還必須有耐心，有毅力，有做正確的事情的堅定決心，做好你自己的事情，這樣別人才可能會做好他們的事情。然後所有這一切都應當沾染上一絲對過去成就的不滿足，這樣你就會不斷向前努力，做更多的工作，做更好的工作。

如果你對做過的工作還感覺了不得的話，說明你現在做的還不夠多。

這樣你就可以得到教育的公式了：通過有益活動獲得健康和快樂——生氣勃勃、友好善良、樂觀向上、持之以恆、堅持不懈、樂於平等交換，再加上足夠多的不滿足以防止矯矜，因為流水不腐，戶樞不蠹。

當然，沒有哪所學院可以裝滿這個藥方——沒有哪個機構能提供藥材——學院所能做的，只是提供好條件，使這些東西自發產生。植物需要陽光——但蘑菇卻並非如此。

那麼問題是，在美國，什麼樣的教育方式提供了最高質量的光化作用呢？

而我的回答是，是塔斯基吉這個地方，是布克‧華盛頓這個人。

「什麼！」你一定會叫起來．「理想的學校竟然是一所黑人學校？這所由黑人創建，黑人授課，只收黑人學生的學校？」

而回答是：「正是如此。」

塔斯基吉學院有將近 2000 名學生，150 多名老師。有兩種類型的學生——「日校」和「夜校」學生。夜校學生整個白天都幹活，叫他

們幹什麼就幹什麼。他們可以獲得膳食、衣服和一個家——他們不需要付學費，但勞動有工資，工資都會存起來，當存到五十美元時，他們就可以進「日校」。

「日校」學生佔學生的大部分。每人一年付 50 美元。他們都必須每隔一天工作一天，做手工活或是其他有用的手藝活。

申請到塔斯基吉就讀的申請人，是它能滿足的學位數的整整兩倍；但有一種申請人永遠也不會受歡迎——那些說自己有足夠的錢承擔費用，只是希望學習一般課程的人。對他們的回答是：「請到別的地方去吧——有大量的學校想要你的錢。雖然你有錢，但不能免除你在這做有益勞動的義務。」

這正是全世界的所有學院都應當說出的話。

塔斯基吉農莊由大約 3000 英畝 [18] 的土地組成。有 400 頭牛，大約 500 頭豬，200 匹馬，大群的雞、鵝、鴨和火雞，還有許多蜂窩。其目的是提供學院消耗的所有食物和必需品。這裏有馬車店、鋸木廠、馬具店、鞋店、裁縫店、印刷廠、洗衣店和罐頭廠。有我從未見過的精美的水果和蔬菜，成千上萬的桃樹、李樹和蘋果樹，還種植了大面積的莓果，將來有一天肯定會是豐厚收益的來源。

這個地方是宗教性的，但不是教條主義的宗教——宗教只是用作情感的自然安全閥。在塔斯基吉，不會慘戚戚地要求你承認自己的罪過，他們做得更好：忘得一乾二淨。

我從未聽過比這更鼓舞人心的會眾唱詩，對鋼琴、風琴和管弦樂

18　英畝（合 0.405 公頃）等於 4840 平方碼或約 4050 平方米。

器、銅管樂器的使用，是學院課程的重要內容。在禮拜堂，我發表演講時，聽眾聽得特別認真，特別用心，接收能力特別強，整個地方就像是索佐東[19]的巨幅廣告。

在塔斯基吉看不到禁止性標語。所有標語都是肯定性的，但也能明白，有一些東西是禁忌──比如說煙草，當然還有烈性酒。

我們都聽過哈佛啤酒和耶魯香煙的說法，但我們可以絕對公正地說，哈佛大學並沒有釀酒廠，而耶魯大學也沒有官方的香煙品牌。但哈佛的人的確喝掉了大量的啤酒，而耶魯確實有許多人抽煙。如果你想找到煙草魔鬼的出生地，你會發現他像蝗蟲一樣蹲在坎布里奇[20]和紐黑文[21]的校園裏。如果你想看煙草市場的最顛狂狀態，那麼請到波士頓的伯爾斯頓街來，無論哪天，中午的時候過來，看看那些從理工學院走出來的男學生[22]。

我曾經問一位理工學院的教授，吸煙是不是學院的必修課。「是，」他回答說，「不過也不是嚴格強制執行，我認識三個不吸煙的學生。」

塔斯基吉代表着秩序、制度、清潔、勤勞、禮貌和有益。這個地方沒有水槽孔，沒有「後院」。所有東西都美麗、健康和清潔。各行各業都在這有所體現。從日出到日落，整個白天有着幹不完的活，沒有

....

19　索佐東是 19 世紀中期至 20 世紀初期一種名牌口腔衛生產品的名稱。

20　坎布里奇：美國馬薩諸塞州城市，哈佛大學所在地。

21　紐黑文：美國康涅狄格州南部城市，位於布里奇波特東北的長島海峽之畔。1637－1638 清教徒住於此地，它是 1664 年加入康涅狄格州的神權殖民地中心。1701 至 1875 年它和哈特福特共為首都。紐黑文是創建於 1701 年和 1716 年後永久遷入的耶魯大學所在地。

22　指麻省理工學院。麻省理工學院最初位於波士頓市內，很長時期稱為「波士頓理工學院」（1865－1916），在 1916 年才跨過查爾斯河遷往坎布里奇。

什麼大發牢騷、怨天尤人或者吹毛求疵——這三樣東西通常都是源於懶惰。塔斯基吉沒有僕人。所有的活都是學生和老師幹的——每個人都要勞動——每個人都是學生，而每個人也都是老師。

我們都是老師，不管我們願不願意這樣——我們通過示範而授課，所有能把工作做好的學生都是好老師。

當黑人能夠做好技術性的工作時，就不再有什麼問題了——他是個男子漢。大仲馬 [23] 是一位黑人，但並不能依據這一事實而反對他，對他進行審判。

舊時的基礎學院促進了大腦的發展，但讓學生在室內體育館鍛煉，有的甚至連這樣的鍛煉也沒有，它毀掉了成千上萬名學生。只有上面的東西——有頭腦，沒心沒肺——這樣完全不可取。學生被免除做所有有用的事情，就像剛剛獲得自由的奴隸所希望、所期盼的那樣，而四年之後，通常他不可能接納生活的實際課程了。他已經習慣了這個想法，一幫人幹所有的活，另一幫人則有文化。從很大程度上講，他逐漸把文化當作生活的目標。當一個人開始為自己的文化感到驕傲時，他沒有任何值得一提的東西。文化只是偶然性的東西，緊抓住它不放，就像抓住一隻蝴蝶不放一樣：你根本就抓不住蝴蝶——你只是做了個抓的動作而已。

讓我們就在這說，不管黑人也好，白人也好，只有一個方法才能

23　亞歷山大·仲馬：1802－1870，法國作家，寫作離奇的歷史浪漫小說，如《基度山伯爵》《三個火槍手》。大仲馬有四分之三的白人血統，四分之一的黑人血統。他的祖母曾經是西印度群島一個農場主的黑奴。其子亞歷山大（1824－1895 年），被稱為「小仲馬」，是劇作家，作品包括《茶花女》（1852 年）。

使自己受人尊敬。成文法無法做到這一點；通過國家選舉給他的權利也作用不大；只説你想要而不付諸行動，並不能獲得你想要的芝麻。如果我們能夠獲得自由的天堂，那是因為我們已經贏得它——因為我們有資格獲得它。虛假的教育可能可以滿足一個白人的需求——特別是如果他有一個有錢的老爸，但對於一個為自己的命運而奮鬥的黑人來講，他必須學會秩序、制度、鎮定、毅力及作有益的嘗試。

如果學院的學生將一半的時間用於實際有益的工作，這非常符合常識的要求，而我們感到吃驚的是，這個想法是由一位前奴隸付諸實踐的，他成為自己這一被剝奪權利的種族的救星。我們的偉大發現總是偶然性的：我們努力想得到某樣東西，實際卻得到另一樣東西。我預計，不久之後，這一天將來到，全世界最偉大的大學都將把塔斯基吉學院的想法付諸實踐，以避免自己被黑人遠遠地甩在後面。

如果生活是一回事，教育是另外一回事，那麼將兩者分開也沒有什麼問題。在課桌上教育頭腦，在室內體育館鍛煉身體，這不是最理想的方式。有許多人在這樣的缺陷的情況下也取得了成功，但這一點並不能作為證據，證明這一安排無可挑剔。周遊世界的輪船總會積起許多藤壺 [24]，但要是說藤壺對於航海者有什麼幫助，那可是無異於癡人說夢。

一點常規的手工勞動，與頭腦的訓練適當地結合之後，將會根除暗撲克 [25] 遊戲、威士忌、爭吵謾罵、打架鬥毆、哈佛啤酒、耶魯香煙、

24　藤壺：能附着於水下物體如岩石或船底的小甲殼動物。

25　暗撲克：一種撲克牌遊戲，每人分五張牌，面向下扣。第一下注後可以出牌並且掉換一定數量的牌。

普林斯頓皮納克爾[26] 遊戲、豔舞、戲弄受辱、喝酒喧鬧、流氓作風及牛頭犬[27] 習性。海登堡大學的三角帽之類的東西，和各種無禮的行為，在塔斯基吉學院不會有市場。躺着等待侮辱或是把吵架視為藝術，這在塔斯基吉絕無立足之地。至於正統大學的體育運動員，10 個當中只有一個還在從事與體育有一點關係的工作——最需要運動的大學生實際上被完全阻止與運動有什麼關聯，一脫衣服就淪為笑柄。咖啡、可卡因、鎮靜劑、煙草、烈性酒，經常代替了鍛煉和新鮮的空氣，而普林斯頓稀里糊塗地眨巴着無辜的昏眼。

自由不能被授予——它必須通過努力去實現。教育也不能被給予——它必須通過努力去獲得。林肯並沒有解放奴隸——他只是解放了自己。黑人並不知道自己是奴隸，因此他們根本不清楚自由意味着什麼。除非人們真正想獲得自由，不然每一種形式的自由，只不過是另外一種形式的奴役。布克·華盛頓正在向黑人表明，如何通過有益的活動獲得真正的自由。要獲得自由，你必須肩負責任。

如果國家將大學教育變為義務教育，課程的一半內容由實際的、有益的手工勞動組成，我們的大部分社會問題都會得到解決，我們將闊步邁向通往理想之都的康莊大道。

沒有生氣與活力，人毫無價值——什麼也無法實現，什麼也做不了。而能夠鼓舞他人之人，則有額外的生氣與活力。

26　皮納克爾：一種兩到四人玩的牌戲，使用 48 張牌的一副紙牌，通過採用輪圈抓牌或形成某種組合計分。

27　牛頭犬：數世紀前為了鬥牛而在大不列顛培育成的狗品種。強壯有力，勇猛，能耐疼痛。

額外的生氣與活力是一種狂喜狀態。處在狂喜狀態，靈魂破空而出，超越極限，遍及四處。雄辯術是一種狂喜狀態，把聽眾淹沒，使聽眾搭着他們的思想之舟乘風破浪。

藝術也起源於狂喜狀態——藝術是一種具體的狂喜狀態。美妙的音樂是以聲音表現的狂喜狀態，調節為旋律、節奏和形式。「雕塑是凝固的音樂。」海涅曾說道。

不能被狂喜狀態所感動而進入這種狀態的人，他是毫無希望之人。如果無法體會到狂喜狀態激起的心潮澎湃、感情振奮和催人奮進的力量，那他是個頹廢的人——一個死人。

黑人很容易就被感動而進入這種狀態。很少的一點音樂訓練，就能使他們唱歌時充滿激情。在塔斯基吉學院，會眾唱詩是一個特色，一旦聽過，終身難忘。1500 人縱情歡聲歌唱！ 1500 人一條心，和諧一致地做同一件事情——你知道這意味着什麼嗎？狂喜從本質上講是一種性的事物。在藝術和宗教上，性不能從等式中去掉。在 40 年之內，美國的黑人從 400 萬增加到 1000 萬，這個簡單的事實顯現了他們作為一個種族的狂喜。「只有快樂的生物才會自我繁殖。」達爾文 [28] 曾說。如果你讓牲畜生氣，它們會停止繁殖；因此有許多動物在圈養的情況下停止繁殖。但無論身為奴隸，還是獲得了自由，黑人都歡聲歌唱，而且繁殖——他命中註定不會沮喪——他的靈魂已經昇華到超越環境的高度。

---

28 查爾斯・羅伯特・達爾文：1809－1882，英國自然學家，以自然選擇為基礎的進化論學說徹底改革了生物學的研究。他最著名的著作包括《物種起源》（1859 年）和《人類的遺傳》（1871 年）。

如果沒有活力，教育是不可能的。教育者的問題是引導蜜蜂的歌唱、流動和移動的精神進入發揮作用之路。

教育只不過是對正確習慣的鼓勵——將好習慣固定下來，使它們成為性格的一部分，自動地運行起來。

只有那些有着勤奮習慣的人，才能贏得勝利。被逼用功或偶爾才勤奮的人，他們不會有什麼成就。

人們通過工作獲得快樂，而做奴隸的工作卻總是令人厭惡。模仿和仿效的過程被省略了——主人自己不工作。於是，變得強大意味着停止工作。變得強大意味着自由——而自由意味着不用工作！

黑人以前受到的教育是可怕地糟糕——工作是令人討厭的，工作是令人討厭的！而奴隸主遭受的損失最大，因為他逐漸把工作當作是下賤的東西。

現在，一個黑人卻在教黑人，工作是美麗的——工作是一種特權——只有通常自願的服務，他才能贏得自己的自由。建築是固定的狂喜狀態，總是受到強大之人的啟發，給人以安全感。雅典是一種大理石的狂喜狀態。

塔斯基吉則是一種磚塊和灰泥的狂喜狀態。

不要再談什麼黑人的教育了！這個實驗真的從未嘗試過，只是斷斷續續地，教育南方的白人或黑人——或是在其他地方。

一位黑人正抓住了黑人天生的狂喜狀態，將帶它進入到施展才華、卓越出眾之路。你能預言它將走向何方嗎——這樣形成勤勞、節制的好習慣，這樣持續不斷、堅持不懈地往正確方向行走？

布克·華盛頓，這位被輕視種族之子，已經完成、正在完成的

工作，是幾代教育家和教士的智慧結合都未能完成的工作。他就像摩西[29]一樣，以自己的榜樣帶領被壓迫者的兒女們走向社會、精神、道德和經濟上的自由。

我對於每一條指責塔斯基吉的批評都非常熟悉。仔細查看所有這些批評後，可以將它們歸為三條：

1. 布克・華盛頓搜羅了大量錢財為自己牟利和擴張。

2. 塔斯基吉只是個供參觀展覽的地方，所有那些真正做得好的工作，都是從北方挑選過來的人做的。

3. 布克・華盛頓是個暴君、獨裁者和自我中心主義者。

如果我是塔斯基吉的律師——不過我不是——我會以這些指責者為榜樣，毫無爭議地把這事處理掉。布克・華盛頓可以對每一條指控都承認，而且不會有什麼損失；而他在回應指責者時，絲毫也不會貶低自己的身份。

不過還是讓大家知道這個事實吧，這個人已經籌集了超過六百萬美元的資金，大部分來自北方人，並建造了全世界最近乎完美的教育機構。

很可能他的老師和最好的工人是經過挑選的——但他們都是黑人，而且是由黑人挑選的。偉大的將軍之所以偉大，就在於挑選他自己的將軍：正是拿破崙挑選的元帥為他贏得了勝利；但他的精神賦予了他們生命，他挑選他們正是因為這個原因——他可以控制他們，他將自己相當多的熱情融進了他們的靈魂。

29　摩西：《舊約》中希伯來人的先知和立法者，曾率領以色列人逃出埃及。請參見本書「摩西」
　　一章的內容。

　　布克‧華盛頓是一位比拿破崙更偉大的將軍。因為塔斯基吉不會遭遇滑鐵盧。根據我自己的判斷，批評布克‧華盛頓最猛烈的評論家，只是一些追隨者而已。

　　毫無疑問，此君乃一位暴君和獨裁者。他是位仁慈的暴君，但依然是一位暴君，因為他始終如一地在重大問題上我行我素——而在小事上，其他人可以自己做主。至於獨裁，在混亂中衝鋒陷陣、將混亂變為和諧統一之人，必須是一位獨裁者和自我中心主義者。

　　布克‧華盛頓相信自己是對的，他沒有刻意隱藏這個事實，他也是普通人。在他身上，沒有值得偷窺或追蹤、使自己聲名掃地的特性。所有活着的人都是自我中心主義者，他們的生命力有多大，以自我為中心的比例就越高。我真的相信，在他身上體現了神的精神，如果活着的人有這種精神的話。這樣的人就是神的手段。

　　塔斯基吉學院一直以來都收到來自美國各地的預先申請，他們希望接收到能負責重要工作、做好重要工作的能幹的黑人男女。裁縫、管家、廚師、農夫、飼養員、建築工和園丁都大受歡迎。這個世界從來就沒有過足夠多的人幫它承擔重負。

　　最近，我們也聽說有許多人失業，但稍微調查一下就會發現，這些失業的人都是有壞習慣的人，這使他們變得不可靠、不受信賴。尤其是南方，需要自動自發的工作和實幹的人。最重要的是，南方知道這一點，並願意為這些服務付錢。

　　幾年前，曾經有過一陣來自北方黑人的抗議風暴，大意是說布克‧華盛頓正在企圖把黑人限制在一些卑微的工作——也就是說，把黑人推回到奴隸狀態。黑人的第一個抱負，是受到教育，然後可以成為

一名浸信會 [30] 牧師。對他而言，教育意味着可以脫離勞動。當然，我們不用看多遠，就可以發現他是從哪裏獲得這個想法的。當時，當塔斯基吉學院剛出現，想把黑人變成鐵匠、木匠和磚泥瓦匠時，有人大聲喊叫：「如果這就是教育，我們都不需要它——叛徒，真是叛徒！」當時他們認為，想讓其他黑人幹活的黑人，不是他們的朋友。在這個時期不需要否認或解釋。我們付之微微一笑，繼續前行。

1877 年，黑人在南方實際上被完全剝奪公民權，被拒絕參加初選。他們沒有獲得認可的現場投票。黑人和白人都對此相安無事。對大多數黑人來講，這只是意味着免除勞動。因此很快就興起了一個喝酒喧鬧、吵吵嚷嚷、無所事事、危險滋事的黑人階層，他們還被其中的野心家用於政治目的。為了保持社區的安寧，白人們被迫採取英勇的措施，結果是我們現在有了被剝奪公民權的黑人。

在 19 世紀 80 年代早期，布克・華盛頓意識到，他的種族在政治上沒有希望。不過他發現，商業並不認可膚色的界限。我們會在絕對平等的情況下與黑人買賣、交易。人壽保險公司也會為他們保險，銀行會接收他們的存款，如果他們誠實能幹，還會貸款給他們。如果他會釘馬蹄鐵，我們不會因為他的膚色而不讓他釘；無論他會哪一門手藝，他都會站到與白人完全平等的位置上。唯一的問題是問：「你會做這個嗎？」

於是布克・華盛頓着手幫助黑人為自己贏得成功，學會一些技能，做一些有益的事情，為社會服務。這是用腦、用手和用心的活。

30　浸信會教：衛理公會教堂福音派新教的一員，使用改革的祈禱傳統，崇尚個人自由、政教分離和自願洗禮、理智信仰。

手工活與腦力活決一勝負。

布克・華盛頓成立了這個時代乃至任何時代最完善的教育機構，並將它帶向成功之路，在這個偉大的成就之上，屹立着布克・華盛頓本人。他沒有仇恨、沒有憤怒、沒有偏見。沒有人在他的門柱過梁上寫字「突發奇想」。他有一半的白人血統，但自稱是黑人。他站在那位遭受恥辱、被遺棄的黑人女人的一邊，她生養了他，而不是站在那位受人尊敬的白人父親的一邊。

他坐在黑人車廂裏，長途旅行時，如果他認為買一個臥鋪更為方便，他會買貴賓間的票，這樣他就不會侵擾那些對身邊有黑人不自在的人。旅行時，他經常到黑人的粗陋家裏住宿或就餐。在住旅店時，他有時會受到下等白人的無禮對待，這些白人太無知，沒有意識到一位高貴的偉人正站在他們面前。對此他會平靜地接受，不會抗議，也不會生氣。對於南方的白人，他只有友善和尊敬的話語；他對他們説過的最難聽的話，是説他們「不明白」。他的謙遜、耐心和節制令人崇敬。他是個真正的費邊社[31]社員——他做了自己能做的一切，他就像羅伊克洛夫特[32]的機會主義者一樣。所有的小煩惱都一笑了之；來自於自己種族的嘲笑、譏諷和忘恩負義全被遺忘。「他們不明白」，他平靜地説道。他做自己的工作。他被北方和南方的最優秀的人所尊敬。他有着知識淵博之士的自信——他是個值得信任的人。

31　費邊社：1883－1884 年成立於倫敦的社會主義團體，其宗旨是在英國建立民主的社會主義國家。

32　本書作者阿爾伯特・哈伯德於 1895 年建立的、由手工藝工人和藝術家組成的改革社團。

❖ 托馬斯 · 阿諾德 ❖

托馬斯 · 阿諾德博士（Thomas Arnold，1795－1842），英國著名教育家。阿諾德幼年體弱，但智力過人。少年時期喜愛學習歷史、地理，並進行詩歌創作。1818 年大學畢業後，成為教會執事、牧師和家庭教師，進行歷史和神學研究。阿諾德 1828 年任拉格比學校校長，同年獲得神學博士學位。阿諾德通過對拉格比學校的改革，把英國傳統的競技遊戲引入學校，初步形成學校體育的體系。阿諾德很好地利用學生自治，使這類運動組織化。此後其他學校仿效進行，使有組織的競技遊戲成為學校教育的一部分。隨着英國對外發展，「阿諾德方式」傳到世界各地，對世界競技運動給予強烈影響，近代奧林匹克創始人顧拜旦到英國旅行時，很讚賞英國學校的競技遊戲，後在法國學校中也推廣了這種競技遊戲。

就讓我做好自己的工作；使我自己保持單純、熱誠、有信念；在這片肥沃的葡萄園裏，年輕的生命被託付給我照管，我將順從天意，努力工作，耕種好分配給我的那塊土地，直到我做完所有的工作。

——托馬斯·阿諾德

　　托馬斯·阿諾德出生於 1795 年，卒於 1842 年。就他的壽命而言，他的一生非常短暫。但就在這短暫的時間內，他已經為自己贏得了美名與聲望，使它們永垂不朽、燦爛輝煌。儘管他不是一個偉大的作家，或是偉大的傳教士，但有的時候，他覺得自己既是作家又是傳教士。他不僅是一位教師，更是一位教學方面的藝術家。藝術不是一件東西——它是一種方式，一種美好的、有效的方式。

　　教師沒有辦法通過奢侈浪費來證明自己的本領，或是通過日常的安逸享受讓世界相信自己的優秀；結果是，在戲劇表演中，教師生活在平凡、石灰色的世界裏。教師並不會在財富中打滾，或是享用着豐厚的公餉。沒有人會指控他們屬於掠奪成性的富人階層，或者是作惡多端的百萬富翁。他們必須在每天的特定時間做好自己的工作，並由時間來檢驗自己工作的成果。

　　多年來，托馬斯·阿諾德以兒子的父親而聞名。有許多偉大的人，同樣因為有出色的兒子而被遮蔽了光芒。比如說，迪斯雷利[1]的父親一直受到名利的青睞，直到他的天才兒子顯露頭角，在此之後，大多數情況下父親只能在反射過來的榮耀之光中閃亮。雅各布·貝利尼[2]是威尼斯最偉大的畫家，直到他的兩個兒子，真蒂萊和喬凡尼超越了

1　本傑明·迪斯雷利：1804－1881，英國政治家，曾任首相（1868 年和 1874－1880 年），為擴大英帝國的權力和範圍起了很大的推動作用。

2　貝利尼：威尼斯畫家世族，包括雅各布及他的兩個兒子：真蒂萊和喬凡尼。喬凡尼是三人中最傑出的，以其對光線和色彩的興趣對威尼斯學院派繪畫產生了深刻影響。其作品有《狂喜的聖·弗朗西斯》。

他，因而歷史記載，他是「貝利尼的父親」。呂曼・比徹爾[3]被認為是美國最偉大的傳教士，直到亨利・沃德把這個記錄往上移了移。老皮特[4]被認為是一個真正的政治家，直到他兒子逐漸進入內閣，然後「可怕的短馬」突然變成了「皮特的父親」。現在父子都已離世，我們能以最適當的角度看待他們。我們發現，這位「偉大的平民」[5]真的是一位偉大的人，於是父子倆一起臂挽臂，沿着時間的長廊前行。

偉人如果拎着「偉大」這個提包的時間太久，他會認為這個提包就是自己的，詹姆斯・B・龐德少校至少做了一件好事。他寫道：「馬修・阿諾德[6]在美國至少作了 50 場演講，這些演講沒有人聽；那些去聽他演講的人無法忍受，都悄悄地溜了出去。」

馬修・阿諾德是一位評論家和作家，因為是托馬斯・阿諾德的兒子而獲得小小的成功，從而吸引了演講家的注意。最後就有了演說這個一時衝動的古怪念頭，並開始作巡迴演說。他磨礪了自己的矜持與漠然，因為有人告訴他，這兩項技能是公共演講家成功的必要因素。

這話說得沒錯。但它們並不能使人成為演講家，就像長頭髮、怪領帶、怪帽子並不能把詩人漂入時間之潮，安全地送入名人紀念館一樣。

3　呂曼・比徹爾有四個子女：凱瑟琳・埃絲特・比徹爾，她倡導了向婦女提供平等的受教育機會；愛德華・比徹爾牧師和教育家，以其廢奴主義觀點和著作而聞名；亨利・沃德・比徹爾，牧師和報刊編輯，以其廢奴主義演講而著名。哈里特・比徹爾・斯托是呂曼的另一個孩子。

4　老皮特威廉・皮特（1708－1778，是英國政治家領袖和演講家，在七年戰爭（1756－1763年）時曾指揮其國內戰事。小皮特威廉・皮特（1759－1806）是英國歷史上最年輕的首相（任期 1784－1801，1803－1806），畢業於劍橋大學，就職時只有 24 歲。他是老皮特的次子。

5　老皮特的外號。

6　托馬斯・阿諾德的兒子，英國維多利亞時代優秀詩人、文學與社會評論家。

　　馬修‧阿諾德學會了鎮定，但他非但沒有讓聽眾聽出他的才能，反而讓聽眾認為他犯困了。龐德少校聽過許多演講家的演說，認為這個工作很容易，於是自己試着發表演講，他取得了和馬修‧阿諾德一樣的成功。誰也聽不到龐德少校在講什麼：他的聲音掉到舞台腳台下，立即斷了氣，淹沒在管弦樂隊裏；只有那些使用觀劇望遠鏡的人，才知道原來他是在説話。

　　不過，讓人聽不懂並不是一個特別的優點。人們變得溫和可能有兩個原因——用情過度，或者，他們真的很乏味。

　　馬修‧阿諾德終於回落到自己真實的位置——一位作家的位置。天才是做實事的人。主題應當是人，而不是書。書通常寫的是作者的想法。書會消亡、分解，但人是一個永無止境的隊列，那些永遠向前邁進的人，是為自由而戰的人，而不是那些對深奧的東西進行猜測的人。

　　托馬斯‧阿諾德永垂不朽之憑證，不是因為他是馬修和其他八位小阿諾德的父親，而是因為這個事實：通過教育，他為生活更寬廣的視野而戰鬥。為了自由，他大聲疾呼。他相信孩子天性聖潔，而不是天性邪惡。拉格比公學的阿諾德是萬師之師，任何一位偉大的教師都是萬師之師。教育界現在正回到他的教育觀點，就像談論治國之才時，我們回到湯瑪士，謝佛遜　樣。那些説出了不會轉瞬即逝的經典真理的人——不論時尚、不論時間、不論地點，這些真理都是恰當而正確的——這些人就是人類真正的預言家。

　　而托馬斯‧阿諾德正是這樣的一位！

　　如果托馬斯‧阿諾德的名氣再稍大一點，這個世界可能再也不會

聽到他的消息，因為一定會有人下令禁止他的工作。神奇的是，事實上，教會和國家都沒有扼殺他。

他代表溫和、通情達理的一類人，但無意中引起了許多人的反對。他的一生是戰鬥的一生。但他還是努力使一些人接受他；於是整整14年時間，這位男子預備學校的校長沒有虛度光陰，完成了自己的使命。他散發出魅力的光芒，在自己精神力量的鼓舞下變得挺拔堅強，使自己的一生燦爛而輝煌。

他的突然去世，使他的工作可以得到蓋棺定論，並因此變得聖潔，而他尚來不及被習俗給壓倒、消滅。

幸福的阿諾德啊！如果他活的時間再長一些，他可能會遭遇到布雷西亞的阿諾德 [7] 的命運，而那人也是一位偉大的教師。布雷西亞的阿諾德是阿伯拉爾 [8] 的學生，因為讚頌自己的老師而受到教會的譴責，認為他擾亂和平。後來他抨擊懶散的高級教士的放蕩，就像路德、薩佛納羅拉和所有其他偉大的教會改革家一樣。他被命令保持沉默，並被流放，但他仍然抗辯自己的說話權。在教皇的命令下，他被絞死，他的遺體被燒毀，骨灰被扔進台伯河 [9]。我相信，浸信會宣

7　布雷西亞的阿諾德：意大利激進派宗教改革家。原是布雷西亞修道院院長，1137 年參加群眾起義，反對主教曼佛雷德。

8　彼得·阿伯拉爾：1079－1142，法國神學家和哲學家。他因用古希臘邏輯原理來闡釋中世紀天主教義而被控為異端。在他的學生埃洛伊絲為他生了一個孩子之後，他祕密地和她結了婚，這激怒了埃洛伊絲的家庭，他們讓人襲擊阿伯拉爾並閹割了他。阿伯拉爾後來成為一名僧侶並繼續從事他的工作。愛洛伊絲則當了修女。

9　台伯河：意大利中部的一條流程約 406 公里（252 英里）的河流，向南和西南方向流經羅馬並在奧斯蒂亞市附近注入第勒尼安海。

稱，布雷西亞的阿諾德是他們的教派的先驅，我也敢肯定，他是真正的羅傑・威廉斯 [10] 一類的人。

托馬斯・阿諾德也同樣充滿了正義感。他對正直生活的熱誠追求給他帶來了力量。當然，他不會像布雷西亞的阿諾德那樣被處決——時代已經改變——但他有可能被擱置一邊、被冷嘲熱諷、被剝奪生計及遭受社會的冷遇。死亡挽救了他——享年 47 歲——而他的靈魂繼續往前行進。

托馬斯・阿諾德的父母屬於偉大的中產階級——迪斯雷利曾説，這一階級從未獨立思考。在宗教、教育和政治等事項上，都盡其所能地順從和模仿富裕的有閒階級的做法。

約翰遜博士認為，如果中產階級努力工作、勤儉節約，那是因為他們希望能為孩子留下錢財和名聲，而使孩子們不須作出各種有益的嘗試。

伯克 [11] 曾説「指控一個階級，既不合理，也不正確。」但可以肯定，英國及其他國家的許多有智之士都認為，「上層社會」的生活是值得嚮往、無比美好的。

為此，他們想要自己的兒子成為牧師、律師、醫生或軍官。

「面向英國的胸懷大志的年輕人，只有兩條榮譽之路，」格萊斯頓

10　羅傑・威廉斯：1603－1683，在美國的英國教士。因批評清教主義而被驅逐出馬薩諸塞州，此後他創建了一個建立在宗教自由和民主理想基礎上的社團——上帝會（1636 年），他還在 1663 年為羅得島贏得了允許其成立的敕命特許權。

11　埃德蒙・伯克：1729－1797，愛爾蘭裔的英國政治家和作家。以其演講而著名，他為國會中的美國殖民者辯護，並且發展了政黨責任這一名詞的解釋，在國會中與皇室對立。主要作品《關於法國革命的感想》（1790 年），表達了他對法國經歷的暴行的反對立場。

說道，「那就是軍隊和教會。」

托馬斯·阿諾德的父親是一位在懷特島[12]考斯[13]的海關徵收員。他在政府擔任着卑微的官職，手下有六七個人，我們可以很容易就猜到他的才幹、習慣、信仰和生活方式。他受人尊敬；而要做到受人尊敬，海關徵收員必須在教會事務上一絲不苟，以便被教會的人所接受，因為通過他們才能進入天國。很自然地，托馬斯·阿諾德的父母對兒子的期望放到了教會上，因為他不是很強壯。

孩子只有六歲的時候，父親死於「心臟痙攣」。此時男孩開始學習拉丁語，他的教育由一位可敬的家庭女教師負責，每天訓練他的心理發展，牽着他的手，帶他去散步。周日的時候，他戴着寬大的白色衣領、腳着鋥亮的靴子、頭戴一頂硬邦邦的帽子。女教師警告他，不要弄髒衣領，也不要將靴子粘上泥巴。

在後來的日子裏，他告訴別人，他是如何羨慕地看着那些沒戴帽子、沒穿靴子的人，而且他們沒有家庭女教師。

他母親有着非常不錯的收入，於是這種呆板、精確、苛刻、定型的教育方式繼續進行下去。出於對孩子的偉大母愛，在他只有八歲的時候，母親就把他從家裏送走。當然母子都哭了；但必須要由一個男人教育，女人要從平衡等式中去掉——這樣，孩子身上的邪惡才能被抑制，他的精神才能經受磨練，他的頭腦才能接受懲戒。

---

12 懷特島：英吉利海峽中的一個島，與英格蘭中南海岸相望，是著名旅遊勝地和帆船運動中心。

13 考斯：英格蘭南部威特島北岸的一個城鎮。它是皇家快艇俱樂部的總部，並且每年舉行時髦賽艇會。維多利亞女王常下榻於考斯附近的奧斯本大院。

事實上，孩子喜歡母親的愛撫，而母親也喜歡愛撫他們，這從兩方面都證明了性惡說是對的。

格里菲斯博士牧師照顧了他兩年，他當然談不上冷酷，但也算不上仁慈。在大自然中，我們從未聽說過母獅把自己的幼獅送走，讓一個變性的獅子照管。你是否能夠以這種方式把一隻幼獅培養成一頭雄獅，這真的值得懷疑。只要來一隻山羊就可以把它的命撞掉，即便它長了腮鬚和髦。

和格里菲斯博士呆了兩年之後，年輕的阿諾德被送到曼徹斯特[14]，從 10 歲到 14 歲，他住在男孩寄宿學校裏。對那裏的老師——全是男人——他往往表示敬意，但有時也會表示帶有異端性質的懷疑：用懲戒代替母愛，這是不是那些虔誠而過於熱忱的教育者的一個錯誤？

16 歲時，他被轉送到牛津基督聖體學院。1815 年，時年 20 歲的他當選歐瑞爾學院的董事，他在那裏一直住到 24 歲。

他在拉丁語、希臘語和英語等課目中屢屢獲獎，被認為是明星學生——他自己這樣認為，別人也這樣認為。10 年之後，他回頭一瞥之後說道：「22 歲時，我自豪、謹慎、呆板、拘謹、不自在、不快樂，無意中使我接觸到的所有人都不開心。我能真正融合的人，只是那些將生命奉獻給奪格[15]的人。」

---

14 曼徹斯特市：英格蘭西北部的一座具有自治特權的城市，位於利物浦東北東方向。

15 奪格：語法上表示分離、離開，有時亦表示方式或作用及某些動詞的賓語的或與之有關的。可以在拉丁文和其他印歐語中發現此種用法。

24 歲的時候，他被任命為教會執事，經常在鄰近的禮拜堂讀禱告詞，每一次服務他能收到五先令。現在既然他已經獨立做事了，他開始做得獎者經常做的事：他告訴其他人如何獲獎。作為一名導師，他是成功的：投奔他、要做他學生的人數，超過了他能照管的人數。但他並不喜歡這個工作，因為所有學生所希望的，所有父母所希望的，是他能夠幫助落後的學生提高分數，然後穿過針眼滑入教育天堂。

26 歲時，他佈道、教書、寫高深的文章、討論一些連自己也並不明白的東西。

從以上的簡介可以看出，托馬斯・阿諾德早期受到的教育，是每一位寵愛孩子的富裕的中產階級父母最喜歡的一類教育。他受到嚴密的保護，抵制世間的所有誘惑；他不能用自己的手做任何有用的事；他對於經濟的知識——方式與方法——還不如一個懵懂孩童；對於活生生的現實，他一無所知；而對於已經消失的過去，他以為並相信自己了解很多。

這是純粹僧侶般的、制度性的教育。這是每一位富有的英國人希望兒子接受的教育。簡而言之，這是英國教育的理想與典範。

拉格比預科學校是由勞倫斯・謝里夫，一位食品雜貨商於 1653 年捐建的。原先捐建的學校相對比較小，但倫敦不動產投資已經增值，現在每年能獲得大約 35000 美元的收益。

在阿諾德的時代，那裏有大約 300 名學生。現在它不是一個大學校，美國有一百多所城市學校在許多方面超過它。

拉格比之所以引起特別注意，在於它的傳統——人才輩出，湧現出許多曾經是拉格比學生的偉人們，以及曾經是拉格比老師的偉人

們。另外，還因為托馬斯‧休斯[16]曾寫過一部有名的小説《湯姆‧布朗在拉格比的生活》。

約書亞‧雷諾[17]爵士曾委託康華里勳爵[18]到美國去，把喬治‧華盛頓帶到英國來，這樣約書亞爵士就可以給他畫像。此時，拉格比預科學校已經有 125 年的歷史了。

在阿諾德時代之前的 100 年，那裏並沒有明顯的教學方式的變化。男孩們群集在一起。他們打架、吵架、拉幫結派，大男孩欺侮小男孩。高年級生使喚低年級生是規矩，因此高年級生奴役低年級生。沒有家庭生活，學習故意地被弄得令人厭煩、嚴厲苛刻，因為當時的想法是，快樂的東西是有罪的。

學習變得完全令人厭惡，學生一旦離開學校，對學習唯恐避之不及——如果還有比這更厲害的手法，我們無法想象。

這一體制很可能是因為老師的懶惰所致。牧師按照規定的服務要求做事，但腦子裏想的是其他事情，這樣就免除了自己良心上的不安，聽憑他的教眾直接漂向煉獄，這一情景在教師身上得到複製。他盡了自己的職責——但也沒做其他的事。

自私自利、冷酷無情、野蠻殘忍、動不動就揮動樺木鞭條。頭腦

---

16 托馬斯‧休斯：1822－1896，英國法理學家、改革家，以其作品《湯姆‧布朗在拉格比的生活》（又譯作《湯姆‧布朗的學生時代》）而聞名。

17 約書亞‧雷諾：1723－1792，英國肖像畫家及批評家，被認為是英國繪圖史上最重要的人物之一。

18 查爾斯‧康華里：1738－1805，美國革命中指揮北卡羅來納州士兵的英國軍事和政治領導。1781 年在約克郡投降標誌着英國的最終失敗。

就是一切，心與手什麼也不是。這就是教書。對未能背下課文的學生有各種各樣的懲罰措施，以各種方式羞辱、折磨不幸的孩子們。站在角落面向牆壁，帶笨蛋高帽 [19]，這些懲罰已經讓位於其他處罰措施，比如說「未參加祈禱，罰寫 10 行的維吉爾詩句」，不完成的話再罰寫 10 倍的內容。這些處罰經常使可憐的學生徹底崩潰。如果他是個受高年級生使喚的低年級學生，或者說高年級生的奴隸，他還得給別人擦靴子、拖地板、做一些愚蠢也無用的差事，拳打腳踢就是鼓勵的方式。他發現自己受到的處罰不斷堆積起來，根本沒有辦法清掉它們，或是通過改進獲得自由。

從我們的角度看，這樣的事情既可笑又滑稽，讓我們忍俊不禁。但對於那位陷入絕境的男孩來說，這事非常悲慘。對於有某些個性的人來講，在這樣野蠻的環境中學習和成長，幾乎是不可能的。只有變得麻木不仁、漠不關心，才能取得成功。如果男孩天性溫和、身體瘦弱的話，即使不會變得精神空虛，也有被疾病和死亡撞倒的危險。

事實上，學生的身體狀況非常糟糕：天花、發燒、結核病、手足生瘡，都非常普遍。

托馬斯·阿諾德被任命為拉格比的校長時，他 33 歲。他結婚了，孩子的數目以驚人的頻率不斷增加。他已經被委任神職，每年掙 100 英鎊，談不上很有錢。貧困和責任已經給他增加了壓艙石，對自己兒女的愛使他的心充滿了柔情，使他的靈魂充滿了活力。

作為一名作家和演講家，他已經在大學畢業典禮和牧師集會上發

19　笨蛋高帽：舊時學校給成績差或懶的學生戴的圓錐形紙帽。

揮了自己的影響。他向殘忍、漠然、懶惰和所謂的懲戒性教育方法提出了挑戰。

就我們所知，他是英國第一位宣稱老師應當做孩子的養父母、所有成功的教育都必須出自愛的人。

裝備良好的保守派撚了撚自己的拇指，咳嗽了一聲，然後問道：「那麼性惡說怎麼辦？你的意思是說孩子不應受到懲戒嗎？所羅門 [20] 對於使用棍棒是怎麼說的？難道《聖經》說了孩子天性是好的嗎？」

但托馬斯・阿諾德並沒有解釋他知道的一切。另外，他也不想和教會作對──他相信教會──對他來說，它是個神聖的機構。但教會的一些方法和實踐，他寧願拋諸腦後。

「我同情次等生。」他說道。弱小者通常需要鼓勵，而不是懲戒。必須贏得差生的心，而不是壓制他們。

在一次牧師會上，阿諾德說道：

「有一次，我斥責一位學生，一個瘦小、蒼白、愚蠢的男孩──個子矮小，看起來病懨懨的──因為他沒有背下一篇簡單的課文。他抬頭看着我，帶着一絲勇氣對我說：『先生，您為什麼對我生氣？您不知道嗎，我已經盡我所能了？』」

在場的一位牧師詢問阿諾德，他是怎麼懲罰這位無禮的學生的。

而阿諾德回答說：「我沒有懲罰他──他已經恰當地懲罰我了，我請求他的原諒。」

老師向學生請求原諒，這個想法完全是全新的東西。

20　所羅門：古以色列國王，因其智慧和建築設計著稱，後者包括位於耶路撒冷的聖殿。

在場的一些牧師大笑起來——有一個人皺着眉頭——有兩個人打着噴嚏。但一位主教很快就要求任命托馬斯‧阿諾德為拉格比的校長，並在推薦書上添加了這一行：「如果他當選此職，他將改變英國每所公學的授課方法。」

贊成票佔了多數，於是阿諾德被叫到拉格比。薪水馬馬虎虎，學生人數大約兩三百人——許多人請病假在家——六年級的學生在負責。

阿諾德一到拉格比，他的天才就展現了出來，他對六年級的學生進行了處理。這些男孩在整個學校橫行霸道，更糟的是，他們這樣做是合法的：高年級生使喚低年級生屬官方認可的行為。

六年級學生由 30 名男孩組成，他們位於學校最高層，管理着學校。這些男孩因為個頭、力氣、進攻性和心智能力的優勢而獲得高分，這給了他們獨斷專行的權利。他們不受當權者的管轄——他們是自由的。再過一年，他們就要上大學了。

我們幾乎無法理解，恃強凌弱者怎麼能因為他們欺凌弱小的習性而得到高分呢？但可以在大個子足球運動員那裏，看到這一想法的殘剩案例，他們可以得到很好的分數，在課堂上可以得到非常溫柔的心理按摩。如果這些學生又瘦又小，皮包骨頭的話，他們很可能被開除。

教職人員把懲戒的責任移交給六年級學生，從而獲得了自由。

只要你讀一下阿諾德的日記，你會驚奇地發現，他是如何努力把六年級學生體罰學生的權利奪回來的。而在這之前，只要六年級學生的老大宣稱應當體罰，他們就可以體罰學校的任何一個學生。

如果哪位老師覺得某位學生需要受罰，他就將這位可憐的學生

交給六年級學生。我們現在能否想象這樣一個制度，某些學生的職責竟然是鞭打其他的一些學生。不僅是鞭打他們，而且如果他們還手的話，更會把他們打得失去知覺。

這就是 1830 年英國公學的教育方式。

面對這種殘暴的野蠻，此時有越來越多的人贊成這種觀點——都在尖聲喊叫，要這種潮流保留下來！

但此時阿諾德掌管了拉格比。他首先宣稱，他不想剝奪六年級學生的權利，從而使董事們消除了敵意——他建議使這種權利變得文明一些。為了試驗這位新校長，對自己的本領感到自豪的六年級學生放言說，如果他以任何方式干涉他們，他們將首先把學校搞得「四分五裂」，然後集體辭職。另外，他們還放言說，如果有哪個學生敢向校長投訴有關六年級學生的事，投訴的學生將被在夜間拖出去，淹死在古老的埃文河 [21] 裏。有傳言說，低年級學生當中有人神祕失蹤，而這是因為「血腥六年級」進行的快速報復。

六年級學生之上，沒有法律。每一個學生都要向「六年級生」脫帽致敬。六年級學生不向任何人脫帽，見到老師也只是碰碰帽子。

六年級學生被當作一種必要的警察系統，這已經成為根深蒂固的傳統——成為一個世襲階級，就像軍隊為教會服務一樣為學校服務。到了六年級即意味着到了天堂——意味着自由和權利　自由地做你想做之事，有權利去懲罰懷疑你的權威的所有人。

21　埃文河：英格蘭中南部河流，全長 154.5 公里（96 英里），流入塞文河。因與莎士比亞相關聯而著名。

一些教育改革家的目的，就是要根除六年級學生的這種權利。

對付六年級學生有兩種方法——和他們鬥，或者教育他們。

阿諾德把拉格比的六年級學生召集在一起，向他們保證，沒有他們的幫助，他什麼也幹不成。他需要他們：他想使拉格比成為一個模範學校，影響整個英國的學校——他們能幫助他嗎？

他面前的這些固執的面容表現出感興趣的跡象。未等他們回答，他繼續講下去，在他們面前描繪了理想的英國紳士的形象。他說服了他們，用閃亮的人格融化了他們，和每一個人握了握手，然後送他們離開。

第二天，他又以這種親切的方式與他們見面，其中一個男孩大膽地向他保證，如果他想要誰受到鞭打——不管是學生還是老師——他們隨時可以幫他鞭打。

他向這個男孩道謝，但向他保證，他的看法是，沒必要向任何人施加暴力；他將向他們展現另外一種方式——一種全新的方式，實際上也很古老，但英國到目前為止尚未嘗試過。

偉大的教師不是傳授最多事實的老師——而是提供一個更崇高的理想，從而鼓舞學生的老師。

人的高尚或卑劣與他們擁有的品格成正比。真誠、正直、坦率、健康、和諧、勤勞、慈愛、樂觀和樂於助人的精神，迄今為止，它們比任何精神品質都更可貴，而拿其他品性與它們相提並論，不僅可憎，而且可笑。

阿諾德激發了學生的品格，在這一方面，他在拉格比的工作，在教育進程之路上豎立了一塊白色的里程碑。

在給一位申請教師職位的人寫信時，阿諾德寫道：

我想要的人，是一位基督徒和紳士，一個積極向上的人，一個具備常識、理解男孩的人。我不是特別關注他的學問，因為他馬上要教學校最低年級的學生。但進一步考慮之後，我也非常關注他的學問，因為他的學生將進入高年級；而且即使是最基礎的原理，如果老師有了充分的了解，就能教得最好。不過，假如一定要作出讓步，我寧願選擇頭腦活躍、對工作感興趣，更不願選擇高深的學問；因為學問要比其他的東西更容易獲得。我也希望你能明白，新的老師可能被要求安排寄宿生到家裏去住，我將來的打算是，在適當的時機，讓所有的老師都這樣做。這樣的話，到時學校的寄宿房將自然消亡。對於這個教師的職位，我想，我有權利對我選定的人抱相當高的期望。而我的目標就是，在這裏聚集一群充滿智慧和紳士風度、積極向上的人，他們將永久地保持學校的品格。即使我明天扭斷了脖子，他們也會使繼續保持下去。

思想在空中飄揚，偉大的發明同時在世界的各個地方出現。盧梭寫作了《愛彌爾》，但我們並不清楚阿諾德是否拜讀過它。

假如他讀過了，他很可能感到吃驚，而不會受到鼓舞，因為它幾乎是殘酷地坦率。法國人可以讀一讀它——但英國人不能。

裴斯泰洛齊 [22] 正在瑞士醞釀自己的思想，而福祿貝爾，這位笨拙

---

22 約翰‧亨利希‧裴斯泰洛齊：1746－1827，瑞典教育改革家，其建立在尊重和注重獨立性基礎上的教學理論，為 19 世紀的教育改革奠定了基礎。

的德國農村小夥子，正在幻想一些即將成真的夢想。但托馬斯・阿諾德抓住了英國人感情的細線，並在他的生命結構中表達出來。

他的計劃是科學的，但他的原因，如果仔細分析，並不總是能經得住考驗。阿諾德對教會是忠誠的，但他發現忘記教會所代表的許多東西，這更為方便一些。他回到了離本源更近的資源。所有對有組織宗教的改革，都在於回到原形。耶穌的宗教非常簡單；而現代教會顯貴的宗教則非常複雜。前者淺顯易懂；後者必須解釋、詳細說明，而且通常需要好幾種語言。

阿諾德希望將孩子們變成基督教的紳士。而他的英國紳士的類型並非來自書本或是神學——這完全是他自己合成的想法。不過，一旦它成型之後，他四處查看，通過查找《聖經》的段落為它找到合理的證據。這也非常完美，不過，從我們的角度看，它毫無必要。

而從他的角度看，它絕對有必要。

在他看來，紳士是一位找他人長處之人，而不是找他人的過錯；忽視別人的輕視；忘記自己做過的好事；謙恭、友善、樂觀、勤勞，內外都清白；不輕易憤怒，有着熾熱的氣概，為神服務。而「神」對阿諾德來説，表現在教會和國家上。

阿諾德常説，教書不應以宗教為基礎，但它應當是一種宗教。對他而言，宗教與品行是一回事。

事實上，他通過六年級生對拉格比進行了改革。他在大男孩的頭腦中注入了這個想法，他們必須幫助小一點的男孩；對於初次犯錯的小夥子，不應進行懲罰；應當向他充分地解釋這件事情，向他説明，他應當做正確的事，因為它是正確的，而不是因為擔心受到懲罰。

他教六年級的學生應當放下尊嚴，和所謂的「差生」建立起夥伴關係。阿諾德親自與這些「次等生」打板球，以此樹立了榜樣。

他從來不會嘲笑差的選手，更不會嘲笑差的學生。他把笨一點的學生帶進自己的家裏，並堅持要求他的幫手、其他老師也應當這樣做。他向六年級的學生說明，站在弱小的一方、停止欺壓低年級的學生，這要比樹立最好的榜樣還要好。阿諾德到拉格比不到一年，六年級學生已經演變成為一個歡迎新生的接待委員會，幫他們安頓下來，介紹給其他男孩，帶他們到校園參觀，就像大哥哥或是養父一樣照顧他們的所需所想。

對阿諾德而言，基督教就是為人類服務。他不知疲倦地熱忱服務、行善、祝福他人、鼓舞他人。

他的這種品格非常有感染性。在每一個大企業或學校，領導的心態可以使整個機構充滿活力。每個人都會參與分享。如果領導患有精神憂鬱症，那麼整個機構都會得這個病——整個地方都會染上青灰色。最好的幫手開始出走，然後就會呈蜂窩狀地持續出現分崩瓦解的現象。

學校必須要有靈魂，商店、銀行、酒店、家庭或教會同樣需要靈魂。如果一個機構變得太大而失去靈魂——只有一個財政上的頭和一個董事會——那麼很快就要得乾腐病 [23]，分崩瓦解之日就將來臨。

這就解釋了為什麼小學院是最好的學院的原因：如果它們規模小，

23　乾腐病：一種由於真菌入侵而腐蝕球莖、果實或木質組織的植物病，植物組織在患此病時保持相對乾燥。

它們就有自己的個性，有着無處不在的、有保護能力的、充滿生氣與活力的精神。

托馬斯·阿諾德不是一個有大學問的人，也沒人真心說他智慧過人；但他有着無比高尚的靈魂。他從未打算過對自己有所保留。他將自己完全奉獻給了拉格比的男孩們。他的心和他們在一起，他信任他們——即使他們撒謊時，他也信任他們，他知道他們撒謊了。他知道，人的內心是完美無缺的；他相信人類的神聖，並努力嘗試忘記那些以別的方式來教育的愚蠢神學。

就像在弗吉尼亞大學 [24] 建立起榮譽體系的謝佛遜一樣，他信任年輕人。他呼籲珍視每個人靈魂中善良的種子。從某種程度上講，他對男孩們的熱愛，為本·林賽法官的出現作好了準備。他也完全有可能從他傑出的頭腦中孕育出青少年法庭，並因此停止罪犯的產生，如果他的生命不是因為花在與愚蠢與迂腐搏鬥上，而日漸憔悴凋零的話。而那些人向他喊叫：「噢，誰聽說過這樣的事情啊！」

幼兒園利用了孩子對玩耍的喜好；而阿諾德則利用了對權威的渴望。利他主義加上了希望獲得認可的渴望作調料。

通過利用六年級生的形式進行自治，這樣的安排類似於我們的「小喬治共和國」[25]。「一所學校，」他說道，「應當是自治的。要淨化自

---

24 弗吉尼亞大學是由托瑪斯·謝佛遜於美國弗吉尼亞州的夏律第鎮創建的一所公立研究型大學，是美國排名第二的公立大學，僅次於加州柏克萊大學。該校是北美地區唯一一所被聯合國教育科學文化組織列為是世界遺產的高等院校。在美國歷史上，弗吉尼亞大學以其首創建築、天文和哲學等學術領域而著稱，同時它也是第一所將教育獨立於教會的高校。

25 小喬治共和國：美國威廉·盧本·喬治（出生於 1866 年）建立的自治組織，位於紐約湯普金斯縣的弗利維爾小村。

己,使自己避開所有有害的東西。」他又說:

「如果學生能夠為了滿足自己獲得認可的自然願望,而做正確、恰當和最佳的事情,他會為此而努力奮鬥,而不會想通過無賴行為擺威風。如果學生的品格獲得了認可,我們老師只要說什麼,他就會做什麼。如果我發現教室裏吵吵嚷嚷,我只會責怪我自己,而不會責怪學生。失敗的是我,而不是他們。不管我是什麼樣,我的每個學生都會反映出我的價值。我定下調子,定出調子,如果我們的靈魂混亂不堪,學校也會陷入混亂。」

沒有熱情將一事無成。贏得世界的是心,而不是頭腦。不過頭腦必須使心的激勵系統化。阿諾德有辦法把靈魂放入手的掌握之中。他的學生從未忘記他。不管他們去哪裏,不管他們能活多久,他們都對拉格比的阿諾德讚不絕口。

這位誠摯、熱情、慈愛和真誠的老師對文明世界有多大的影響,沒有誰可以斷言。但至少我們知道這一點,自他的時代開始,出現了新的教育科學。樺條教鞭已經隨笨蛋高帽一起消逝得無影無蹤。那根特別的九尾鞭已經在托馬斯·阿諾德的家中,以莊嚴的儀式燒成灰燼,同時發表了一個宣言:「自此之後,我知道我的孩子們將做正確的事!」在每個基督教徒的家中,這已經成為典範。

我們不再鞭打我們的孩子。學校不再是充滿恐懼、痛苦和煩惱的地方,而我們老師正在和弗雷德里希·福祿貝爾一起,重複耶穌基督說過的話「讓小孩子到我這裏來,不要禁止他們,因為在神國的,正

是這樣的人」。

　　此外，我們和托馬斯·阿諾德一起說道：

　　男孩是人類之父。要在男孩的身上培養有益於健康和力量的品格，更要培養他們祝福人類、造福人類、為人類服務的強烈意願。只有這樣，才能培養出新一代的紳士。

❖ 弗里德里希·福祿貝爾 ❖

福祿貝爾（Friedrich Froebel，1782－1852），德國著名教育學家，被公認為是 19 世紀歐洲最重要的幾位教育家之一，現代學前教育的鼻祖。他不僅創辦了第一所稱為「幼兒園」的學前教育機構，也是世界上首次將遊戲帶入教育課程的人。他的教育思想迄今仍在主導着學前教育理論的基本方向。1837 年，他在德國布蘭肯堡開辦了世界第一間的幼兒園，開啟幼兒教育的大門，建立了古典主義的幼兒教育體系，為近代幼兒教育奠定了基石。他發展了包含動手操作、經歷、玩遊戲（如摺紙、堆積木等遊戲）、唱歌、園藝（他以花比喻學校、花木比喻兒童、園丁比喻教師），以及照顧動物等課程，來啟發幼兒的多元化智力學習。他的著作有《人的教育》《慈母曲及唱歌遊戲集》《幼兒園教育學》等。

幼兒園的目的是為可憐的母親提供必要而自然的幫助，她們被迫每日圍着工作轉，而只好把孩子們丟下不管。幼兒園的工作主要有以下內容：孩子的自由玩耍；在老師指導下的合作玩耍；體操；適合幼兒的各種手工活兒；散步；學習音樂，包括器樂和聲樂；學習背誦詩歌；講故事；欣賞真正好的圖片；幫助做家務；園藝。

——福祿貝爾

弗里德里希·福祿貝爾於 1782 年 4 月 21 日出生於一個圖林根族[1]村莊。他的父親是一位路德教會的牧師。不到一歲的時候，他母親就去世了。不久之後來了一位繼母填補她的位置——但她並未真正「填補」。這位繼母屬於我們在「六大暢銷書」中讀到的那一類人。她嚴厲苛刻、缺少慈愛、對宗教有着不必要的熱忱，這一切為未來的幼兒園園長提供了一個黑暗的背景，而他將在此背景下繪出一幅快樂的圖畫。

福祿貝爾在負面的遭遇中得到了正面的教育。他的家庭屬於 E·豪上校在《鄉鎮紀事》中描繪的那類令人難忘的家庭，而《鄉鎮紀事》還沒有那麼糟糕，因而沒有被收納到「六大暢銷書」中去。

10 歲的時候，純粹是因為可憐他，年輕的福祿貝爾被一位舅舅從這個「瘋人院」救了出來，這位舅舅有自己的一大家人，而且有着無限的愛。而福祿貝爾家裏也剩下一窩孩子，因此沒有人真正想念這個纖細、修長、黃臉、愁苦、憂傷的少年。

舅舅帶男孩幹活，把他當作大人來看待，回答他的問題，甚至允許他擁有竹馬和自己的小木屋、小花園。

15 歲的時候，他的天性開始被喚醒，舅舅聆聽了男孩的意願，讓他去給一位林務官當兩年的學徒。年輕人的第一份工作是計算出某一塊十地卜樹的數量，並粗略估算它們的樹齡。在開始工作之前的那天晚上，他整夜未眠，想象着即將開始的工作是多麼地有趣。在以後的時間，他曾談到這一件事，它表明把工作與娛樂分離是荒唐的。

1　圖林根族成員：公元 6 世紀前一直居住在德國中部的一個古代部落的成員。

15歲至17歲當林務官學徒的兩年，對他來説，真的比任何大學教育都要更好。

他的繼母的指示大部分是禁止的內容。自幼兒開始，他就被警告要「小心一點」。他上街的時候，預言是説他會被馬車輾死，或是被吉卜賽人偷走，或者會從橋上掉下來淹死。危險的想法反覆地在他耳邊響起，因此恐懼成為他天性結構的一部分。甚至到了15歲，他還是想方設法在日落之前離開森林，以避開熊。同時，他的智慧告訴他，那裏根本就沒有熊。但戰慄的習慣依然跟隨着他。

不過，林中的工作逐漸增強了他的體魄，他漸漸習慣了林中的生活，不論是白天還是黑夜。他的職責教會他觀察、描繪、調查和決定。另外，這是一種移居生活，也許大學生活最好的一點就在於使年輕人脱離家庭環境，給他們提供新的環境。

在美國，林學是一門全新的科學。我們曾經的願望是清出地面，因此而進行清除、燃燒和摧毀，只剩下我們所稱為「木材」的圓木才是我們的所想之物。而現在我們則正在認真考慮植樹護林之事。也許，最好捫心自問一下，兩年呆在森林裏面，完全在戶外活動，與大自然親密接觸，與木頭、巖石、植物，以及其他生物鬥爭，這樣的生活，難道不比四年的大學生活好得多？

——大學裏只能呆在悶熱的宿舍及更悶熱的背誦室裏——聆聽乏味的演講，講述與生活無關的事情。

我本來想説，男孩就是野蠻人，但我不想得罪慈愛的媽媽們。按照他們的喜好去教育他們，就像人類所受的教育一樣，這樣才是明智、正確的。如果由傑克·克勞福德、威廉·馬爾登、約翰·伯勒

斯 [2]、約翰‧杜威、斯坦利‧霍爾及類似的人當教職員工,在黃石公園 [3] 建立一個自然大學,將會有什麼樣的成果啊!

福祿貝爾認為,他在森林的兩年,使他逃脫了結核病,更逃脫了可能的精神錯亂,因為這教會他向外看,而不是向裏看,教會他伸出援手幫助別人。事實上,他偶爾會有點感傷,只要稍微再多一些發病及敏感,就可能完全毀了他的生命。

森林及上帝的偉大戶外世界,給了他平衡及穩定劑、良好的消化和甜美的睡夢。

兩年之後,他前往耶拿,他在那裏有一個哥哥。這個哥哥是一位明星學生,弗里德里希非常崇拜他,把他當作教育學的精英。他哥哥成為耶拿預科學校的教授,後來又行醫;但這位哥哥從未有過冒犯公共輿論的「不幸」經歷,因此遺忘之神誘惑了他,打敗了他,將他變成自己的俘虜。

在耶拿,可憐的福祿貝爾並沒有取得進步。他在預科學校的學習並未讓他作好準備。他在學習的苦海中拚命掙扎,對他的年齡來講,這海水太深了。後來他聽從了別人愚蠢的建議,請了一位家庭教師幫助他學習。然後他就倒下了,因為負債而被開除,後來還「坐了牢」,

---

2　約翰‧伯勒斯:1837－1921,美國自然主義者和作家,他生動的文章使他作為一位自然界和藹可親的智者而倍受推崇。

3　黃石公園是世界上最原始最古老的國家公園。位於美國西部北落基山和中落基山之間的熔岩高原上,絕大部分在懷俄明州的西北部。黃石河、黃石湖縱貫其中,有峽谷、瀑布、溫泉以及間歇噴泉等,景色秀麗,引人入勝。其中尤以每小時噴水一次的「老實泉」最著名。園內森林茂密,還牧養了一些殘存的野生動物如美洲野牛等,供人觀賞。園內設有歷史古跡博物館。

他在那裏住了九個星期，由國家幫他支付膳食費用。

在監牢的時候，很自然地，他並沒有趕上學習，而且監禁生活幾乎毀了他的身體。如果他是因為決鬥而坐牢，他可能會以英雄形象出現。但欠債入獄即意味着沒有朋友，也沒有錢。在被釋放之後，純粹是出於經濟目的，他在夜間走進林務辦公室，申請一份林業工人的工作。他得到了這份工作。幾天之後，他被提升為學徒頭目。

林業工作意味着一定的測量知識，而福祿貝爾很快就獲得了這些知識。然後是製圖工作，對他來說這只不過是有趣的活動。從製圖到建築只相差一步，於是福祿貝爾放棄了林業工作，去給一位建築師當助手，每年能掙 10 英鎊。他發現，這是一份對人約束很大的工作，比他所預想的更為苛刻一些——需要大量的數學知識，而數學是福祿貝爾的短門。福祿貝爾感到失望，他的僱主也有同樣的感覺——這時發生了一件事。這樣的事經常在書中發生，而不是在生活中出現。

天才總會有自己的原型。在福祿貝爾面前走來了裴斯泰洛齊這位瑞士人。他研究過神學與法律，後來發現它們對於人類發展毫無用處，就摒棄了它們，將注意力轉向教學。裴斯泰洛齊受到簡·雅克·盧梭的啟發，虔敬地讀過他的《愛彌爾》。通過自然的方法教學，將勞動與學習相結合，使之成為娛樂，這就是他的主題。裴斯泰洛齊相信戶外教學，因為孩子們都是半開化的，而且喜歡「流浪」——他們想去某個地方。但他犯了個錯誤，説教學應當從牧師的手中和家中交出來，於是牧師們説了他的諸多不是。

裴斯泰洛齊剛開始受到的鼓勵微不足道。只有貧窮而無知的人把孩子托給他照看，其中一些家長實際上還是收了錢才把孩子交給他。

孩子接受教育，同時做一些有用的事，這完全讓他們無法理解。

裴斯泰洛齊偷偷摸摸地進行教育實驗。剛開始，他帶了幾個 8 歲、10 歲和 12 歲的男孩和女孩，然後讓他們和他一起在花園幹活。他們照看家禽、照顧羊、給奶牛擠奶。老師和他們一起幹活，邊幹活邊聊天。在幹活的空隙，裴斯泰洛齊會讓他們注意野鳥、鮮花、植物和野草。他們會畫這些東西，蒐集樹葉和花朵，並記錄下自己的觀察與發現。通過記錄，他們學會了讀寫，學會運用簡單的數學。對於他們不明白的東西，他們可以到老師的圖書館去看書，去尋找答案。但是，在學習計劃中，書本是第二位、附帶性的。當幹活幹煩了的時候，他們都停下來玩遊戲。在其他時間，他們坐下來，就聊聊他們幹的活。如果天氣不好，他們到工作間去，在那裏做鋤頭、耙子和其他需要的工具。他們還建造鳥屋、做一些簡單的家具，這樣，所有的學生，男孩和女孩們，都對木匠和鐵匠的工具有點熟悉。他們自己補鞋，補衣服，有時還自己準備飯菜。

裴斯泰洛齊發現，他以這種方式照管的學生人數不能超過 10。但讓他感到滿意的是，至少他證明，以自己的方式教育的孩子，要超過那些以正規教學課程教育的孩子。他的主要難題在於，家庭不配合學校的工作，總是有「一切照舊」的傾向。

裴斯泰洛齊記下了自己實驗的經過，強調自己相信，我們應當通過孩子的自然活動進行教育；所有的成長都應當是快樂的。他的口號是：「自內向外」。他認為教育是一種成長，而不是一種獲取。

裴斯泰洛齊的一本小冊子落到了弗里德里希·福祿貝爾的手中，他當時在法蘭克福給一位建築師做助手。

福祿貝爾當時 22 歲，自嬰兒開始，命運之神將他從一個地方又拋到另外一個地方。他所有的這些經歷，為他理解裴斯泰洛齊表達的理論作好了準備。

除此之外，建築業已經開始讓他生厭。「能幹之人，做事；不能幹之人，教書。」這話是嘲笑老師的，但它說出了一條真理。

福祿貝爾有着教書的強烈願望。此時，在法蘭克福有一個師範學校，或者說是培養老師的學校，格魯納先生當校長。學校實際上已經在實行裴斯泰洛齊建議的一些做法。非常偶然地，格魯納先生與福祿貝爾相遇了。格魯納想找一個能以裴斯泰洛齊方法教書的老師。福祿貝爾直接向格魯納先生申請了這個職位。他接受了教師兼管理人的職務，待遇是免費膳食及每周 10 馬克的工資，即 2.5 美元。

福祿貝爾的樂觀與熱情贏得了格魯納的心。他們一起討論裴斯泰洛齊及他的作品，讀了他寫的所有東西，並與這位偉人建立了通信聯繫。福祿貝爾因此被邀請到他在瑞士伊佛頓的農場學校參觀。

格魯納給了福祿貝爾必要的一些錢，讓他把他那件非常破舊的衣服換成好一點的衣服，然後這位年輕人就出發了。大約要步行兩百英里的路，但年輕與熱忱使這次徒步旅行成為一件充滿樂趣的小事。福祿貝爾穿着破舊的衣服，帶着好衣服，當他出現在裴斯泰洛齊面前時，全身一塵不染。

裴斯泰洛齊當時 60 歲，而他對「新方法」的期望還是相當高。他遇到了對抗、嘲笑和冷漠，把自己微薄財富的大部分用於戰鬥。但他仍然堅持到底，決定奮鬥至死。

福祿貝爾對裴斯泰洛齊並沒有感到失望，當然裴斯泰洛齊也很

高興，對這位年輕人的急切還感到有趣。裴斯泰洛齊正以非常節約的方式工作，但這個地方所缺乏的，福祿貝爾用自己豐富的想象力全部補足。

福祿貝爾有了許多新發現，因為他本身具備的就很多。

拜訪裴斯泰洛齊之後，福祿貝爾回到法蘭克福，充滿了熱忱，這是成功的教師必不可少的東西。很快福祿貝爾的房間成為整個學校的興趣中心。但麻煩就要找到福祿貝爾了。

他沒有大學學位。他的教育履歷非常短暫。他希望通過行動讓別人忘掉他的大學記錄，但這些記錄緊追他不放。格魯納的學校要接受政府的檢查，而這些時不時到學校看一眼的雙下巴紳士們，他們詢問，這位熱情洋溢的年輕人是誰？為什麼這位可敬的管理人及前林務員能獲得晉升的榮譽？

其實，在他的一生中，福祿貝爾從未逃避過這些羞辱，說他不是個受過教育的人。也就是說，沒有哪所大學曾提供一個字母的附加物給他。他曾經是一位林務員、農夫、建築師、男孩的管理人、女人的老師，但沒有哪個機構曾正式宣佈，他適合教書。

格魯納試圖解釋，他說，有兩種老師：一種是天生的老師；另外一種是通過長期學習學到了教學方法的老師。第一類老師，需要學習的東西很少，他們熱愛孩子，有着自發的奉獻自我的精神品格，這一類老師成功的最多。

但可憐的格魯納的解釋不起作用。

然後此事被以非常溫和的方式向福祿貝爾作解釋，而他也發現，如果想保住教師的職位，他必須獲得一個背景履歷。「時間會調整一

切。」他說道，然後出發，再一次去拜訪裴斯泰洛齊。他的計劃是和老師呆在一起，直到自己獲得相關的證書。

裴斯泰洛齊又一次歡迎了這位年輕人，而他很快就融入到家庭當中，成為了學生和老師。他樂於做事——做身邊的所有工作——他品性溫厚，充滿感恩之心，這使他贏得了所有人的心。

此時，送男孩上大學的時候請一位家庭教師隨行，既做同伴又做老師，在那些能付得起錢的家庭中非常流行。請記住，威廉[4]和亞歷山大・馮・洪堡[5]就是以這種方式獲得的教育——和他們的家庭教師從一所大學到另外一所大學，老師和學生一起作為特殊學生進校，融入學校的環境，將自己沉浸於其中，接着繼續往前走。

就在此時，看哪！通過格魯納或裴斯泰洛齊，或是通過他們倆，一位有三個男孩需要教育的富有婦人，請福祿貝爾到馬其頓來幫助她。

1807 年，福祿貝爾成為馮・霍茲豪森家族的家庭教師。他 25 歲，這是他第一次與有閒有錢階層會面。他迫不及待地想鑒賞這一切，這一點勿庸贅言。

他盡情地遊覽了格丁根、柏林，在耶拿呆了足夠長的時間，以抹除這塊標牌帶來的恥辱。他在歌德的故鄉魏瑪逗留，完成了四年的學習課程。

男孩們長成了男人，再往後證明了自己的價值；但他們是因為遷

4　威廉・馮・洪堡男爵：1767－1835，德國哲學家和外交家，以其對語言與文化的關係的探索和對巴斯克語言的研究而著名。

5　亞歷山大・馮・洪堡男爵：1769－1859，德國自然學家和作家。他到南美、古巴和墨西哥的探險（1799－1804 年）促進了生態學的發展。

居而收穫良多，還是因為有了這位老師，這值得懷疑。他的機會成熟了——而他們的機會過剩了。

接着爆發了戰爭。一道命令要求學生響應國家的號召呼籲，拿起武器，福祿貝爾捲入了愛國的漩渦，他和他的學生一起報名參軍。

雖然不是特別耀眼，服役期間他的表現還是光榮的，而且給他帶來了這個好處：結交了兩位朋友，兩位戰友，他們也對裴斯泰洛齊着迷，終生都在宣傳及教授「新方法」。

這兩位朋友就是威廉．米登多夫和亨利．朗根塔。三位兄弟團結如一人，這在友誼之國中非常罕見而美好。距他們初次會面 40 年後，米登多夫對着福祿貝爾的遺體發表了一個演講，這個經典的演講，透露出經久不衰的愛與信任。

在此之後，米登多夫轉向自己的工作，大膽挑戰監獄與恥辱，大力支持幼兒園制度，以他親愛的已故朋友為榜樣。幼兒園的想法本來很可能會隨福祿貝爾埋進墳墓——和他的屍骨埋在一起——如果沒有米登多夫和朗根塔的話。

第一所幼兒園建於 1836 年，建在布蘭肯堡，離基爾豪很近的一個小村莊上。福祿貝爾當時 54 歲，和一位可敬的婦女結了婚，她當然沒有阻礙他的工作，雖然也不曾鼓舞他。他沒有孩子，所有的孩子都可以稱他為父親。

多年來，他一直努力在德國建立裴斯泰洛齊和格魯納式的師範學校。但失望、誤解和愚蠢緊跟福祿貝爾。牧師們已經定型的方法、革命與異端的指責、虔誠的空談家們就「死」語言的價值進行的攻擊，所有這些，加上自身缺乏商業方面的精明，毀掉了他多次的嘗試。

福祿貝爾認為，女人是比男人更好的天生的老師，因為她們有着母親的本能，這一觀點受到一位有學問的修士的反駁。反駁的大意是，如果由一位不是修女的未婚女性去研究孩子的本性，即使不是有罪的，也是不雅的。

有學齡孩子的父母，不會把自己的寶貝交給教育實驗者——這是他們的牧師給他們的建議。

米登多夫和朗根塔仍然和他在一起，不論面對恥辱還是失敗，他們依然是夥伴，因為他們都不願意放棄為自然方法教育而戰。

一個偉大的想法、一個偉大的詞語突然來到他們面前，這完全是神來之筆——在半山腰橫空出現。

從孩子的學齡前開始，就稱作「幼兒園」！

好哇！他們歡聲高呼，然後從山上疾跑下來，告訴福祿貝爾夫人。

他們以前創辦的學校曾被叫做「裴斯泰洛齊法及兒童自然活動法教育機構」「學生自發活動激勵及發展機構」，及「弗里德里希·福祿貝爾締造有用性格的創造性本能發展學校」。

帶有這樣名字的學校當然會失敗。名字太長了，沒有人能記住，更不會有人把孩子送到這樣的地方——它對於沒有準備好的頭腦來說，什麼意義也沒有。

名字裏面有什麼？什麼都有。有的書暢銷，有的書滯銷，就是因為書的名字。商品也是如此。鐵路也必須有一個人們不擔心發音的名字。

法律官員前來索要福祿貝爾的「生產許可證」。還有其他人要查看他「貨物」的情況，還有一位要人來訪，問道：「裴斯泰洛齊先生在家嗎？」

幼兒園！這個新名字立即奏效。孩子們記住了這個名字。疲勞過度的母親們喜歡這個名字，當然樂意讓年輕的「小媽媽」帶孩子們去幼兒園。

福祿貝爾對於失望已經習慣了——他是位天生的樂觀主義者。他總是看事物好的一面，包括失敗。

面對困境，他從容應對。而此時他非常清楚，教育必須「在孩子出生前 100 年開始」。他將通過孩子們到達他們的家，了解他們的母親。「要證明幼兒園想法的正確，需要花 300 年時間。」他說道。

於是，歌曲、禮物與遊戲——所有這些都需要發明、辯護、一次又一次地嘗試。裴斯泰洛齊已經有了一個教育青少年的辦法；現在必須進行修改用於教育幼兒。愛是主旨，而快樂、無私、對自然神聖的人性衝動的堅定信念，這些居於一切之首。

福祿貝爾發明了「教書女士」（女教師）。也就是說，他發現了原材料，然後使用它。他甚至創造了這個詞，世人覺得這個詞非常滑稽，於是毫不猶豫地把它當作一個粗俗幽默、半帶責備的詞。原先使用的詞是「教書小媽媽」，但到了友好的彼岸之後，我們把它譯為「教書女士」。接着我們就吃吃地竊笑，還打噴嚏。

福祿貝爾於 1852 年去世。他創辦的第一所幼兒園，直到他將近 60 歲的時候才成功，但這個想法或多或少無意識地在他頭腦中不斷完善，歷時 30 多年。

所有這些年來，他一直就教育的主題進行思考、寫作、工作和實驗，而他幾乎變得垂頭喪氣。他觀察到，六歲就是「學齡」。也就是說，孩子應當到了六歲才上學——他的教育由此開始。

　　但福祿貝爾曾在一所鄉下學校和寄宿學校教書，他發現，早在學齡之前，孩子已經開始學習觀察和遊戲，而這些對於成長都有影響，和真正的上學一樣有很大的影響。

　　在福祿貝爾寄宿的大家庭中，他注意到，大一點的女孩照顧小一點的孩子。經常是 10 歲的女孩，穿着長得可以蓋住膝蓋的衣服，手臂裏抱着一個嬰兒，後面跟着兩個蹣跚學步的小孩，而這位 10 歲的孩子真的是「小媽媽」。真正的母親在地裏幹活，或是在幹家務活，而這位「小媽媽」帶孩子出去玩，在母親工作時逗他們玩。

　　福祿貝爾的願望是教育人類，但每天在學校呆幾個小時，面對一個完全無情的家庭環境，會有什麼樣的結果呢！

　　就教育的問題接觸母親，讓母親感興趣，這幾乎是不可能的。辛勞苦活、缺衣少物、貧困潦倒，已經抹殺了她心中的所有浪漫和熱情。她是發育停頓的犧牲品；但「小媽媽」是個孩子，敏感、未完全發育，她可以受到教育。家庭必須與學校合作，否則學校教的所有東西，孩子在家裏全部會忘記。福祿貝爾也發現，往往「小媽媽」因為照顧弟弟妹妹的責任而過分勞累，被迫輟學。此外，普遍存在的看法是，無論如何，接受教育主要是男孩子的事。

　　就在此時，福祿貝爾進行了干預，證明自己是打破常規者，就像本·林賽開闢青少年法庭一樣，他放棄了整個固定的司法程序，甚至省略了證人宣誓的程序，即使這些小調皮鬼撒謊，他也相信他們。福祿貝爾告訴這些「小媽媽」，讓她們無論如何到學校來，把幼兒也一起帶過來。

　　然後，他開始努力教會這些女孩如何逗樂、消遣及教導幼兒。而

他經常説，是幼兒教導了他。

其中的一些半大女孩表現出罕見的教師天賦。她們融合了母愛和教學的天資。

福祿貝爾在教別人時請她們幫忙，這樣他也可以教她們。

他發現，教師就是能找出課文中的主要內容的人，真正的教師是學習者。他把這些女孩老師稱為「教書小媽媽」，就此發明了這個詞，和這個職業。

福祿貝爾創辦了第一所培養女性做老師的正規、模範學校，而這只不過是發生在不到 100 年之前。

隨着時間的流逝，這些「小媽媽」有了自己的兒女，而正是這些孩子進了第一所真實、真正的幼兒園。

此外，正是這些母親，她們成立了第一批母親俱樂部。

正是這些俱樂部吸引了當局的注意力，他們想象不出，除了策劃反對政府的陰謀之外，這樣的俱樂部還有什麼目的。

不管怎麼，如果有這樣的一個制度，提供這樣的知識，説女人和男人一樣聰明，一樣善良，一樣能幹——從天性來看同樣適合教書——這樣的制度會使教會惶恐不安。如果女人能闖入學校，她們也同樣會闖入教會。此外，鼓勵遊戲，這太糟糕了。我的上帝啊（或者諸如此類的話），竟然在教室裏玩！哎呀，即使是傻瓜都知道，它會阻礙教育的發展，簡直是教育飯盆裏的那一顆老鼠屎啊！如果福祿貝爾先生願意發明一種辦法，去掉教室裏的遊戲，可以給他提供津貼。

孩子天性是善良的想法，被認為是異端邪説。新生理論從何而來？人又怎麼會再出生一次呢！自然人對上帝充滿敵意。我們是在罪

惡中孕育出來，在邪惡中出生的。《聖經》裏已經說過無數遍了。

然後就來了這麼一個人，自以為比有史以來的所有牧師和學者都更有學問，使這些愚蠢女人頭腦中裝滿了這些想法，認為她們天生就是教書的，而不是在地裏幹活，或幹家務、服侍男人。

我的老天啊，這些女人知道的東西已經夠多了！如果這樣的事繼續發生，男人都要離開地球了，女人和孩子統治這個世界，而且通過遊戲的方式統治。啊哈！所羅門是怎麼說的？不打不成器。而這些女孩說，不是這樣的。

必須阻止這事的發生，不然德國將成為天下人的笑話——誰敢提「幼兒園」這個詞，用九尾鞭侍候！

「讓小孩子到我這裏來，不要禁止他們，因為在神國的，正是這樣的人。」如果說出這些話的人[6]獲得了一點點鼓勵，他可能就會創辦一所幼兒園，給幼小的靈魂提供一個地方、一個環境，讓他們能在那開花結果。他天生是一位教師，他最好的學生是女人和孩子。男人容易自認為已經知道一切，因此不會接受別人的想法。

900 年前的耶路撒冷，與 1805 年的柏林大致相似。在這兩個時間，都是傲慢的牧師、貴族兼軍人至高無上。他們都是對自己的心理素養和教育方法非常滿意。他們是真心這樣認為的。把耶穌從十字架上殺死的聯盟，與對弗里德里希·福祿貝爾下禁令的集團非常相似。他們使創立幼兒園變成了犯罪行為，使一位最溫和、最崇高、最純粹的人，一位曾經賜福給這個地球的人，快速地離開了人世。

6　指耶穌。

福祿貝爾辭世時正好 70 歲。「他的眼睛沒有變得模糊，他的力量沒有因此而減弱。」——他充滿了從未有過的熱忱與希望。他的思想正在傳播開來——成功終於到了門口——他的母親俱樂部為數眾多——「愛」就是口號。正當他的事業欣欣向榮之時，突然來了官方的命令，沒有警告、道歉或解釋，也不允許申訴。讓人寒心，讓人恐懼，同樣的野蠻，流放了理查德‧瓦格納[7]，打亂了弗里德里希‧福祿貝爾的生活，傷透了他的心。但如今這些名字已經成為這塊土地的驕傲與榮耀，儘管它曾經如此地藐視過他們。統治者應當對於自己的不謬性有着合理的懷疑，而應對男人、女人和孩子們充滿真誠的信念。教書好過統治。我們，都是神的幼兒園裏的孩子。

7　理查德‧瓦格納：1813－1883，德國作曲家，尤以其浪漫歌劇著名，常以德國的傳說為其作品基礎。作品包括《唐懷瑟》（1845 年）和四幕歌劇《尼伯龍根的指環》（1853－1874 年）。

希帕提婭

希帕提婭（Hypatia，約 370 年－415 年或 430 年），是有史記載的第一位女數學家，也是古希臘文明中最傑出的女科學家、哲學家。其父席昂是亞歷山大大學傑出的數學教授，後來成為該校校長。希帕提婭本人也在亞歷山大從事科學與哲學活動，講授數學以及柏羅丁和楊布里科斯的新柏拉圖主義哲學。約在公元 400 年左右，希帕提婭成為亞歷山大的新柏拉圖主義學派的領袖，在反對基督教，為異族辯護方面起了突出的作用。早期的基督徒在很大的程度上把科學視為異端邪説，把傳播希臘傳統文化的人視為異教徒。亞歷山大行政長官奧雷斯特斯同基督教教長西里爾有着尖鋭的矛盾。她同前者的交往更激發起了西里爾的仇恨。公元 415 年（一説 430 年）的一天，在西里爾的指使下，一群暴徒把她從馬車上拉到教堂裏殘酷地殺死。歷史家常把這一宗教迫害科學家的罪行，作為古代希臘學術開始衰退的標誌。

新柏拉圖主義是一種漸進的哲學，它未曾期望向那些心智有限的人闡述終極狀態。人生是一幅逐漸展開的畫卷，我們走得越遠，領悟的真理就越多。了解清楚我們眼前的事物，是為了解它們之後那些更為深遠的事物所作的最佳準備。

——希帕提婭

希帕提婭的父親叫席昂,為亞歷山大城一位著名的數學家與天文學家。如果不是因為他女兒的偉大而被光環籠罩,他應該會被人們看作是一位非常偉大的人。請天下為人父者們當心啊!

在那個時代,天文學與占星術渾然一體。數學在那時是相當有用的,但不是用於民用工程,而主要是用於搞清楚:在某一確定的行星上誕生的,某一特定的靈魂,在未來的某一特定時間,將居於何處。

我們對希帕提婭的母親一無所知——她太忙於家務,以至於她的存在僅僅是一種假設,或是先驗的推理。於是,基於有一位女兒,我們推理出應該有一位母親的存在才是。

希帕提婭實至名歸是她父親的女兒。他是她的私人教師、人生導師、玩伴。他傾其所知,全部教授予她。在她年屆 20 歲之前,他已告知一個她事先猜到的事實:他的那些所謂的知識,大部分只是推測而已。

席昂教導他的女兒:所有林林總總的宗教,都偽稱在傳播完全的真理,它們其實都是相當錯誤、虛偽、欺騙的。他向她解釋道,他自己的天文學與占星學職業,都只是為他人所用。他將所有的宗教派別教導給她,隨着年歲的增長,她對它們有了相當的了解,因此無一種宗教能佔據她的心靈,會迫使她放棄追求新的真理。擁有一個強加於你的宗教信仰,被迫信仰它,否則就要遭到社會排斥,這是對你的信仰權利的欺騙。從某種程度上來說,那是在讓別人來侵佔你的人生。對於孩童來說,他並不需要宗教,直到他已長成,能夠使它進化發展。此時,他絕不能被一個遞到鼻子跟前的、有備而來的救贖計劃,剝奪了獨立思考的權利。頭腦同身體一樣都需要鍛煉,替代思維與替代鍛煉則一樣是完全錯誤的。力量源自個人努力。思考是人的本能,如若不是被威

嚇脅迫，人們完全能夠發展出一種有用和有益的人生哲學來。

宗教狂熱是糾纏於一個外來的信仰的結果。假如讓人離群索居，沒有人會因為宗教方面的原因而變得精神失常。因為，他自己發展出的宗教，將會是一個充滿着快樂、歡笑與愛心的宗教，而不是相反，充斥着痛苦與恐懼。飽含着痛苦與悲哀的宗教，是由神職人員別有用心地設計好的，居心不良地要去統治奴役、盤剝劫掠。通過這些形形色色的巧取豪奪，我們便有了這麼一個道貌岸然的脅迫體制，來讓人們乖乖交錢。這是將強盜行徑，濃縮為一個制度，並最終為盜賊們所虔誠地篤信不疑。這些雞鳴狗盜之徒癡迷不悟，堅信自己是在做着為上帝服務的聖事。

所有一本正經、自以為是的宗教，都是荒誕虛妄的，並終將不為自尊自重的人們所接受。

保留好你自己思考的權利吧，因為，即便是思考錯誤，也勝過完全不思考。

席昂對希帕提婭說道。

席昂進行演講，並祕密教授隱微術課程，這些課程傳授了最深處、最隱祕的神性奧祕。同時，他有個關於煉金術與青春永駐的祕方的計劃。無事可做時，他與女兒玩遊戲。

21 歲時，希帕提婭已經掌握了所謂的演講術，或曰口頭演講表達術。

將為後人所銘記的是，羅馬人將演講術，或曰演講藝術、雄辯

術，當作人生之第一要事、重中之重。通過你的個人形象展示，從而給人們留下深刻印象，他們把這當作是天賦異稟、寶中之至珍。

這種觀念一直由文人雅士們所持有，直至意大利文藝復興時期，發明了印刷術，書面文字開始被認為比口頭語言更為重要。一個是長生不滅，而另一個則隨風而逝，僅留在人們的記憶之中，並在傳遞過程中逐步衰減、稀釋、削弱。雕刻與繪畫的復興，也將演講術推至它的合適位置：被當作諸多文雅技藝中的一個，而非鶴立雞群、傲立於世之物。

席昂着手製造一個完美無缺的人。而至於他的那些圖表、定理與公式，是否就組成了一個完整的優生法則；還是說，它原本就是個誤打誤撞、瞎貓碰到死耗子式的好運。我們所了解的是：他幾乎成功了。希帕提婭身高五點九英尺，體重 135 磅。這是她 20 歲時的情況。她能步行 10 英里而毫無倦意，游泳、划船、騎馬、登山，樣樣在行。通過她父親發明的一系列柔軟體操，結合一些呼吸鍛煉，她長就了罕有的充滿優雅與魅力的體魄。她的頭部線條分明。一次，O‧S‧弗洛爾教授告訴我們說：如果一位女士要有目的性地、精密地思考的話，就必須有一個長得像她那樣的頭。

於是，當她父親完成了他的煉金術的計劃時，她已出落得罕有的花容月貌、儀態萬方、體力過人、活力出眾。希帕提婭開始從事起她父親的工作，講授天文學、數學、占星學、與雄辯術。希帕提婭的嗓音如笛聲般悠揚婉轉，運用自如，從不刺耳嘈雜或令人生厭。席昂熟諳合適的鼻子與咽部的護理之道，這種護理知識對於現代的我們來說，都已經是稀世罕見了。希帕提婭傳授並實踐了聲音圓潤、停頓、

過渡音、滑音，以及溫和輕柔、從容不迫的語調，使人精神愉悅、印象深刻。顯而易見，她熟諳心理暗示的法則，並毫無疑問地在她的課堂上實踐了催眠術。這看來是我們所知道神祕代理人的起源，即便她從未為此貼上過標籤。

她所作出的一個影響非常久遠的見解，便是年輕的頭腦是易感可塑的，灌輸給它的所有東西都將被不加質疑地接受。年輕人傳承着他們長輩的思想，而這些思想一旦在這些可塑性極強的頭腦中留下印記，便無法再加以抹除。

希帕提婭說：

寓言應該當作寓言來講，神話應該當作神話來講，神跡應當作充滿詩意的想象來講。而將迷信當作真理來講，這可是件糟糕透頂的事情。兒童的頭腦接受並相信這些，只有通過巨大的苦痛或不幸，他才能在飽經風霜、時隔多年後，得到緩解。事實上，人們會與迷信抗爭，速度快得簡直像與一個活生生的真理作鬥爭一樣，甚至往往更快。因為，迷信是如此的不可捉摸，你無法真正把握住它並拒絕它。然而，真理卻是一種看法與觀點，於是也就更可加以改變。

漸漸地，在希帕提婭美麗而天才的頭腦上，偷偷地飄過一朵疑雲。那是關於她自己的才學，因為這些是「才學」，不是通過進化或從經驗中得來的信念，而是從她父親那裏移植到她那可塑性很強的頭腦中的。

在這種思想訓練中，希帕提婭比她父親更進一步，因為他似乎有個很教條的對一些無法驗證之事的信仰。他把這些東西都教授到那個

可塑性強的頭腦中了，如同他所熟知的其他東西一樣。席昂是一位教條的自由主義者。一個狹隘的一神教教徒，與一個自由主義的天主教徒之間的區別，或許是微乎其微的。

希帕提婭清楚地看到，知識是我們的直覺中提煉出的精華，並以經驗加以反覆證明了的。然而，信仰是在我們受制於人、為人影響時，對我們思想所施加的印跡。

這些事情給這位可憐的姑娘帶來了很多不快樂的時光，而這件事實本身，就已證明了她的偉大之處。只有傑出人物，才擁有懷疑一切的能力。

極有可能，百萬中之一的人都沒有，能做到與自己的思想保持足夠遠的距離，並對它加以審視一番，看它是如何運轉。觀點趨於陳舊保守，而人在人生歷程中，不斷對他人進行催眠。從未有過一刻能意識到，他自己年輕時也是被人催眠，從未能夠擺脫過此種催眠。

這就是我們虔誠的朋友們言之所指啊，當他們説：「把孩子交給我管，直到他 10 歲。之後，就還給你吧。」那就是，他們可以在孩子可塑性較強的年紀時帶着，給他的頭腦施加難以磨滅的影響。在一個傳統的猶太家庭長大的孩子，將長成為一名自以為是的猶太教徒，並可以與你辯論整整六天六夜。

天主教徒、長老會教徒、浸信會教徒，也不外如是。我曾認識一名阿拉珀霍族 [8] 印第安人，他四歲時就被帶到馬薩諸塞州。他不僅帶着

8　阿拉珀霍族：土著美洲居民，印第安人的一支。曾居於科羅拉多東部與懷俄明東南部，現多散佈於俄克拉荷馬與懷俄明中部。傳統的阿拉帕霍人生活主要是在北美大平原上狩獵水牛。

新英格蘭人的偏見長大，而且有着新英格蘭口音，還把他的零錢攢起來，捐給那些也許能「皈依」紅人 [9] 們的傳教士。

當懷疑抓住了希帕提婭的心靈時，她的思想便只是一個從她父親那裏印來的蠟模而已。她開始制訂計劃，擺脫他的影響。她所有解釋的努力都是徒勞，但當她置身於一直所嚮往的旅行之途，希望周遊世界並結識飽學之士時，她父親默然同意。於是，她便開始了她的旅程。他也曾想同行，但這並不是她所期望的，他從未了解到這一點，也未能明白個中原由。

她在雅典盤桓了數月，她的年輕、美貌與學識，為她贏得了出入頂尖階層的通行證。同樣的情況發生在羅馬，以及意大利其他各個城市。金錢也許能讓你接近上流社會，而才華，卻永遠是一道芝麻開門的法寶。她遊歷得像位公主一般，也像公主般地被人接待，雖然她並無貴族的地位或頭銜，亦無這方面的聲明。美貌本身並不是一道能走遍天下、暢通無阻的國書——還不如說它是個被猜疑的對象罷，除非它有智慧同行。

希帕提婭講演數學。當時有一種謬論廣泛流傳，如今亦大行其道，那就是：女人的頭腦是完全非數學性的。希帕提婭在每個城市會見的那些偉大的男士們，她在數學方面的精通首先是使他們驚訝不已，接着便是羞愧交加，這也是不難想見的。正處在那個特殊的、禿

9　紅人：即印第安人。印第安人以前曾被稱為紅人、紅種人，因為他們的皮膚經常是紅色的，後來才知道這些紅色是由於習慣在面部塗紅顏料所給人的錯誤認識。印第安人為黃種人，是美洲最古老的居民。又稱美洲原住民，是除愛斯基摩人外的所有美洲土著居民的總稱。

頂、催眠階段的少數男性教授們，在女性之魅力使人眼花繚亂、誘惑連連時，歡天喜地、興高采烈地聆聽着希帕提婭分解出一個個對數、化解了一個個微積分。然而對她所說的詞一個都聽不懂，宣稱她便是密涅瓦 [10] 轉世。她對近距離接觸的冷漠，更加深了他們的猜疑。

對於希帕提婭訪問當時在世的偉大哲人們的這次朝聖之旅，花費了多長時間，我們無從知曉。有人說是歷時一年，有的則說是 10 年。

很可能此次朝聖之旅延續了相當長的年頭，並且不是連續的。數位哲學家通過向她求婚，來證明自己的博愛。而我們有可靠的信息來源揭示，有一兩位王子也做了類似的事。

面對這些堅定不移的求婚者們，希帕提婭溫柔地發佈了這一消息：她已與真理結婚。這無疑是一場動聽的演講，即便在邏輯方面有些不足。而事實卻是，希帕提婭從未遇上一位心智上能與其匹敵的男士。否則的話，邏輯將是支持愛情，而不是與之大唱反調。

四處旅行、公共演講、與名流要人聚會，形成了一個強大的、三位一體的好東西。活潑跳躍的思想，屬於年輕的頭腦。詩人的稱頌比之夢幻猶過：希帕提婭永遠年輕、永遠美麗。甚至連時間老人都深愛着她，拒絕敲響她的喪鐘，拿着他的沙漏與鐮刀 [11] 一掠而過。

某種程度上，她已追隨她那偉大的原型：柏羅丁 [12]，熟習所有的宗教流派。她知曉了種種人生觀，以致於絕對不會相信它們中的任何

10　密涅瓦：智慧與工藝之神。

11　西方神話中的時間老人，同時又是代表死亡的骷髏收割者。帶着他的鐮刀和沙漏，沙漏用於計時。時間一到，誰也逃不過那把鐮刀

12　柏羅丁：埃及裔古羅馬哲學家，創建了新柏拉圖主義，他的著作被收於《九章集》中。

一個。亞歷山大城是當時世界上的知識與才智的中心。居住在那裏的人們，稱它為宇宙之中心。它是東方與西方的交匯之處。

而希帕提婭與她的星期四演講，是亞歷山大城首要的智慧盛事。

她的哲學，被她稱之為新柏拉圖主義，是經過希帕提婭的思想蒸餾器提煉而得的柏拉圖。為什麼人類思想傾聽過去的聲音，喜歡通過構築於他人之上來證明自己——這將是一個非常有趣的查考。闡釋摩西的言行；尋找通往《聖經》的金鑰匙；創辦一所新的哲學學院，基於的是柏拉圖是正確的這一假設。除非到了彼時彼處，才能真正頓悟覺醒，這一切太有誘惑力了。

現在這些朝聖者從雅典、羅馬，以及海中諸島趕來，安坐在希帕提婭的腳下，聆聽着。

希帕提婭生於 370 年，卒於 430 年。希帕提婭對亞歷山大城的影響，絕不屬於艾迪夫人對波士頓的那種影響 [13]。她是一個將社會分裂為勢不兩立的兩派的人：一派將她敬若光明之神；另一派則將她視作黑暗的使徒。

強壯的男人們對她的授課給予的讚揚，使用了一些極端的語言。然而，他們對她的褒或貶，如今都已無足輕重。他們朝那些拒絕承認希帕提婭的魅力的人們尖聲喊叫、打噴嚏，或是面露微笑。一些飽學的教授，試圖將她排擠在外；牧師們輕輕地、不停地朝她呸呸地啐口。而另有些人則揚揚一邊的眉毛，問這個名字怎麼寫啊。其他人，則仍

---

13 艾迪夫人：基督教科學會創始人。艾迪夫人著有《科學與健康》一書，成為基督教科學會的教科書。請參見本書「瑪麗·貝克·艾迪」一章的內容。

在追問：「她是虔誠的嗎？」

　　她是她那個時代的拉爾夫・沃爾多・愛默生。她的哲學是超驗主義[14]。實際上，她是康德哲學學院最原始的創辦人之一。她的主題是「新思想」，因為，「新思想」是我們所知的最古老的思想的形式。它的突出特徵，便是它的古老。蘇格拉底千真萬確是表達「新思想」的第一人，而他的靈感，則是來自畢達哥拉斯。

　　希帕提婭的遠大抱負，是重現百花齊放、繁花似錦、盛極一時的希臘。那個時代，蘇格拉底與柏拉圖手挽手、肩並肩地走過雅典街頭，身後跟隨着一群這個世上曾有過的最偉大的智者與學者們。

　　有人控訴説，希帕提婭把阿絲帕西婭[15]當作自己的榜樣，她的野心是跟隨那個伯里克利所鍾愛的女人的足跡。果真如此的話，這種野心，也是與一個偉大的靈魂相匹配的。然而，希帕提婭並沒有自己的伯里克利，並且終身未婚。如果説她應該有過感情經歷，這也是非常自然的。而那些加之於她的形形色色、林林總總的想象出來的羅曼史，也都不足為怪了。

　　從伯里克利與阿絲帕西婭的時代，到希帕提婭，中間相隔近千年。但要在這段煙波浩渺的時間長河之上，凌空架起一座想象之橋，並非難事。希帕提婭認為，新柏拉圖主義將會青出於藍而勝於藍，因為世界已經有了奧古斯都時代作為墊底。

14　超驗主義：一種文學和哲學運動，與拉爾夫・沃爾多・愛默生和瑪格麗特・富勒有關，宣稱存在一種理想的精神實體，超越於經驗和科學之處，通過直覺得以把握。

15　阿絲帕西婭：公元前 470－前 410，古希臘雅典著名交際花，文學及哲學沙龍主持人，伯里克利之情婦。以其智慧、機智、美貌而著稱。

　　希帕提婭最直接的原型是柏羅丁，他生於公元 204 年，活到 70 歲。柏羅丁是第一個使用「新柏拉圖主義」一詞的人，因此，希帕提婭的哲學，似乎應該被稱作「新新柏拉圖主義」。

　　要了解一個宗教的最好的辦法，那就是不要去了解它。

　　實際上，迷信存在於這一種事物中——忠誠於一種宗教，抗拒所有其他的宗教。

　　只了解一種哲學，則是什麼都未了解。它們都是相對的，每個哲學都只是圓圈上的一小段弧而已。某一個人，處在某一特定的環境中，有着某種特定的觀點，描述出他的所聞所見；而在此之外，再加上他的想象空間，這一切，便形成了他的人生哲學。如果他受到壓抑、鎮壓、恐嚇，他將不會看到很多，並且他確確實實親眼所見的，也必定是模糊難辨。精神上的斜視與智力上的近視，是對宇宙所投射的不真實的管窺之見。所有正兒八經的宗教，都訓導説追尋自我是邪惡的、墮落的。哥白尼透過自己閣樓屋頂的窺視孔觀察 [16]，付出了寶貴的自由的代價，但這是值得的。

　　. 柏羅丁研究了所有哲學——宗教流派。他遊歷過埃及、希臘、亞

---

16 哥白尼：1473-1543，波蘭天文學家。為了觀測天文，他放棄了羅馬教授的職位，回到了波蘭做一個教堂的教士。他住在教區的塔樓頂層上，這間房子有三個窗口，他可以從三個方向觀測天象。但是哥白尼還嫌不夠，又在屋頂上開了幾條縫隙。他不管春夏秋冬，每天都堅持用自製的簡陋儀器，堅持觀察。最終推翻了托勒密的「地心説」，在他的《天體運行論》中提出了「日心説」。

述 [17]、印度。他成為一位「高人」[18]，並發現牧師一躍而成為神職謀略家是如何的輕而易舉，詭計、戲法、神跡的那些騙人之術，是對世間真理的一種修修補補。似乎熱愛人類這一點，還不足以推薦介紹那個人，他們讓他把水變成酒，還成為「水上漂」在水上走路。

在歷史與思考的迷宮中，柏羅丁回報給柏拉圖的，是人類能加以領會的、所有真理的基礎，或曰起點。柏羅丁相信所有的宗教，但對之絕對忠誠的，卻完全沒有。將為人所銘記的是，亞里士多德與柏拉圖，因詩歌與科學的相對價值而分道揚鑣、各奔東西。科學，是關於大自然的系統化的真相集合。柏羅丁風塵僕僕地走進來說，你們倆都是正確的。只不過，你們每人都像通常所有的好人那樣，對自己的成就的重要性，會有一點點的言過其實而已。對於能在萬物之中發現真善美的天資這一方面，希帕提婭將柏羅丁置於柏拉圖之前，即便她也曾說：「如果這世上不曾有柏拉圖，也將不會有柏羅丁；雖則柏羅丁超越了柏拉圖，然而顯而易見的是，柏拉圖，這位柏羅丁以及如此眾多的人的啟發者與激勵者，是哲學無法離開的那個人。萬歲，柏拉圖！」

17　亞述（Assyria），是興起於美索不達米亞（即兩河流域，今伊拉克境內幼發拉底河和底格里斯河之間）的奴隸制國家。公元前 8 世紀末，亞述逐步強大，先後征服了小亞細亞東部、敘利亞、腓尼基、巴勒斯坦、巴比倫尼亞和埃及等地。設都於尼尼微（今伊拉克摩蘇爾附近）。亞述人在兩河流域歷史上活動時間前後約有 2000 年。在兩河文明的幾千年歷史上，亞述可以說是歷史延續最完整的國家。雖然 2000 多年之間，亞述有時強大，有時衰落或淪為他國的屬地，但作為獨立的國家和相對獨立的地區的亞述，是一直存在的。直到公元前 900 年前後，亞述國家突然空前強大，成為不可一世的亞述帝國，然後於公元前 605 年最終滅亡。而亞述國家隨之消失。

18　高人：即能人異士。用在神秘學方面，就是指那些對神秘事物具有深刻了解，並有相當能力的師父、高人、大師級數的人。

希帕提婭的著述都已失傳於世，僅有些隻言片語，因她同時代的人的引用而流傳下來。如果將《愛默生隨筆集》全部銷毀滅跡，愛默生將依然永存於他筆下的語錄之中，在最近 50 年中，每位有價值的作家都用紙筆記下此君的語錄。薩福 [19] 雖是佳人已逝、香消玉殞，但她的文字與影響仍存於世。而查爾斯·金斯利 [20] 為保存這名偉大女士的作品，而使她在他的書中永生、搏動。傳奇文學則把她描繪為世間罕見的美麗動人、風姿優雅、泰然自若、魅力無限。

她去世時享年 60 歲。史書則好心地說是 45 歲——並且，所有人都將她描畫成直到走向人生終點時，仍是美麗端莊、楚楚動人。那些身着優雅長袍、聲音圓潤低沉、手勢簡潔幹練、舉手投足均飽含激情的人，他們在初次閱讀時，心靈上受到怎樣的震撼，這從未有人徹頭徹尾地描述、分析或闡述過。人們蜂擁而來聆聽希帕提婭的演講——從路途遙遠的地方而來，如飢似渴地傾聽。很可能他們帶走的，正是他們帶來的，除了滿腔的歡喜與巨大的熱情。聽眾離開時腳步輕快，心花怒放、心潮澎湃。——這就是演講的藝術魅力——它並不太像是事實的描述，而更是情感的分享。希帕提婭肯定做到了這一點。她的主題是新柏拉圖主義，「新」意味着嶄新、不同以往。所有的新思想都可追溯到柏拉圖，而他則是蘇格拉底的代言人。「説出你之所願，你都

19　薩福（Sappho）：古希臘著名的女抒情詩人，一生寫過不少情詩、婚歌、頌神詩、銘辭等。有人曾把她同荷馬相比，説男詩人中有荷馬，女詩人中有薩福；柏拉圖曾譽之為「第十位繆斯」。在近代歐洲，不少詩人曾沿襲她自創的一種詩歌體裁，稱之為「薩福體」。

20　查爾斯·金斯利：1819－1875，英國維多利亞時期著名作家、宗教思想家、歷史學家、博物學家。小説有《酵母》和《阿爾頓·洛克》《希帕提婭》《赫雷沃德守夜日》等。著名的兒童文學作品有：《水孩兒》《希臘英雄傳》等。

將在柏拉圖中找到。」新柏拉圖主義是我們的新思想，新思想就是新柏拉圖主義。

世上有兩種思想：新思想、「二手」思想。新思想是由你、你自己思考出來的。而「二手」思想則是經紀人提供給你的。新思想的突出特點是它的古老。它不可避免地要比「二手」思想更早先、更古老。所有真正的新思想，對於思索出它的人來說，是絕對真實的。只有當它閒置不用，或是主人逼迫他人接受它時，才會變酸變壞、走向歧途。此時，它便成了二手啟示。所有的新思想都是啟示，二手啟示則是愚蠢到家、貪婪跟隨的錯誤了。

我們經常因受他人啟發而開始思考，但在我們的內心，我們有着我們自己的新思想。這些人啊、書啊、事件啊，也只不過是在提醒我們，新思想已經是我們自己的。新思考往往很簡單，二手思想則總是深奧難懂、錯綜複雜、七拼八湊、標新立異、奢華昂貴，傳遞出去是為了讓人接納，而非為人理解。若天下無一人能理解它，倒往往成了它登堂入室的引薦書。

比如，「汝勿為己雕製任何偶像」[21]，這便是典型的二手思想。世上說出此話的第一人，也許還明白它是什麼意思，但它對我們而言，則是一錢不值。然而，這並未阻止我們假模假樣地鸚鵡學舌、人云亦云，還非得讓我們的孩子也將它熟記於心。

我們用泥或蠟製作模型，精雕細琢一番，並將榮耀與名譽給予我們製作的對象，這樣便皆大歡喜。這條誡律是基於這樣一個謬論之上

21 原文為古語，引自《出埃及記》第 20 章「摩西十戒」。

的：雕製的偶像都是神祇，不論它是何方神聖。這一誡命對我們的幸福毫無益處，對我們的修身立命亦無所裨益，對我們的習慣習性絕無影響。這世上的每一個人，對這一誡律的徒勞無益均已了然於胸、直認不諱。然而我們還是未能將它從我們的神學體系中抹去。它是徹頭徹尾的二手貨──甚至更糟，它是垃圾！

相反地，這一箴言：「為人要文雅溫和，保持聲音輕柔。」這就是新思想。因為除了野人、蠻人之外，所有人都明白它的真實性，理解到它的重要性，領會到它的優越性。

二手思想的掮客們，往往聲稱他們的是世上唯一至真至誠的，而所有其他的都是虛假與危險的。

新思想的推銷者則說：「只有當它呼應了你自己的心聲，才把它拿走吧──全部接受它，或是部分地拿走，或是全部拒絕它──任何情況下，都不要僅僅因為我這麼說，你就相信它。」

新思想建立於你自己的天性的法則之上，它的口令是：「了解你自己。」

二手思想的基石則是權威，它的口號是：「先當冤大頭，再當跟屁蟲。」

如果你接受了它，新思想並不會給你任何永享天堂或是天賜洪福之類的承諾；如果你不接受它，它也並不會給你以永無止境的煉獄、暗無天日的地獄之苦的威脅。它所給予的，是永恆的工作、持續的努力，與層出不窮的挑戰。每個成功的背後，都是一個全新的嘗試。它唯一的滿足，便是你正在使你的人生畫卷，依據它的天然法則，徐徐展開。這些法則是神聖的，因而你自身也是神聖的，因為你允許這些神聖之物佔據你的身心。新思想讓這股神聖之流，暢通無阻地穿越你。

二手思想不提供任何的排解之法。它傾向於壅塞充血、紅腫發

炎、疾病纏身、衰變老化。

新思想將世間萬物，包括思想，都輕輕地、柔柔地、輕鬆地捧在手心。它為一個健康有益的循環系統而工作，為現在和未來，努力經營出蓬勃向上、幸福快樂、安寧康樂。它從不相信暴虐、武力、威壓或怨恨，因為它們都會反作用於施威者。它堅信所有人，如果未受他人妨礙干擾，也必將發展出新思想，為他們自己做那些至佳、正確、美麗與真實的事。

二手思想永遠將捆客販夫的利益放在第一位。而消費者的權益，除了將他們置身於隸屬服從的地位之外，從不考慮。實際上，它的首要宗旨便是：「它是一個不錯的警察系統。」

新思想考慮的只有用戶。「了解你自己」是它的所有內涵。

當一位新思想的創造者，進入兜售他的產品這一行當中時，他往往會忘了去實踐它，並迅速轉換為一個二手思想的捆客了。

這就是所有二手思想的商販最初的面目。由於求勝心切，他們召集了警察。而強迫產生的祝福，已經走了味；任何強加於我們的道德體系，都是不道德的。新思想是自由的思想，它的處罰是，責任。你要麼實踐它，要麼失去它。它的報酬是，自由。

僅僅在希帕提婭時代之前的 100 多年，羅馬帝國成為基督教國家。當君士坦丁擁抱基督教時，他所有的忠誠的臣民，從那一剎那起皈依基督教——通過宣佈的法令成為基督教徒。但從本性上來說，他們還是異教徒，因為人們的本性無法通過某個決議而改變。從那時起，每一座異教廟宇，變成了基督教堂；每一個異教僧侶，變成了基督教牧師。

亞歷山大城置於一名羅馬行政長官，或曰提督的統治之下。羅馬的政策曾經在宗教事務方面比較寬容。可以肯定的是，當時有國教，但它

僅為貴族或開國功臣們所有的。要去照顧平頭百姓們的宗教信仰，那可是太多此一舉了——他們被允許擁有他們自己那些奇奇怪怪的信仰。

羅馬帝國為了滿足其追逐權力的貪欲，曾經膽大妄為、厚顏無恥、兇狠殘暴。但向它繳納稅賦的人們卻是相對的安全。如今，教會開始與政府競爭，努力把掠奪變成一種制度。

把人民死死地壓迫在底層，手段是通過精神壓迫——迷信作驅動力——會大大便宜過僱傭軍隊，或訴諸舊時代的那些方法：演示、壯觀場面、補貼金，以及昂貴的娛樂。當教會接過政府的職能，尋求代替愷撒的溫和的救世主，它不得不修訂基督的教義。然後，破天荒地，威壓與愛心同在，相處泰然。「離開吾，汝將受咒，入永久之火獄，與魔鬼及其守護神一起。」類似的語句，道貌岸然地混入《聖經》的章節中。這一現象持續了數百年，被認為非常合適、合法。它只不過是隱藏得極深，躲在一個隱隱約約形式下的奴役制度而已。

亞歷山大城的主教與行政長官奧雷斯特斯有衝突。通過精神手段來控制人民，遠優於通過那些老掉牙的、胡蘿蔔加大棒的辦法——主教如此認為。

奧雷斯特斯已是希帕提婭演講的座上客，柏拉圖的思想已充斥他的大腦。

「通過人們對來世的懲罰的畏懼，來禁錮他們的頭腦，與動用武力一樣卑劣。」希帕提婭在她的一次演講中說道。奧雷斯特斯當時坐在聽眾席上，當她說到此話時，他鼓起掌來。這一消息被傳到主教那裏，主教平緩而輕聲地宣稱要將他逐出教會。

奧雷斯特斯回話說：羅馬大帝應被通知到，這位主教是如何的濫

用他的職權，威脅把他不喜歡的人放到來世的地獄中去。主教與行政長官都無法將對方趕下台去——他們的權力都來自皇帝。由於奧雷斯特斯對希帕提婭講課的興趣與日俱增，而不是與主教立場一致、肩並肩。這一點被那些教徒們看作是大逆不道。

奧雷斯特斯試圖為自己辯護，宣稱愷撒大帝的政策一直是對所有哲學學派寬容有加。接着，他引用希帕提婭的意見，説一個一成不變、中規中矩、自以為是、教條主義的宗教信仰，將會麻痺人們的思想，將整個民族引入思想貧乏的荒蕪之地。

為此，主教應該固守其位，不要試圖篡越警察的職權。實際上，錯誤地思考，總比完全不思考好得多。我們通過思考學會思考，如果主教大人的威脅完全為人相信，那它將意味着科學與哲學的死亡。

主教作出回應，宣稱希帕提婭正努力建立起一個她自己的教會，基於的是異教希臘。他還暗示道，奧雷斯特斯與希帕提婭的關係，幾乎是克莉奧帕特拉[22]與馬克・安東尼[23]的關係的翻版。他稱她為「托勒密[24]之女」，暗示如果她有這個能力，她就會在克莉奧帕特拉曾如此自

22　克莉奧帕特拉七世：公元前 69–前 30，埃及托勒密王朝最後一位女王。被世人稱为「埃及艷后」。她才貌出眾，聰穎機智，擅長手腕，一生富有戲劇性。特別是捲入羅馬共和末期的政治漩渦，同愷撒、安東尼關係密切，並伴以種種傳聞逸事，使她成為文學和藝術作品中的著名人物。

23　安東尼：約公元前 83 年出生於羅馬，逝世於公元前 30 年。一位古羅馬政治家和軍事家。他是愷撒最重要的軍隊指揮官和管理人員之一。愷撒被刺後，他與屋大維和雷必達一起組成了後三頭同盟。公元前 33 年，後三頭同盟分裂。公元前 30 年，安東尼與埃及女王克莉奧帕特拉七世一同自殺身亡。

24　托勒密一世，埃及統治者（公元前 323–前 285）和托勒密王朝的建立者。建立了亞歷山大圖書館和博物館，死後埃及人將他尊奉為神。

豪地統治過的同一座城市，亞歷山大城，建立起一個埃及帝國。

民眾被激起的興奮與日俱增。必然地，希帕提婭的追隨者在人數上敵眾我寡。他們是思想者——思考是一項任務。而去相信卻很簡單。主教承諾給他的追隨者們一個輕鬆愜意的天堂。他同時威脅那些不信基督教的人，他們死後將享地獄之苦。一邊是充滿誘惑的承諾，另一邊是恐怖瘆人的威嚇！有史以來，竟出現過這樣的一個人，將她誠實的思想，對抗披着絕對權威的長袍的人作出的這類教義，這難道不會令人驚歎不已，視為非凡奇跡嗎！

希帕提婭或許昨天還活在世上，她之死於暴徒之手，完全是一個可能發生在波士頓的事件。在這裏，一群受人尊敬的人，曾把繩索套在一位好男人的脖頸上，將他拖着在街上跑。而他，被懷疑獻身於解放與自由的演講。

暴民是由廢舊棉花充塞而成的，浸透了油污。一個聚焦的思想火花，便會激發出熊熊烈焰。讓一場大火點燃紐約州的大部分鄉村吧，城鎮變為毀壞一切的破壞者，掠奪品在村民們狹隘的頭腦中，膨脹隱現。文明只不過是塊遮羞布。

當有人看見情感用事者，在一場福音復興會上胡作非為，四處撒野；5000 號人成群結隊地列隊前進，在半夜三更時通過一個骯髒不堪的街區。請問諸君：多長時間，您認為，一個強大的反對的聲音能被容忍？

當她坐在從演講大廳回家的馬車上時，希帕提婭被一群宗教分子攻擊。她被拖到一處附近的教堂，妄圖讓她公開放棄自己的思想主張。然而，死灰復燃出火花，繼而火花演變為一場曠世大火，領頭者對局面失去了控制。這位婦女的衣袍從她後背被撕裂，她的頭髮被從

頭上扯下，她的身體被打成肉醬，四分五裂。之後，為掩藏這起令人
髮指的惡行的一切痕跡，將罪惡分散給諸多的暴徒，這樣的話，就沒
有一人會受到譴責，火葬的柴堆迅速消滅了軀幹的剩餘部分，它一小
時前還是人世間的一個人哪。白天來臨。而太陽的熠熠光芒，已無法
發現那些罪惡之徒。

奧雷斯特斯對此事件進行了上報，辭去他的職位，請求羅馬政府
前來調查此事。接着他飛也似的逃離了這座城市。奧雷斯特斯試圖用
他的軍隊來對抗主教，然而士兵們差點造反。調查也因缺乏證人而一
拖再拖，最終主教宣稱，希帕提婭人已經去了雅典，這裏從來就沒有
過什麼暴徒、暴行，或是不幸。

主教提名了奧雷斯特斯的繼任者，新的行政長官的任命得到批准。

教條主義作為一個警察制度，可真是至高無上。

這種情形一直持續不斷，直到但丁時代，或曰意大利復興時期。
宗教教條主義至上的桎梏，真可謂是統治了上千年之久——我們稱之
為「黑暗時代」[25]。

25　黑暗時代：中世紀或者中世紀早期，在歐美普遍稱作「黑暗時代」。中世紀（約 476 年－
1492 年或 1453 年），亦稱歐洲中古時代。隨着羅馬帝國的衰落，封建割據帶來頻繁的戰
爭，造成科技和生產力發展停滯，人民生活在毫無希望的痛苦中，傳統上認為這是歐洲文明
史上發展比較緩慢、文化愚昧野蠻的時期。大部份的羅馬文明在這段期間受到破壞，並且被
蠻族文化所取代。14 世紀人文主義者把歐洲歷史分為兩個階段：一是輝煌燦爛的古羅馬與古
希臘時期；二是「黑暗時期」，將這近千年古典文化上發展的停滯時期稱為「黑暗時代」。

聖本篤

聖本篤（Saint Benedict，480－547），以「努西亞的聖本篤」出名，又譯聖本尼狄克，意大利天主教教士、聖徒，本篤會的創建者。他被譽為西方修道院制度的創立者，於 1220 年被封為聖徒。529 年，本篤在卡西諾山（Monte Cassino）感化當時信奉異教的民眾，搗毀其神廟，並在神廟遺址上創建本篤修道院。聖本篤於卡西諾山的會院中完成會規的撰寫，會規十分嚴厲，重視體力勞動，但反對過分的形式上的苦修。這部本篤會規奠定了西方隱修生活的模式，他因此被尊為「西方隱修之祖」。

如果旅行的修士來自遠方，如果他希望客居在修道院，那麼，假如他對於修道院的習俗比較滿意，不會肆意擾亂修道院的秩序，假如他對於所見所聞都非常滿意，那他將會受到歡迎，願意呆多久就可以呆多久。而假如他找到了什麼毛病，或者以合理的方式披露出來，那麼，修道院院長會帶着慈善團體的謙遜，謹慎地討論這個問題，免得萬一上帝召喚此事。但是，如果客人在客居期間喜歡饒舌，不聽從命令，那他不僅不能加入到修道院的團體之中，還要被明確告知必須離開此地。如果他不離開，就讓兩位身強力壯的修士，以上帝的名義，向他解釋此事。

——聖本篤

當旅行者穿越意大利南部、西西里及古希臘的某些領地時，他會看到殘破的拱門、高架橋的剩餘部分，時不時會看到一根孤零零的、指向天空的圓柱。到處都是沙漠，或是孤獨的牧場，只有這根白色的里程碑，標誌着幾世紀來走過的道路，用它自己的沉默、莊嚴、感人的方式講述着已逝去的歲月的故事。

公元五世紀，一位名叫「敍利亞的西門」的修士，我們熟知的名字是「聖西門」，他已經立下了純潔、貧困和順從的誓言，非常擔心自己無法信守諾言。為了使自己的生活絕對不受責備，永遠在公眾的監督之下，不受到任何誘惑，不會引起任何口頭上的醜聞，他決定，雖然自己還活在這個世界上，但仍然可以不成為它的一部分。為此，他爬上一根 60 英尺高的大理石圓柱的頂部，就在柱頂上度過一生，這樣絕對不會受到任何人的責備。

西門當時 24 歲。

環境受到限制，但有景色、陽光和良好的通風——三樣好東西。但除此之外，這個地方有許多不方便之處。柱端只有方圓三英尺多一點的地方，因而西門無法躺下來。他坐着睡覺，頭低着放在雙膝之間，他以這種姿勢度過了人生的大部分時間。只要稍微動作不慎，他就會以這個危險的姿勢摔下來，摔死在下面的石頭上。

太陽升起時，他站起身，只有幾分鐘的時間，伸出雙臂問候、祝福和祈禱。每天他有三次這樣的時間，舒展一下自己擠迫的四肢，臉朝東方祈禱。此時站在旁邊的人會加入他的祈禱，離開的時候就受到了祝福，煥然一新。

西門是怎樣爬到柱端去的？

他所在的修道院距此一英里遠，同修道院的人說，他在半夜的時候被某種奇跡的力量帶到了這；他在自己的石屋裏睡覺，一醒過來就在圓柱上了。其他修士則說，西門去拜訪一位窈窕淑女，神一怒之下逮住了他，把他放到了高高的圓柱上。不過，最大的可能是，他用一把弓及一支箭射出了一根繩子，架起了一個繩梯，然後很輕鬆地爬了上去。這是一位異教徒的觀點。

不過，到了白天，附近疏疏落落的村莊裏淳樸的人們看到了這位圓柱上的人。他一整天呆在上面。第二天，他還在那裏。

日子一天天過去，中午烈日炎炎，夜間涼風吹拂。

但西門仍堅守陣地。

雨季到了。夜幕降臨之時，寒風刺骨，漆黑一片，西門低着頭坐在那裏，將自己穿着的唯一一件衣服，一件黑袍，拉起衣角，蓋住自己的臉。

又一個季節過去了；太陽又變得溫暖，之後又變得熾熱，沙暴肆虐地狂吹，圓柱下的人們幾乎看不見柱上的西門。有些人預言說，他會被吹下來，但白天的亮光又映出了他的身影，腰部以上身體赤裸，伸出雙手問候初升的太陽。

每天一次，當夜幕降臨之時，一位修士帶着一個籃子過來，籃子裏裝着一瓶羊奶和一小塊黑麵包，西門垂下一根繩子，把籃子拉上去。

西門從來不說話，因為話語是愚蠢的，不管來的是聖人還是罪人，他都默不作聲。他生活在一種永久的敬拜生活當中。

他覺得痛苦嗎？在剛開始的幾周，他一定痛苦萬分。在石頭堅硬的表面上，無法小憩，無法休息，肌肉酸痛，但只能保持擠迫而危險

的姿勢。如果他摔下來，這是對他靈魂的詛咒——所有人都對這一點保持相同的看法。

但是，人的身體和頭腦幾乎可以適應任何情況。至少有一點，西門勿需承擔經濟責任，勿需擔心社會煩惱與侵擾。不受人欣賞的悲傷、渺茫的希望，這樣的煩惱從未擾亂他的寧靜。他未受到時間的壓迫。沒有哪位有污點的女人、輕佻的女人想和他共棲此地。那些總是不守時的人、總是遲到 10 分鐘的人，不會使他生氣。他的信件永遠不會堆積如山。

西門不需記住時間的流逝，不需要赴約，不需要完成工作任務，只要早上、中午和晚上祈禱。

記憶對他而言已經死亡，傷痕已經結痂，世俗的疼痛已從心中消失無蹤，堅持不懈已經成為一種習慣。語言因為廢棄不用而被遺忘。他吃的食物從數量上盡可能少，知覺已經麻木，乾燥、熾熱的狂風已經使他的身體組織變成了一樣名叫「聖徒」的東西——因他的堅忍而獲得了愛戴、害怕和尊敬。

這根柱子曾經為一所異教徒神廟的大門增光，如今又成為虔誠的朝聖者的聖地。人們蜂擁而來，前來觀看西門的石柱，當他向東方伸出黑乎乎、瘦骨嶙峋的雙手時，萬能的神靈會在一段時間之內盤旋在四周巡遊。

由於西門堅忍的精神吸引了眾多的注意，附近的一些其他石柱上，也有虔誠的修士登頂，它們是逝去的藝術和偉大的標誌。他們的想法是，要展示基督教是如何戰勝異教的。模仿者不計其數。大約就在此時，主教們集會時問道：「西門是虔誠信教的嗎？」為了檢測西門

的傲慢之心，他被命令從他的隱居地下來。

　　對於他的貞操，毫無疑問；對於他的貧困，無可爭議；但他對於上方的順從呢？

　　命令是由一位主教向他喊出的——他必須放下繩子，拉起一把梯子，然後下來。

　　西門立即作好服從命令的準備。此時主教們動了憐憫之心，喊道：「我們改變想法了，現在命令你留在原地。」

　　西門舉起雙手表示敬拜和感謝，然後又重新開始了遙遙無期的柱端生活。

　　於是他一直這樣生活下去——他住在柱子的頂端，從未下來過一次，一直堅持了 30 年。

　　他以前的所有同伴都變得厭倦起來；他們一個個都離開了人世，當他們躺下安息之時，修道院為他們敲響挽鐘。不知西門是否聽到了這些鐘聲，是否在說「我的時候也快到了」？

　　很可能沒有。他的感覺已經飛逝，感覺對他來說又有什麼用處呢！現在，在日暮時分，給西門帶來一瓶子羊奶和一塊乾麵包的，是一位年輕修士，當西門爬上石柱之時，這位修士還未出生呢。「他一直留在這裏。」人們說，然後匆匆忙忙地在胸前畫十字。

　　但是，有一天晚上，當這位年輕修士帶着籃子過來時，上面沒有放下繩子。他等了等，然後大聲喊叫，但毫無回應。

　　當太陽重新升起之時，人們發現西門修士就坐在那裏，臉埋在雙膝間，黑袍的衣角遮蓋住他的頭。但他沒有站起身，伸出雙手祈禱。

　　他整天都坐在那裏，一動不動。

人們在寂靜中低聲交談。太陽下山時他會站起來祈禱嗎？他會伸出雙手祝福聚集在一起的朝聖者嗎？

他們看到一隻禿鷹緩慢飄過，穿越蒼穹，盤旋着飛來，越來越近；在遠方的地平線上又來了一隻──接着又來了一隻，盤旋着飛來，越來越近……

在人類進程的行軍中，有先鋒，也有後衛。而後衛逐漸縮減為一隊追隨者，他們為了消遣和逃避飢餓而追隨。先鋒與後衛都與主力部隊步調不一致，因此都受到大部隊許多人的輕視。

然而，出於同情，大部隊的人還是會提供救護車和「收容車」，目的是做「好事」──但「好事」總是為了後衛和跟隨者而做，從來不會為先鋒而做，而且先鋒還冒着被伏擊、被屠殺的危險。

但先鋒遭遇的蔑視會有它的回報──當然，經常是遲延的回報──只有組成先鋒的那些人，才會受到歷史的敬仰，獲得克利俄[1]的表彰。假如他們在生前獲得認可，那也是這個忘恩負義、缺乏教養的世界扭曲而遲延的認可。這是世間最自然不過的事情了，如果不是如此，那反而成了奇跡。因為先鋒的價值就在於，他們的行為超越了人類的同情。

本篤是文明的偵察兵。在他的時代，他引領先鋒。他發現世人當中的成功之士沉湎於貪婪與暴食。所謂的宗教精英，與欺騙、迷信、無知、無能、苦行生活為伍，而苦行生活就像聖西門的生活一樣，不會有任何結果或意義。

通過體驗，人們知道什麼是有益的，並且在體驗中成長。要意識

1　克利俄：主管史詩、歷史的女神。

到地位、職位及財富毫無價值，你必須在某個時間先擁有它們。公元 480 年，本篤出生於一個富裕的羅馬家庭。他的父母希望他接受法律的教育，這樣他就可以在政府裏獲得一個受人尊敬的職位。

但在他 16 歲的時候，處在這個年齡，神經正在男人與男孩之間顫動，本篤切斷了與家庭的聯繫，留下紫色長袍和絲綢服飾，突然失蹤了。他留下了一張紙條，無疑本意是使人放心，但結果剛好相反，因為它沒有說出他的信要轉到哪裏去。他已經遠赴山間的城堡裏做一名隱士。他一直希望做一件特別、奇異、不同尋常、與眾不同、特立獨行的事，現在他終於這樣做了。

在這一切的背後是「原始的宇宙衝動」，他深深地愛上了一位女孩，在月光下偷偷約會；但他父親下了命令，他必須放棄這個女孩。他服從了命令，但同時進行了報復。

修道生活是原始宇宙衝動的倒行逆施，或是誤入歧途。立志與誘惑作鬥爭，可能會成為一種行善的力量，如果和大自然相互合作的話。但在牧師的頭腦中，大自然通常是不好的東西，世俗心是一種會導致毀滅的心態。通過行善做好人，這樣的想法在修士的頭腦中還未掌握。他的行善方式就是虛無，什麼也不做——只是抵制住誘惑。只要成功地與誘惑鬥爭，東方的修士就會認為取得了成功。

有一天，就在山坡上的那塊險峻光滑的巖石上，本篤長時間未向聖母致敬，他在構思一個想法。這個想法是：要讓上帝接受，我們必須為人們做一些積極的善事。祈禱、敬拜、周遊、苦修，這還不夠。我們必須減輕勞動者的負擔，給他們的生活帶來一點喜悅。苦修的確有它的用處，但太多的苦修會毀了人類。

本篤只聽過另外一個人提出過這樣的觀點，那人就是聖傑羅姆[2]；教會的許多好人都把聖傑羅姆當作只比異教徒稍好一丁點的人。聖傑羅姆是希臘和羅馬文學的學者——它們被稱作「異教徒的書」和「聖經的對手」。聖安東尼[3]否定並抨擊這些書和所有異教徒的學問。聖安東尼是基督教禁欲主義之父，他詳細論述了智慧驕傲的可怕罪孽，並宣稱，頭腦的愉悅要比肉體的愉悅還更陰險、更邪惡。

在慣性的幫助下，安東尼獲得了教會的支持，於是污垢、爛衣、懶惰被當成了神聖的東西。

本篤持有與安東尼不同的想法。

修道衝動是對原始宇宙衝動或是生育欲望的抗議。

必然地，原始宇宙衝動要比修道衝動更古老；毫無疑問，它還將在對手的墳墓上活蹦亂跳地手舞之，足蹈之。

原始宇宙衝動是創造性本能。它包括計劃、目標、企盼、希望、不滿、欲望和抱負。從它的一般意義上講，它是「未實現的欲望」。它是持續不斷地在成功的耳邊喊叫的聲音，「站起來，往前走，因為這不是你的休息地。」它是對於所有已完成之事的不滿足——它就是我們的「崇高的不滿足」。它首先表現出來的是性。在最終昇華之後，它指的是男人與女人之間的愛、對孩子的愛、對家的感覺以及對藝術、音

2　聖傑羅姆：347－420，早期西方《聖經》學家，他作為《聖經》拉丁文本的譯者，一直被西方筆譯和口譯工作者奉為守護神。

3　聖安東尼：1195－1231，生於葡萄牙里斯本一個貴族家庭，父親及母親都是葡國望族後裔。安多尼在受洗取名福爾南多。15歲加入「聖奧斯定會」，後轉到阿里伐賽城的「方濟各會」，易名安多尼，是他所駐修院的名稱。因學識廣博而被委派作巡迴講道，被譽為「聖經的活庫」及「教會的聖師」。36歲積勞成疾，於意大利巴度亞去世，因此得名「巴度亞的聖人」。

樂和科學的欣賞——這些是用眼睛看到的愛——這些是自然的結果。

神通過自己的創造物進行創造，人是它的最高層次的創造物。但是人在迸發出一丁點智慧火花之後，就坐着等待造物主的判決，然後發現做的工作很糟糕。在所有動物當中，人是目前所知的唯一批評自己的環境，而不是接受環境的動物。我們這樣做，從某種程度上講，是因為我們在掌控智慧之前就已經放棄了直覺。

修道衝動是在我們從外面的世界尋找幫助的傾向。我們期盼「強人」前來，將我們從災難之中援救出來。所有的國家都有救世主和英雄的傳說，他們挺身而出，解救受困的人們，而且還將帶着更大的榮耀和更強的能力再次來臨，甚至還能把死者從墳墓中救活。

修道衝動是建立在厭世基礎之上的，可能是因為對愛失望或是性愛過度，這是同一件東西的兩個階段。而最簡單的階段是獨居的願望。

「獨」即意味着「獨自一人」，修道生活只是簡單地一個人生活，遠離這個世界。逐漸地，它的意思變成了與其他有類似思想或性情的人一起獨居。

家族是家庭的延伸，因此原先也是一種修道衝動。群居的想法是修道生活的變種，但假如包括了男女，如果之前不會分裂，也會在第二代中分崩瓦解。因為原始宇宙衝動會感染成員們，他們約會、結婚，然後使這一群體產生動搖。

厄恩斯特·海克爾[4]暗示説，他相信，一夫一妻制是排斥他人的生

----

4 厄恩斯特·亨利希·海克爾：1834－1919，德國哲學家和博物學家，達爾文理論的支持者，他繪製了有關所有動物的系譜圖，並提出了「個體生命不完全地重演其系統發生」的格言。

活，也是修道生活的一種稀釋形式。他的看法是，為了使人類變得更加高貴，我們必須擁有一個自由的社會，政府應當敬畏母親，應當給那些親自照顧自己孩子的母親發放獎金。

修道生活和強制的一夫一妻制通常帶着對母親們的不尊敬，特別是對於自由孕育的不敬，即便不是明確的蔑視。我們從最糟糕的品種中繁殖，也在最糟糕的條件下繁殖。作為懲罰，上帝使我們變成了低等的種族。即使故意着手去繁殖最糟糕的品種，肯定無法做得更好。立刻可以看出，自由孕育受到懲罰，這就完全像修道衝動——這是對原始宇宙衝動的抗議與厭惡。因此，厄恩斯特·海克爾追溯到叔本華，宣稱我們應當獎賞為人父母者，政府應當給所有母親提供津貼，帶着溫柔、溫和、尊嚴和尊敬拜訪她們。在這樣的情況下，我們才會有能力製造出半神半人的種族。

教會給那些成功地抵制住原始宇宙衝動的男女加上光環，追封為聖徒。愛默生曾説：「我們與大自然結盟時，我們很強大；我們與她作對或是漠視她時，我們很弱小。」這樣愛默生就直接把自己放到了與教會作對的位置，因為教會把大自然看作是對聖潔生活的誘惑和威脅。

那麼，有沒有這種可能，修道衝動的流行是否能證明，它本身是朝着大自然的方向行進的？很可能它的錯誤就在於超出了規範的範圍。一些偉人的教士是這樣想的。而最偉大、最優秀的一位，就我所知，就是本篤。通過他的努力，修道生活變成了行善的力量，至少在一段時間之內，它服務社會，幫助人類走上了康莊大道。

苦修者、隱士或是帶鐵枷的修士，還有在一根柱子上棲息終生的聖西門，使人類受益——現在無人會否認這一點。西門只是試圖讓上

帝高興——以確保自己的靈魂得到拯救。他的假想是，這個世界是卑賤的、邪惡的。要保持內心的單純，你必須遠離它生活。他的堅忍是唯一值得讚揚的東西，而這是一種病態思想的堅忍。它的美麗，就像癌症的堅忍一樣美麗。

本篤也承認世界是邪惡的，但他說，我們要做的事就是要使它變得更好，如果我們所做的每件事都是為了拯救我們自己的靈魂，那是自私的、毫無價值的。他主張，為了拯救我們自己的靈魂，我們應當把拯救別人當作我們自己的事。另外，如果對自己的靈魂考慮得太多，那麼自己的靈魂就不值得拯救。如果此生是為了來生準備，就像西門認為的那樣，他所準備的這樣一個來生，不是我們樂意接受的來生。只要是神志正常的男女，不管是聖徒還是罪人，他們樂意安居的唯一天堂，應是人們可以隨意順從原始宇宙衝動的地方，就像可以隨意順從修道衝動一樣。每一個人都應當像其他任何人一樣，被認為是聖潔的。這就是聖本篤的想法。

有一個自然法則，已經得到思想家的承認與論述，這個法則名叫「收益遞減法則」，有時也被稱為「關鍵點法則」。

當一個人開始系統性的鍛煉的時候，他會發現自己的力量變強了。他參加更多的鍛煉，然後一直堅持鍛煉，直到運動「過量」——也就是說，他變得腰酸背痛、一跛一拐的。他已經過了「關鍵點」，開始「收益遞減」。

要給鐵路發動機提供動力，需要一定數量的煤，可以拉動一定重量的火車一英里遠，就說是每小時 50 英里吧。你把煤的數量加倍，頭腦簡單的人會說，速度也加倍了，但鐵路工人更了解：煤的數量加倍，

只能使速度從每小時 50 英里增加到每小時 60 英里。如果再增加煤的話，就會開始獲得「收益遞減」。如果你要堅持做到每小時 80 英里，你要付出非常昂貴的成本、冒着極大的危險才能達到這個速度。

另外一個例子：你的身體需要一定數量的食物——身體就是一個發動機；食物是燃料；生命就是燃燒的過程。你的食物的質量越好，數量越多，在一定的情況下，你的力量越大。持續不斷地增加食物，最終你將會撐死。以 5% 的利息借錢出去，你的投資合理、安全、穩固。以 10% 的利息借錢出去，你的收益並不能翻倍；相反，你的風險翻倍了。以 20% 的利息借錢出去，你可能會失去這筆錢；如果有人以 20% 的利息向你借錢，假如他有辦法，他根本就不打算還錢。

奧利弗·溫德爾·霍姆斯 [5] 説以下的一段話時，他腦子裏想的是「利益遞減法則」：「我喜歡在湯裏放一丁點鹽，但這並不意味着我希望被浸在鹽水裏。」

教會、傳教士和宗教教派在一定的時間、一定的地點和在一定的「點」上，是好東西。至於教會對你來說是否過了「關鍵點」，要由你自己來決定。不過請記住這一點，某樣東西在一定的「點」上是好的，或者曾經是好的，這並不代表它永遠是好的。「利益遞減法則」是對這個流行的謬誤的自然辯駁，不能説因為某樣東西是好的，你就可以永遠獲益良多。

亞伯拉罕·林肯説這段話時，他腦子裏想的也是這個法則，「我反

5　奧利弗·溫德爾·霍姆斯：1809－1894，美國醫生和作家，哈佛的解剖學及生理學教授（1847－1882 年），他寫過一些幽默的會談式文章，其中有《早餐桌上的獨裁者》（1858 年）。

對這個邏輯，它企圖暗示説，我希望解放黑奴，就意味着我想找一個黑人婦女作妻子。」

本篤花了五年時間抵制誘惑，然後突然醒悟：修道生活到一定的「點」之前是出色的，充滿了美好的成果，但超過這個點之後，很快就會退化墮落。他現在的願望是把樸素、苦修的計劃帶到它的頂峰，而不要超越這個「點」。

他覺得，從社會中退出來是有必要的，因為羅馬的小氣、瑣碎和自私的野心令人厭惡。但宗教生活並沒有讓他排斥思維的愉悅。在他未剃須、未刮臉，只穿着單件羊皮衣服的情況下，他不敢回到自己的家中。於是他開始使自己能被體面人所接受。他做了一件白袍，洗了個澡，剃掉了鬍子，理了髮，穿上衣服，回到家中。在荒野的生活使他的身體變得更強壯。他個子長高了，力量長大了，而他親自證明，宗教隱士並不一定要不修邊幅、令人反感。

他的親人歡迎他回來，把他當作是死裏逃生之人。不論他走到哪裏，人群就跟到哪裏。他開始向他們佈道，解釋自己的立場。

他以前學校的一些舊同事投奔了他。

在他解釋自己的立場時，它在自己的頭腦中變得越來越清晰明瞭。我們在向別人作分析時，事情會變得清楚起來——通過向別人解釋，事情對我們自己變得更加透明。

本篤的願望是，淨化修道院，使它們成為行善、完美的典範。他的願望是，要使往昔的學問與基督教言歸於好，而基督教此時已經變成了簡單的苦修了。它主要是壓迫、抑制和扼殺所有自動自發、快樂、自然的衝動。

很自然地，他受到了嚴厲批評，當他回到曾居住的洞穴，試圖教一些舊夥伴讀寫時，他們朝他撲了過來，之後就離開了。他們宣稱，他是披着修士外衣的魔鬼；他希望同時過修士與俗人的生活——他想吃掉蛋糕的同時還留着這塊蛋糕。通過某種神授力量，他掌控住局面，堅持説他的夥伴們應當和他一起幹活，在花園中種植花草，栽種蔬菜與水果，而不是依賴救濟金，或是在沒有救濟金的情況下勉強對付。

他堅持説，所有人都必須幹活，不管聖人也好，俗人也好；有學問也好，文盲也好，都有艱難的路要走。本篤的夥伴們宣稱，他正在奴役他們，其中一位釀造了一種毒藥，替換了本篤喝的簡單的草藥茶。被發現之後，此人與合謀者逃之夭夭，儘管本篤主動提出原諒他們，只要他們願意幹活他就忘掉這一切。

本篤帶着從不鬆懈的毅力堅守自己的新靈感——上帝的聲音已經向他召喚，他必須披荊斬棘，種植花園。

他砍下、燒毀了荊棘灌木，而他曾經光着身子在上面打滾。他放鬆了齋戒，祈禱和朝拜只局限於吃飯前、睡覺前，以及幹活前幾次短暫的動作。他將每天分為三個部分——八小時幹活，八小時學習，八小時睡覺。然後他從這三個部分中，各拿出半小時進行默禱和敬拜。他認為，好好幹活就是一種祈禱，甚至在用手揮動斧頭、鐮刀或者鋤頭時，人們也可以用自己的心靈與嘴唇祈禱。本篤對別人提出的要求，他自己身體力行，通過每日的幹活，他變得非常強壯，有了強健的體魄。從我們找到的敍述中，他身材相當矮小，但在力量上超過身邊的所有人。

曾有人講述過他天生神力的奇跡故事，在他的單純的信徒心目

中，他被認為迥異於常人。這向我們表明，人應當是什麼樣的，或者可以是什麼樣的，這樣的理想並非高不可攀。

有人告訴我們，在靠近本篤的第一個修道院的地方，有一個很深的湖，是在尼祿[6]時代通過在一條山間溪流上築壩而形成的。沿着這個深湖，荊棘和藤蔓肆意濫長。本篤開始着手清理從湖泊到修道院的地面，往山坡上有半英里的距離。有一天，一位工人把斧頭掉進了湖泊裏。本篤微笑着，他的嘴唇念念有詞地祈禱，斧頭立即就浮出水面。這個故事並沒有說本篤潛到湖底把斧頭帶上來，但很可能他就是這樣做的。第二天，斧頭的主人掉進了水裏，故事說，本篤走到水面上，然後把這人扛到肩膀上。我們並不相信奇跡時代已經過去，因此我們完全可以理解，本篤是一位精力旺盛、身手敏捷、身強力壯的游泳好手，他過着理智而簡單的生活，因此通過自然力量，他能夠完成周邊的農民認為是奇跡的壯舉。本篤有着所謂的「技癢」。他在規劃、創造及建造中找到了巨大的喜悦。他善於鑒賞建築風格與景觀園藝。他利用古老的羅馬神廟的材料建造基督教教堂，從同樣的採石場採石，並建造修道院。羅馬廢墟對他一直有誘惑力。它們意味着建造的機會。

他在湖泊裏放養魚，之後進行捕魚，這完全可以媲美「麵包和魚兒」[7]的寓言故事。只不過本篤的麵包是由自己栽種的麥子製成的，

6　尼祿：羅馬皇帝（54－68），他早期的統治由其母阿格麗皮娜操縱，他謀殺了其母親和妻子。64 年的羅馬大火可能是他操縱的。他的殘酷與瀆職引發了廣泛的暴動致使他自殺身亡。

7　這是聖經裏的一個故事。有一天，大約五千人聽耶穌講道。不知不覺天色已晚了。耶穌對大家説：「你們不必離開，我給你們吃的。」有個孩子有五個餅兩條魚。但這些食物太少了喂不飽大家的肚子。耶穌吩咐大家坐在草地上，然後拿起餅和魚禱告。之後便分給大家。這時就出現了奇跡，這些食物不但喂飽了所有人，剩下的也不少。

而他喂飽的人是那些前來聽他佈道的人——他身體力行的福音——幹活、節制及有常識地對頭、手和心進行鍛煉的福音。

投奔本篤而來的有 12 名弟子。但後來申請加入的人變得數不勝數，為了減輕壓力，本篤不斷地把他們分成 12 人一組的小組，每一小組指派一名負責人。為了證明自己對平等的重視，他自己在修道院也只有 11 人在他身邊。他意識到，領袖是必須的；但他穿的衣服不會比他們更好，他吃的食物和其他人沒有什麼不同。不過為了執行紀律，制定了規則，必須要嚴格遵守。本篤也輪流參加準備飯菜及做一些最粗重的活。

假如沒有常識性的生活方式，沒有為人服務的因素，基督教修道院，甚至很可能基督教本身都無法倖存下來。宗教如果和為人服務結合起來，就會被人們所接受。時至今日，證明《舊約全書》的奇跡真正發生過，這依然是基督教徒提供的學校、醫院和孤兒院中非常常見的工作。

本篤努力將無私服務的生活與對古典文學的精神欣賞相結合，很自然地，他被人誤解。有好幾次，他幾乎與羅馬教會的當權者發生嚴重的衝突。

他的佈道引起了某些教士的嫉妒，他並不是一位教士，因此教皇拒絕留意他的所謂的異端邪說。

曾有人企圖強迫他成為 名教士，但本篤拒絕了，他的藉口是自己太微不足道了。然而，事實是他不願受到教會規則的約束。

從某種意義上講，他信奉的是宗教中的宗教，稍微發生一點意外，就會促成一個反對的教派：路德的新教是一個意外，而衛斯理的衛理公會派是另外一個意外。

　　有好幾次，反對他的人因為相信本篤是教會的敵人，甚至試圖謀殺他。另外有一次，羅馬的一些虔誠人士引誘了一群放蕩的女人來到本篤的修道院，在他的美麗的地面上嬉戲打鬧。這樣做顯然有兩個目的：一是利用娼妓使本篤會信徒直接衰敗，二是在訪客中製造醜聞，他們會將這些使人難堪的新聞帶回到羅馬，為流言蜚語提供原料。

　　對於這個卑鄙的陰謀詭計，本篤極為憤慨。因此他退回到原先的居所──山坡的洞穴裏，並在那裏絕食了一個月。

　　但在這段獨居的時間裏，他的頭腦在忙着想新的計劃。此時他建造了卡西諾山修道院[8]。這個地方位於羅馬與那不勒斯[9]之間，這座建築的白色、經典的輪廓可以從鐵路上看到。在懸崖峭壁之上，在一片碧綠之中，這裏曾經出演了一千多年的宗教生活的戲劇。這裏的許多居民都難逃被火燒死、被劍刺死的命運。但隨着歲月的流逝，新的人又來到，遺跡又得到修復。

　　修道院又被聖徒的虔誠腳步所踩踏。哥特人、倫巴族人[10]、薩拉森人[11]、諾曼人[12]、西班牙人、條頓人，最後來了拿破崙‧波拿巴[13]，

8　最早的大修道院，位於意大利的卡西諾山，公元 529 年由努西亞的聖本篤創建。

9　那不勒斯：意大利中南部的一座城市，位於第勒尼安海的一個海灣那不勒斯灣。於公元前 600 年由希臘人建立，公元前 4 世紀羅馬人征服那不勒斯，後成為獨立的公國（公元 8 世紀）並成為那不勒斯王國的首都（1282－1860 年），是重要海港和商業，文化和旅遊業中心。

10　倫巴族人：公元 6 世紀入侵意大利並在波河河谷建立了一個王國的條頓民族的成員。

11　薩拉森人：十字軍東征時的阿拉伯人或穆斯林。

12　諾曼人：斯堪的納維亞人的一員，10 世紀時居住於法國北部。

13　拿破崙‧波拿巴（1769.8.15－1821.5.5），法蘭西第一共和國第一執政（1799 年－1804 年），法蘭西第一帝國及百日王朝的皇帝（1804 年－1814 年，1815 年），軍事家、政治家，曾經佔領過西歐和中歐的大部分領土。

他沒收了修道院，把這個地方變成自己暫住的家。後來，他動了憐憫之心，又把它從自己贈予的寵臣那裏索回，還給教會。然後它一直保留為聖本篤會修道院，直到 1866 年，在馬西尼及加里波第[14] 的幫助下，下了一個法令，使意大利的修道院成為過去。這個地方現在是一所學校——一個以男女同校為附加條件的學校。就這樣，世界的榮耀消失無蹤，為了使更大的榮耀出現。

在本篤時代之前六百年，卡西諾山上的修道院所在地，屹立着一個阿波羅神廟，下面相鄰的是屬於維納斯的神聖不可侵犯的樹叢。

本篤時代之前二百年，哥特人的工作幹得很漂亮，甚至把阿波羅神廟的牆鏟平了，把神聖的樹叢變成了野獸的家。

本篤和另外 11 個人來到了這個荒涼的地方，心中充滿了神聖的熱忱，就在這個地方，他們想建造起一個配得起鮮活的上帝的宏偉建築。在這裏，實際的建築工和宗教的夢想家結合在一起。如果你要建一個建築，為什麼不在一個已經有牆、有砍削成型的建材的地方建造呢？

本篤的卡西諾修道院在藝術之美上，可與被它替換掉的神廟相媲美。

人是建造的動物，曾經促使希臘及羅馬計劃、設計、苦幹和建造的創造力，此時同樣在這位好修士本篤身上發揮作用。他建造的願望是偉大的原始宇宙衝動的一種形式，這種衝動經久不衰，如今正在

14　朱森珀‧加里波第：1807－1882，意大利將軍和民族主義者，曾率領 1,000 名自願者佔領西西里和那不勒斯（1860 年）。他的征服導致了意大利王國的成立（1861 年）。

美國建造一個世人見過的最美、最好、最崇高的宗教——人性的宗教——對這個宗教，本篤有時看到了飛逝而過的映像，就像人們在夜間看到閃電一閃而點亮的美麗景色一樣。

本篤的座佑銘是「祈禱和勞動」[15]。這些詞被刻在每一個聖本篤修道院的入口處。

隱修的想法來源於東方。在東方，對於懶散沒有特別的懲罰。實際上，在亞洲一些地方，勞動可能會被當作是一種詛咒。道德是具體化的便利，據我們所知，它們都是地理學的範疇，時間的範疇。

而真實的情況是，在地中海北部，懶散被當作是一種詛咒，而不是勞動。

本篤的規則與震顫派的教義不無相似之處，在每個修道院附近有一個女修道院。把男人和女人聯繫在一起，儘管是有限的聯繫，對雙方來說，都比特拉比斯教會[16]這樣絕對的分開要好，而特拉比斯教會甚至認為看女人的臉都有罪。

本篤會信徒的勤儉節約，可與安‧李[17]和我們黎巴嫩的朋友相媲美。如果一個人工作八小時，智力超人，而且不會去肆意揮霍，不會浪費光陰，這樣的人絕對會富裕起來。梭羅是對的——每天幹活一小時就可以養活自己。但梭羅的錯誤在於，認為人幹活只是為了得到食物、衣服和庇護所。一天只工作一小時，將會變成一個懶人。我們工

----

15 原文為「Ecce Labora」。

16 特拉比斯教會：經過改革的天主教西妥修道會的主要一支，成員以苦行和發誓沉默為特徵，1664 年建立於法國西北部的拉特拉比斯修道院。

17 安‧李：1736－1784，英國宗教領袖，是美國震顫派的創始者。

作不是為了獲得,而是為了成長。

群居的想法,只要有能幹的領導和宗教的理念,總是能取得成功。摩門教徒[18]、貴格會教徒[19]、和諧派、節約派和奧奈達公社,都變得非常富裕,不僅在錢財方面,而且在健康、幸福、智慧和總體的心理領會等方面,都遠遠超過了鄰居。

布魯克農場之所以失敗,是因為缺少一位有商業頭腦的領袖;但即使如此,它給成員們留下了一份精神與智力的豐厚遺產。在家庭生活中,或者所謂的「社會」中,總會有不斷對抗的危險,不是為了行善或是為人們服務,而是為了肆意浪費及悠閒放縱。作為儀式也好,作為思想也好,洗腳的宗教儀式完全丟失了。事實上,「好的社會」從實質上講都是出自掠奪式的本能。在公共生活中,或是群體生活中,服務、不浪費,這就是口號。必須是這樣,因為每一個團體在最初的時候,都是在服務思想的指導下聚集在一起的。以嫉妒的競爭與激烈的活動為基礎而走到一起,並且團結到一起,這是不可想象的,因為正是這些東西使團體分崩離析。

每個成員都奉獻一切,只要是以此基礎創立、信奉這一原則的團體,就會贏得一切,這是一個經濟法則。本篤的「祈禱和勞動」的思想,使每一個本篤會修道院都變成了財富中心。工作阻止了爭吵、衝突和過度的浪費。它有助於健康與力量。而對於工作的獎勵,不是免

---

18 摩門教:1830 年創立於美國的宗教,正式名稱為「耶穌基督後期聖徒教會」。

19 貴格會:又稱公誼會、教友會,基督教的教派,既無任何正式儀式又無固定教義,其信條為強烈反對暴力與戰爭。

於幹活，而是要做更多的工作——以得到增強的工作能力。

德·托克維爾 [20] 給出了成功的祕訣：克制自己——奉獻自己。

也就是說，要克制自我到一定的程度，使它樂意集中於無私的服務。只要這樣做，總是能成功，因為他不僅在執行一個鮮有競爭的人生計劃，而且他正在遵從一個神聖法則，相互依存的法則。它規定，你對別人做了多少好事，你也就為自己做了多少好事。

本篤式修道直接收穫了財富與強大的影響力。這一團體的領袖變成了一位大財主。「我宣誓甘守貧困，卻有了每年 2000 英鎊的收入。我宣誓服從與順從，但發現自己成為 50 個城鎮和鄉村的統治者。」沃爾特·司各特把這段話放到了一位修道院院長的嘴裏，他通過我剛才提到的簡單法則變成了一位大富翁。在小說《修道院院長》中，沃爾特爵士描繪了一個悲慘的畫面，權力與財富既可以獲得，也可能會失去。封建制度由修道院的統治而始。

本篤是世界上最偉大的工業巨頭之一。像其他偉大的企業家一樣，他通過利用其他人的努力而成功。在挑選修道院院長，或是每一個組的「長者」時，他展現出了罕見的技藝。這些人從他那裏學到東西，而他也從他們那裏學到東西。他的最出色的一位手下是卡西奧

---

20 亞歷克西斯·查爾斯·亨利·克雷爾·德·托克維爾：1805－1859，法國政治家，旅行家和歷史學家，在周遊了美國（1831－1832 年）之後寫了《美國的民主》一書（1835 年），它是一本影響極廣的研究美國體制的專著。

德 [21]，這位想出了「文書房」[22] 的人。「每天學習八個小時還不夠。」卡西奧德說，「我們應當把偉大的文學作品抄寫下來，這樣每個修道院都會有一個圖書館，就像我們在卡西諾山一樣。」他自己是一位專業的書法家，於是他親自開始教會修士們如何寫字，如何閱讀。「寫字寫得漂亮，我們的上帝會非常歡喜。」他說道。

本篤喜歡這個想法，立即將其付諸實施。卡西奧德成為所有喜歡自己行業的書商的守護神。

文書房的系統工作起源於卡西奧德的頭腦，而他被本篤委派到一個又一個修道院，通知修道院院長，上帝的聲音向本篤傳話，說這些寶貴的書必須抄錄下來，呈獻給那些珍視他們的人。

卡西奧德曾做過西奧德利克皇帝 [23] 的部長，他也曾經是一名軍人。一次偶然到訪卡西諾山之後，他深受本篤的影響，此時他已經 70 歲了。本篤剛開始的時候命令他拿一把斧頭，和僕人們一起挖開矮樹叢，開闢出一塊荒地來耕種東西。卡西奧德順從了命令，並很快就發現，在順從的過程中，他感覺到一種從未體會到的喜悅。他的原名是布累班特斯·瓦魯斯，但在他宣佈打算留下來和本篤一起工作時，他榮幸地被命名為卡西奧德，來源可能是卡西納姆 [24] 或是卡西諾。卡西

21　弗萊維厄斯·馬格諾斯·奧勒留斯·卡西奧德：6 世紀羅馬政治家和歷史學家，著有《編年史》——一部至公元 519 年的世界史和《學院》——一部對修道院的概括研究史。

22　文書房：在寺院裏被留出來用於複寫、寫作或者注解手稿和記錄的房屋。

23　西奧德利克：奧斯托格斯（474－526 年）國王，在意大利建立了奧斯托格斯王國（493 年），為東哥特人的國王，其在位時期是東哥特最強盛的時期，他死後東哥特很快就滅亡了。

24　卡西納姆：意大利的古城。

奧德活到了 92 歲，是除本篤本人外，把對藝術和美的熱愛介紹給本篤
會信徒的最重要人物之一。

在卡西諾山旁邊有一個女修道院，院長是聖思嘉，聖本篤的孿生
妹妹。勒南說聖思嘉與聖本篤的關係是一種精神上的關係，而不是血
緣關係。如果真是這樣的話，我們依然尊重。聖雷戈里這樣講述了聖
本篤之死：

本篤已時日無多了。他與托提拉 **25** 的會面是在 542 年進行的，就
在他去世前一年；在接下來的一年時間的早期，上帝為他準備好了最
後的戰鬥，要求他奉獻出留在地球上最溫柔的愛。本篤和他的學生妹
妹的最後一次會面，這個美麗而感人的場面讓人久久難忘。在他的小
室的窗戶，在她去世三天之後，本篤看見了他親愛的妹妹的靈魂化作
雪鴿進入天堂的情景。他立即派人去將她的遺體運來，安葬在他為自
己準備的墳墓裏面，死亡不會分隔那些靈魂已經在上帝那裏合為整體
的人。

妹妹的去世是他即將離開人世的標誌。他比她多活了 40 天。他
向自己的幾位修士宣佈了自己的死期，然後遠離卡西諾山。他發起了

25 托提拉：541 年被選為東哥特王國國王。托提拉與立場偏向東羅馬帝國的艾拉里克不同，
是一個立場偏向東哥特人的國王，同時也是一位出色的領導者。他帶領東哥特人反抗東羅
馬帝國。

高燒，在生病的第六天，吩咐別人把他帶到聖約翰施洗者[26]的教堂；在此之前他已經下令打開他妹妹已在那裏安息的墳墓。

就在那裏，在弟子們的攙扶之下，他接受了臨終聖餐，然後自己來到已打開的墳墓的旁邊，就在神壇的下面。他的雙臂伸向天空，他離開了人世，仍然站立着，嘴裏念着最後的祈禱。這樣的一種勝利的死亡使他成為上帝的偉大戰士。他被安葬在他親愛的思嘉旁邊，他的墳墓位於一個曾放置阿波羅神壇的地方，後來又被我們親愛的救世主用另外的神壇代替。

就在同一年的同一時間，查斯丁尼一世[27]和西奧多拉[28]正在準備《查斯丁尼法典》，而聖本篤正在忙着修改《修道會規》。聖本篤並沒有認為這些會規是一勞永逸的，他解釋説，它們只是在它們的時代、它們的地點方便使用。在這一點，他不可思議地謙遜。如果人們不迷信這些名為「修道院」的社區團體有什麼「神聖」「聖潔」之類的想法，然後讀一讀這本《會規》，就會明白，它們是在對經濟學有相當的了解、嚴格遵照常識的情況下建立的。

一千年前的人類和現在是一樣的。聖本篤必須與懶惰、自私以及剛剛出現的妄想狂作鬥爭，就像如今那些試圖引進實際社會主義的人

26　聖約翰施洗者：活動時期西元一世紀初葉，猶太人先知，早期基督教會以他為耶穌基督的先驅。他宣講上帝的最後審判即將來臨，為悔改者施洗禮。他為耶穌施洗，耶穌受洗後立即開始傳教活動。由於他批評希律，安提帕的婚姻不合法而被捕入獄，後來因希律的繼女撒羅米要求得到約翰的首級作為她為賓客跳舞的代價，約翰因而被處死。

27　查斯丁尼一世：拜占庭帝國皇帝（527－565），他佔據帝國的東部疆界抵禦波斯人，重新征服先前羅馬在非洲、意大利和西班牙的領土。

28　西奧多拉：拜占廷女皇（525－548），是朱斯蒂尼一世的妻子和顧問。

一樣。聖本篤的任務是，管住那些邋裏邋遢、漠不關心、粗枝大葉、偷工減料的人，讓他們留在合適的地方，這樣他們就不會打擾或破壞能幹之士的安寧、活動和繁榮。

聖本篤說道：「只有在我們都不完美，容易走向自私、無序的時候，書面、正式的會規才有必要。當人們變得明智而無私的時候，規則和法律再也沒有必要存在了。」

聖本篤的《會規》是一本 2000 多字的書。從這本出色的《會規》摘錄幾句，就可以發現聖本篤超人的聰明智慧。它的內容展現了一種洞察力，吸引了所有立志進行社會實驗的人，更不用說用於工會管理之類的工作了。聖本篤是這個世界的工業領袖之一。他的一生是一個紀元，他雖然已辭世多年，影響依然！

❖ 瑪麗・貝克・艾迪 ❖

　　瑪麗・貝克・艾迪（Mary Baker Eddy，1821－
1910），美國宗教領袖，「基督教科學教會」的創始人，
被譽為十九世紀美國最傑出的女性之一，是個極富傳奇
色彩的人物。50 歲前，她百病纏身，婚姻失敗，與家人
失和，孤苦無依；當她以 89 歲高齡病逝時，她已集名
譽、財富、權力於一身，成為數以萬計信徒臣服的宗教
領袖。1875 年，艾迪夫人出版了《科學與健康──附解
經之鑰》一書，宣稱此書乃是神逐句口授，經她筆錄的
啟示。1879 年，她正式成立「基督教科學會」，以《科
學與健康》一書為該會的教科書和教義權威。「基督教
科學會」單是在美國就至少有 2000 間教會，還有為數
不少的教會遍佈在世界上說英語的國家，如英國、加拿
大、澳大利亞、新西蘭等，此外還有前西德，教友總數
不下百萬。該會除了出版大量書籍外，還出版了各類報
刊雜誌，其中以《基督教科學箴言報》最為著名。

「基督教科學教會」神殿的基石將在以下假設中找到：生活是神聖的、美好的，而不是邪惡的；靈魂是無罪的，不應在身體中找到；精神不是物質化的，更不能物質化；生活並不受制於死亡；真正精神上的人對於物質生活或死亡並無意識。

——瑪麗·貝克·艾迪

首先在這裏説明一個事實，瑪麗・貝克・艾迪是基督教科學教會的創始人。這位女士長壽而健康。

她機警、誠摯、智商高、接受能力強。她總是在發現事物。我們知道這些，因為她隔一小段時間就發佈一條新信息，或者修改一條舊信息，同時進入更接近事實，使事實更清楚的狀態。最終版本的《科學與健康》與初版相比，是完全不同的一本書。

基督教科學教會並不是固定成形、陳腐僵化的結構。也許可能，它將會變成這樣，但更大的可能是它將發展、壯大、前進。生活與成長在於去除死的物質，進化新的組織。作為一個組織，不管是商業、藝術、社會、政治還是宗教組織，只要停止發展，就會開始分崩離析。

基督教科學教會的科學家們並沒有逃離這個世界，也沒有拋棄或是譴責它。作為一個群體，他們健康、快樂、樂觀、熱誠、成功。對於所有偉大宗教的歷史，我都耳熟能詳。對創立或組成這個團體的成員的智力情況，我有所了解。我的看法是，有史以來，沒有哪個宗教擁有這麼大比例的聰明人，他們能幹、可信可靠，就像基督教科學教會一樣。

曾有一句格言，大意是説，預言家到處受人尊敬，除了在自己的國家之外。就瑪麗・貝克・艾迪而言，這句格言有點走樣。艾迪夫人在生前一直受到康科德城[1]、波士頓和她安家的布魯克賴恩[2]的友好對待。這些城市的許多大人物都是基督教科學教會的科學家。

1　康科德城：美國馬薩諸塞州東部一城鎮，位於波士頓西北偏西的康科德河沿岸。

2　布魯克賴恩：美國馬薩諸塞州東部一城鎮，波士頓的一個居住郊區。

康科德城的基督教科學會教堂花費超過 20 萬美元，是艾迪夫人捐建的。在入口處，深深地刻在花崗石上的是以下文字：「由瑪麗·貝克·艾迪捐贈，基督教科學教會的發現者與創始人。」有觀點說，有好幾個人了解並實踐基督教科學教會的真理，艾迪夫人對此提出了直接的挑戰。在她所有的作品中，她都發表這個無條件的聲明：她是「發現者和創始者」。對此她從未有絲毫歉意；如果沒有感覺，她不會假裝謙遜；她說的話，就是權威說的話，就像古時摩西所言，「上帝如此說！」

她不會進入聯合辯論，不會作出應答。不容許和談的強烈信念，就是她的強大力量的祕密來源。多年以來，只要有機會，市井粗話都把目標瞄準她。但艾迪夫人笑到了最後，法律和法庭在糾纏過程中只能吹吹口哨而已。以自己的方式使自己保持健康，這樣的權利如今已經受到充分認可了。醫生把無害的甜水給病人，把它稱作「藥」，醫生並沒有責任；如果基督教科學教會的科學家的病人死亡，我們不會審判他們，就像不會審判醫生一樣。

事實上，艾迪夫人影響了所謂的醫學科學和神學科學。即使是那些完全願意否定她、吵吵嚷嚷地要丟棄她的教義的人，也都受到她的恩惠。

順勢療法 [3] 改進了所有對抗療法的藥劑；基督教科學教學稀釋了哈內曼 [4] 的稀釋理論，它發現，不含藥物的片劑，經常和含藥物的片劑

3　順勢療法：一種自然療法，尋求消除人體內的不平衡從而使人康復。這種療法與傳統療法（對抗療法）截然不同。順勢療法作用於人體的自然防護體系，不是一味追求消除症狀，而是在使用很少量的天然物質的同時力求促進人體自我康復的能力。

4　哈內曼：1755－1843 德國醫師，順勢療法的創始人。他認為藥物會在健康的人身上產生與患者身上類似的症狀。

一樣治療有效。基督教科學教會不會大聲喊叫、咆哮如雷、張揚挑釁或是四處佈道。它穩重、沉默、自信。而那些自笞者 [5]，就像狂舞托缽僧 [6] 一樣，只是因為他們的出現而引人注目。

比爾·桑戴神父 [7] 不是基督教科學教會的科學家。基督教科學教會的科學家不會切割葡萄；對高架球體沒有專門研究；不會將精力花在惠斯特橋牌遊戲上；不會製造流言蜚語；不會加入憤怒合唱團，更不會揮舞筆戰的那塊紅布。他們勤勉做事、精神振奮，毫不抱怨地接受結果，並發現它是好的結果。

瑪麗·貝克·艾迪過着普通人的生活。她的各式各樣的經歷，給她增添了力量源泉——她是一位非常偉大、聰明的女性。她的偉大，使她只以自己的意見為准，不接待拜訪者、不拜訪別人、沒有星期四、從不寫信，甚至從未去過她捐贈給自己家鄉的教堂。艾迪夫人腳步輕盈、身材挺拔——是一位苗條、端莊、高貴的女性。1910 年 12 月，90 歲的她辭世之時，看起來像剛過 60 歲。她的臉龐顯現出她的閱歷，但沒有韶華已逝的痕跡。那一次我看到她的時候，離她去世還有幾年時間，她全身穿着白色的綢衣，看起來就像一位準備趕赴舞會的姑娘。

她的眼睛不會黯淡無光，她的臉上沒有皺紋。

5　自笞者：尤指為宗教規則或公開地自罰而鞭笞自己的人。

6　狂舞托缽僧：穆斯林禁欲僧侶，他們常以旋轉的舞蹈和大聲交談表示其對宗教的狂熱的虔誠。

7　威廉·阿希禮·桑戴：1862－1935，美國基督教佈道家，原為職業棒球手（1883－1891年），於 1896 年開始佈道，1903 年成為長老會牧師。

　　她的帽子是帽商的夢想；她的手套長達肘部，有非常恰到好處的皺褶；她的體態是貝納爾 [8] 的體態。她的祕書站在馬車門前，頭上沒有戴帽子。他沒有主動伸出手去攙扶這位女士，也沒有試圖幫她上馬車。他知道自己該做什麼——一位穩重、沉默、強壯、古銅色、像農夫一樣的男人，他顯然看見了所有的東西，但也對所有東西視而不見。

　　他關上馬車門，坐在馬車伕旁邊的座位，車伕也沒有穿制服。他們倆看起來像哥倆。高大、棕色的馬慢慢地開始邁步；它們沒有帶眼罩或者繫上馬韁繩 [9] ——它們也已經趕走了恐懼。馬伕鬆鬆地拉着韁繩。第二天，我在康科德城又看見了艾迪夫人。在下午二點十五分整，這些高大、棕色、緩慢邁步的馬拐進了大街。運貨馬車在路緣邊停下，汽車也停下來，人們駐足在街角，其中一些——朝聖者們——他們沒有戴帽子。

　　艾迪夫人寬舒地坐在馬車裏，戴着白色手套的手上握着一大簇蘋果花，在她臉上同樣浮現出了滿意的、半帶微笑的表情——教皇利奧十三世的微笑。這位女士是一個真正的女王，她的一些信徒不無理由地稱她為「這個世界的女王」。

　　無疑，有一些人向她祈禱——而且有可能是因為這個原因向她祈禱。艾迪夫人結過三次婚。第一次是和喬治‧Ｗ‧格洛夫上校，他是一位出色、可敬的人，是她唯一的孩子、唯一的兒子的父親。格洛夫去世之後，孩子被格洛夫的母親接走，藏匿得非常成功，再次見到母

8　　撒拉‧貝納爾：1844－1923，法國著名女演員。被認為是那個時代的浪漫和悲劇演員，因其在《菲德拉》（1874 年）中的表現而聲名鵲起。

9　　馬韁繩：繫於馬的輓具與馬鞍之間防止馬低頭的一種短韁繩。

親的時候，他已經 34 歲了，而且是一個家庭的父親。

她的第二任丈夫是丹尼爾・帕特森，他不僅是個流氓，更是個傻瓜——這是一次閃電式的結婚，他吸引了一位孤獨、淒涼的年輕寡婦，而她當然在判斷方面也不是絕不會犯錯的。兩年之後，在馬薩諸塞的塞倫，妻子和他離了婚，原因是他的殘暴和遺棄。

她的第三位丈夫是阿薩・G・艾迪醫生，一位執業醫生——一位充滿智慧和美德的男人。艾迪夫人從他那裏了解到，醫學科學根本算不上什麼科學。艾迪夫人常說，她丈夫是她的第一位皈依者；艾迪醫生的確放棄了行醫，轉而開始幫助妻子，向世界證明疾病的不真實性。他並沒有完全理解這個想法，從他死於腦炎這一事實可以看出來。不過，這並未動搖艾迪夫人的信念，她認為疾病是人的頭腦的錯誤。多年以來，艾迪夫人一直把兩位好丈夫的記憶串聯起來，用一個連字號連接起來，因此她的名字是瑪麗・貝克・格洛夫－艾迪。許多婦女都把自己的姓名與丈夫的姓名連在一起，但又有哪一位婦女把她深愛的兩個男人的姓名連在一起，以此向他們表示敬意呢！

結婚是個壞習慣，艾迪夫人很可能會這樣說，但你必須結了婚後才能發現這一點。

1879 年，艾迪夫人在波士頓首次組建了基督教科學教會，並成為其牧師。1881 年，時年 60 歲的她在波上頓創建了馬薩諸塞玄學院。15 年的時間，她一直發表公共演講，堅持聲稱健康是我們的正常狀況，因為他心怎樣思量，他為人就是怎樣 [10]。從 45 歲到 60 歲，演講

---

10 「因為他心怎樣思量，他為人就是怎樣」，此句摘自《聖經》的《箴言》第 23 章第 7 節。

報酬給多少，她都很樂意接受，儘管我相信，甚至那個時候，她就已經放棄了牧師們募集捐款的舊做法。玄學院的成立，是為了準備讓學生們教授艾迪夫人的教義。

這位女士的商業天才展現了出來，她組建了學院，而且不容許任何未完全作好準備的人去教課。這些學生必須支付一筆數額相當大的固定學費，這使他們更有鑒賞力。他們依次畢業，開始教課；所有的學生都要為這些功課繳納 100 美元整的學費，學費後來減到 50 美元。拯救可能是免費的，但基督教科學要花錢。神學類的小氣鬼，穿着他那長長的、皺巴巴的、黑色的大衣，衣領從後面扣鈕扣，戴着高高的帽子，這樣的形象已經不復存在了。

艾迪夫人是世界上組織得最好的機構的經理，羅馬天主教會和標準石油公司除外。究竟《科學與健康》銷售了幾百萬本，沒有誰知道。而艾迪夫人從授課中提取多少比例的報酬，只有一個阿姆斯特朗委員會才確切知道，而且它真是不關其他人的事，只是她自己的事。

艾迪夫人有一些非常能幹的幫手，這肯定是不用說的了。但這一點很重要——她選擇了他們，而且至高無上地統治他們。學生花了 50 元，得到了與這筆錢相當的價值，對此我毫不懷疑。這並不是因為他們學到了課程，而是他們可以感受到勇氣，以及整個與自己融為一體的感覺，這使健康在自己的血液裏流淌，使自己的心跳躍着喜悅。課程對他們而言可能只是亂七八糟的詞語，但他會生活在希望之中，感覺自己將會成長到某個境界，屆時，線條將清楚明亮。

同時，他所知道的是，他原來是瘸子，而現在他能走路了。即使是那些最偏執、最有偏見的人，也同意基督教科學的治療是真實的。

人們覺得自己有麻煩，他們就會真的有麻煩，疼痛也是如此。想象是這個世界唯一千真萬確的東西。艾迪夫人的教義廢止了疼痛，也就廢止了貧困；因為貧困——至少在美國是這樣——是一種疾病。艾迪夫人的主要觀點如下：

首先，對美的愛，顯示在身體姿態、衣着打扮及環境設計上。

其次，對自己從事的事業的熱誠，並為此作出系統、有序、專心的努力。

其三，堅信自己的神聖而產生的尊嚴、勇氣、自信、自重。

其四，對時間、金錢、原料、能源和情感節約，這樣就不會浪費東西，而是不斷地保留及積累。

其五，在合適的時候慷慨大方，對那些同時也節儉的人，才有這種可能。

其六，北方人的精明、極為豐富的常識，再加上一點神祕主義及對物質科學準確性的漠然。

換句話說，基督教科學是一位女性的科學——她知道一切！它是好東西，只是因為它是好的東西——這是一個對誰都不錯的科學——我猜是這樣！基督教科學是科學的，但並不是因為它的發起人堅持的原因。基督教科學教會的男性科學家不會咆哮，不會踢貓。基督教科學教會的女性科學家則不會嘮叨。基督教科學教會的科學家們不會鬧脾氣或是絮絮叨叨。他們當中沒有憂天憫人者、性情乖戾者或是窮光蛋。他們尊重所有其他的教派——平靜地相信所有人將來都會明白道

理——也就是說，接納他們的教義。最激進的舊式醫生也不能否認，艾迪夫人自己的生活是完全按照科學的方法進行的。她從來不接電話，也從來不會大驚小怪或是怒火萬丈。

她聘請可靠的重量級人物，給他們重量級的工資。她給馬伕每周 50 美元，給廚師相當的工資，這樣就確定了使她放心的人。她伴隨鳥一起入睡，伴隨黎明一起醒來。七點鐘的時候，她已經坐在辦公桌前，她的祕書給她看幾封他認為應當看的信，然後她向他口授如何回信。她在九點鐘吃早餐——吃她喜歡的東西，慢慢咀嚼享受。早餐後，她修改手稿，直到每天的騎馬活動開始。

四點鐘的時候她吃正餐—— 一天兩頓飯，這是慣例。不過，如果她想再消耗一些，一天吃三頓飯，她也不會害怕這樣做。

她認識她的馬、牛和羊，還能叫出它們的名字，並要求照顧好它們。她認為，思維的法則對啞巴動物也適用，就像對人一樣適用。她不是很喜歡狗，如果有什麼動物讓她討厭的話，那就是貓。她稱她的僕人為「我的幫手」。

基督教科學教會的科學家很自然地相信兩性之間的平等。女嬰出生時，他們祝願上帝保佑；男嬰出生時，他們同樣祝願上帝保佑。實際上，他們對萬事萬物都祝願上帝保佑，因為他們認為一切都是美麗的，一切都是美好的。他們沒有受薪牧師；他們不相信牧師或是某些人比其他人離上帝更近。所有人都有途徑接近終極真理，因此排除了神職人員。去掉神職人員這些中間人，這樣做很不錯，至於教堂本身，艾迪夫人自己也一定去掉了，因為她從未去過一個教堂，或者每年不超過一次，而這一次也是只把教堂當作建築物看。

教堂？需要嗎？艾迪夫人對自己說道，不需要！但是對於其他人，她說，是的，教堂對於那些需要它的人是好東西。艾迪夫人是世界上最成功的作者，或者說，她是有史以來最成功的作者。其他的作者沒有誰掙了這麼多的錢，沒有誰有這麼多的讀者虔誠地閱讀自己的作品。

莎士比亞的財產有 2500 萬美元，相比之下他是失敗的，只能卑微地退縮到陰影處；阿瑟‧布里斯班每年薪水 75000 美元，但和這位帝王般的女士相比，他像個報童，因為她每年捐贈 50000 美元用於修築道路。

基督教科學教會的寶貴真理和特色，在艾迪夫人的書中找不到，但在她的一生中可以找到。她作為女性的偉大，超過了作為作家的偉大。愛默生曾說，每一個偉大的機構都是某一個人拉長的身影。每一個偉大的商業機構都有一個靈魂——某一個人的精神賦予生命，滲透、沾染了整體。只要你走進某個酒店或是商店，看啊！到處都瀰漫着店主或是經理的性格或特點。

你不必看到這個人，機構越大，就越不需要這個人出現。他的工作會為他說話，就像農夫的牲畜都會哞哞叫、嘶嘶叫或是嗷嗷叫，說出主人的美德——或是一無是處、沒有美德。我十歲的時候，就學會了如何通過他們的馬認識所有的鄰居。在村莊酒館外面，酒鬼的馬，無遮無掩、又飢又渴、全身顫抖着，難道它們不會宣告裏面那位可憐的，被人鄙視的主人的存在嗎？

火車到終點站後，你沿着車廂一直走，你就可以很清楚地看到乘務長個人的特點。約翰‧衛斯理的靈魂在衛理公會中穿行，使它成為

如今的樣子。路德依然活在路德教派中；加爾文依然活在加爾文教派中；而約翰·諾克斯的靈魂依然在繼續前行，扛着長老會的旗幟。

每一個宗教都分享了創始者的特點，直到它與其他宗教相混合，然後失去了自己原先的特性。就像基督教，剛開始由保羅興起，最後由羅馬皇帝君士坦丁將其與異教相結合。

基督教科學教會是瑪麗·貝克·艾迪拉長的身影。她本人親授的學生還在教課，給他們留下深刻印象的她的生活方式與個性，被教授給所有人。生活的每一階段都通過回答這一問題而獲得解決：「艾迪夫人會怎麼做？」艾迪夫人對於穿衣、家務、商業、食物、健康、管理僕人、照顧孩子等方面的想法——所有這一切都被合成一個混合物，而這個混合物就是我們看見和了解的基督教科學教會的科學家。

事實上，艾迪夫人有條不紊、勤奮努力、經濟節約、不屈不撓、勇敢無畏、樂觀向上、樂於助人。她衣着整潔乾淨，總是微笑待人，這使所有基督教科學教會的科學家都有了完全一樣的品質。她不打牌，也不會沉溺於所謂的上流社會的各種各樣的愚蠢遊戲，他們也是如此。事實上，被稱為「鍛石膏式微笑」的這樣的東西是基督教科學教會的一個特點，許多可敬的人表示反對，而它是艾迪夫人留給學生的直接遺產。《科學與健康》對它隻字未提；沒有下令要推薦提倡它；但所有可敬的基督教科學教會的科學家都帶着這樣的微笑——這一微笑拒絕作出讓步。對於一些人來說，它當然是非常動人的。艾迪夫人的自立、沉默、微笑的個性已經作出了行為的表率，使成千上萬的人們熱愛她，珍視、尊敬對她的回憶。

艾迪夫人是難得的好聽眾。她不會和別人爭論。曾經有一段時

間，她的確犯過揮舞論戰紅旗的過錯，但流逝的歲月已經給她帶來了智慧，面對急躁，她唯一的回答是寧靜的微笑。至於飲食，她的飯桌有足夠多的食物，但不會過剩；飯菜非常講究可口，如今所有這些東西都在基督教科學教會的科學家的家中可以看到。在他們的家中，總是能看到浴室和圖書館一樣整齊乾淨，它們都是好管家的典範，似乎總是保持整潔，一塵不染，等待檢查委員會的到來。

艾迪夫人對於熱水、香皂和乾淨的毛巾並沒有說太多；但這個想法已經深深地印在每一個基督教科學教會的科學家心中，儘管這樣的事情並不存在：保持絕對清潔的身體、乾淨的日用織品和新鮮的空氣，這不僅是僅次於敬神的事情，而且是敬神的要素。所有這些，哪怕你一輩子研究她的《科學與健康》，也研究不出來，就像你無法從《聖經》中開採和熔煉出威斯敏斯特[11]的教義問答手冊[12]一樣。

我們了解了正確生活的重要事實，它們是這位偉大女性品格的寶貴遺產。她本人也許並不會知道這些；但在她寫作自己的書，規劃自己的宗教之前，她未虛度人生。她的書試圖解釋自己的生活，但當她的生活變得更好、更強、更精緻時，她修改自己的書。她的書對她的生活作出回應，從《科學與健康》中受益最多的人就是瑪麗・貝克・艾迪本人。

《科學與健康》是神祕但充滿人性化的東西。作者的船槳經常未

11　威斯敏斯特：英格蘭東南部大倫敦的一個市區，位於泰晤士河岸。它包括英國政府的主要官邸，尤其是沿着懷特霍爾街與唐寧街的官邸，以及如威斯敏斯特教堂和白金漢宮等有名的建築物。

12　教義問答手冊：以問答形式簡要說明基督教的基本教義的書。

能劃到水。比如說，她試圖説明，動物磁力[13]、唯心論、精神科學、通神論、不可知論、泛神論和不信教都是糟糕的事情，並反對「真人」的科學。這一聲明假定動物磁力、不信教、通神論或不可知論是具體的事物或東西，而實際上它們只是些標籤，完全不加分辨地敲在空桶上，也敲在滿桶上；桶裏裝的可能是海水，也可能是葡萄酒，凡人或是聖人都真的無法知曉，不管它們是什麼東西。像安妮・貝贊特[14]這樣的通神論者，像阿爾弗雷德・拉塞爾・華萊士[15]這樣的唯心論者，像赫胥黎[16]和英格索爾這樣的不可知論者，他們都是非常高尚、完美的人。他們是好鄰居和有所作為的公民。

《科學與健康》試圖用詞語抓住並握緊積極、誠實、健康、探索、不滿足、熱忱的生活的祕密，但這樣的企圖或多或少是個失敗。

我們的行動是正確的，但我們的理由很少是對的。

基督教科學教會作為生活的計劃，象徵着偉大而樸素的美德，是非常美好的。《科學與健康》並沒有解釋《聖經》。這本書企圖解釋並明確真理，但在這方面失敗了。它與其他許多成堆的文學屬於同一層次，寫作及抄寫它們花了許多精力與金錢，並且總是帶着誇張的書名，如《聖人作品選》。

---

13 動物磁力：能對他人起催眠效果的一種特殊的個人能力或存在。

14 安妮・伍德・貝贊特：1847－1933 英國理論詭辯家、哲學家和政治人物。

15 阿爾弗烈德・拉塞爾・華萊士：1823－1913，英國博物學家，發展了進化論，其貢獻可與查爾斯・達爾文相媲美。他的作品包括《動物的地理分佈》（1876 年）。

16 托馬斯・亨利・赫胥黎：1825－1895，英國生物學家，達爾文進化論的支持者。他的著作包括《動物學中人類在自然中地位的證明》（1863 年）和《科學與文化》（1881 年）。

　　所有的出版商都熟悉《神靈啟示手稿》。這樣的作品有一個共同點——不可理解性。好的作品，對普通人而言也是通俗易懂的。事實上，這是它們的顯著特點。我們理解人們的意思。沒有哪位能幹的作家一次又一次使用同一個詞語，而每次意思都不一樣。阿爾弗雷德‧亨利‧劉易斯和威廉‧馬里恩‧瑞迪用的是常人的頭腦，因此他們的作品是可以理解的。你可以坐下來對他們的結論進行判斷，由你自己做出權衡、篩選及決定。他們引起了你智力上的興趣。

　　但是你不能坐下來對《科學與健康》進行判斷，因為它的語言不是我們共同使用的每日用於和別人交流的語言。它把基督說成是一個人、一個原則、一種精神、一種動機；是一種「真理」；一個單親父母生養，或是無父無母的人；一個活過、去世，或者從未活過，從未出生過的，也永遠不會死的人。

　　玄學企圖解釋某樣東西，並因此逃避對它的理解。你把舉證責任扔給別的人——並讓他們相信，他們不明白是因為自己太過愚蠢。這樣太不公平了！

　　語言只不過是人們與某些口頭發出的聲音或是書寫的一些符號所達成的協議，代表一定的想法、思想或事物。「神靈啟示手稿」把智慧的詞語串在一起，讓人無法理解，因此給讀者深入閱讀它們的機會，在它們當中讀到自己預先形成的思想所說出的話。玄學亂語是以前用死語言讀書給人們聽的原始殘剩品。醫生繼續執行這樣的方式，用拉丁語給病人開藥方。

　　我曾經在一個畫室工作，男孩們將調色刀在一塊方便使用的板上刮擦。有一天，我們把這塊板拿出來，放到玻璃下裝進框裏，再放到

一個雙層、深色的箱子裏。我們把它放在畫室的最顯著位置，給它貼上標籤：「大海日落——單色畫印象」。

這幅畫引起了眾人的注意，某些象徵派畫家對其讚歎有加。它也引起了太多的爭議，為了和諧，我們被迫把它拿走了。

假設上帝「啟示」出來了《聖經》，那麼怎麼會出一部這麼糟糕的作品？兩千多年之後，還有必要「啟示」另外一個人出一部「解經之鑰」，那麼它根本就不值得我們認真對待。如果全知、全能、全愛的上帝變成了作者，為什麼他創造了一部這樣渾濁不清的作品，還需要「解經之鑰」？

個人可能會使用密碼，需要「解密之鑰」，因為他們希望別人不知曉自己的祕密。可能了解真相對他們有懲罰。但神為什麼要用一種祕密的語言寫作，然後等待兩千年之後才把事情解釋清楚？而且為什麼非要由波士頓的這位婦女才能解釋清楚呢？這一切都不可理解。這個世界現在想要的是《科學與健康》之密鑰。我們在讀書時，使我們感興趣的不是「它是否受神靈啟示？」，而是「它說的是真的嗎？」

艾迪夫人的成員幾乎全部是從正統基督教會招納的。在 1906 年出版的袖珍版《科學與健康》的第 606 頁，一位律師作證說明自己從基督教科學教會獲得的收益，並解釋說，他長期以來一直是聖公會的成員。他很高興知道，他不需要放棄自己的舊信仰，只要簡單地保持舊的信仰，再加上新的信仰。

這就在很大程度上解釋了基督教科學教會為什麼廣受歡迎的原因。人們一般會緊抱住自己有生以來就信奉的宗教迷信不放。艾迪夫人的信徒們不是來自通神論者、唯心論者、不可知論者、唯一神教派

成員、普救論 **17** 者或是不信教者。你不可能給一位自由思想家 **18** 一本
必須由他自己找到論點的書。

他已經養成了自己思考問題的習慣了。

艾迪夫人不相信達爾文、斯賓塞或是海克爾。她引用摩西、耶
穌和保羅的話來證明進化論者的錯誤，然後往後靠着坐，滿意地微笑
着，完全沒有意識到，引用《聖經》的話，對於自由思想來説，根本
談不上什麼證據。對於《聖經》中她希望摒棄的，她都摒棄了。耶和
華的殘忍與獸性對她來説算不上什麼。她的「解經之鑰」並沒有解開
《申命記》和《利未記》 **19** 中的祕密，也沒有把永恆懲罰、替代贖罪或
是施洗作為一種拯救儀式的功效等解釋清楚。

對凡人思想、聖人思想或是人類思想進行解釋，舉例説明人類思
想的具體錯誤，然後平靜地附加一句，大意是説人類思想並不存在，
這樣的作品你不能稱之為啟示文學。這個東西只不過是「神靈啟示手
稿」而已。艾迪夫人很聰明，不允許她的「讀者」或是信徒就她的作
品進行説教或是解釋。這些作品只是簡單用來閱讀的。因此聽眾高高
地端坐在雲裏霧裏，被寧靜所包裹，一待回到他們的工作時，已得到
了休息，精神重新振作起來，沒有受到任何的影響，只有強有力的霧
氣和精神虛無給他們帶來了撫慰的平靜。

米自所有思想的休息與撫慰都是好的。基督教科學教會相關的經

歷都是說服別人、有影響力的，而不是《科學與健康》。《科學與健康》
是用來賣的。它是賣給你，讓你來理解的：它是要賣給你，讓你相信
的。如果你懷疑它的任何一部分，你立即會被告知，這就是你的凡人
思想在起作用，而凡人思想全是錯誤的。

　　優秀的基督教科學教會的科學家不會試圖理解《科學與健康》——
他們只是接受它、相信它。「它是神靈啟示的作品，」他們說，「因此
它一定是真的——你有資格知道的時候，你就會知道。」

　　這樣，我們就看到我們的老朋友智力暴君又以另外一種形式回來
了，沒有戴頭巾，沒有披斗篷，而是披着女性裝飾、珠寶和寶石的偽
裝，充滿誘惑力，令人炫目。有一樣東西和健康一樣寶貴，那就是智
力的完整性。「哦，《科學與健康》當然是神靈啟示的——你只要看看
約翰遜老夫人是怎樣治好風濕病的就明白了！」這樣說，並不是合理
的推斷。

　　這給了那些嘲笑者稱之為女人的邏輯的藉口。這樣的推斷建立在
這樣的基礎上，「哎，耶穌一定是上帝唯一之子，由處女生養，如果你
不相信，請看看基督教建立的醫院、孤兒院和老人院！」約翰遜夫人
肯定被治好了風濕病，這一點沒有問題，但這並不能證明艾迪夫人的
觀點是對的，說夏娃是用亞當的肋骨製造的；無性生殖是大自然的一
個事實；耕地並不總是有必要的；人類身體的生命永遠不會消亡；未
到場的人可以通過動物磁力毒害你的健康和幸福；即使你不到場，好
人們可能對你進行治療，治好你的消化不良。

　　我同意艾迪夫人的觀點，有必要消除醫學崇拜，但我不同意她在
宗教上保留神學崇拜的觀點。我讀《科學與健康——附解經之鑰》已

經讀了 20 年，但我讀《聖經》的時間更久。另外，我和非常聰明的基督教科學教會的科學家在同一所房屋裏住過幾個月。

經過深思熟慮之後，我認為，《聖經》和《科學與健康》都是大部分由凡人思想的錯誤組成的。我的直覺對我來說非常寶貴，就像艾迪夫人的思想對她一樣。

我的良心對我而言非常神聖，就像她的良心對她而言一樣。作為一名不可知論者 [20]，我反對被劃分為盲目、固執、任性、惡毒、墮落的一類人。

我們應當尊敬我們的造物主，應當堅守我們認為是真的東西；而不是為了某個男人或女人，將自己的思想之舵放棄，不管他們在世還是已去世。讓我們不要對自己不誠實，即使能把我們的身體疾病趕除。至於健康，基督教科學教會給予的或是能給的，我都有了。我沒有「治癒作證」可以陳述，因為從未病過一小時。而且我覺得，我知道我是怎樣保持健康的。我不會保守祕密。它非常簡單——沒有什麼神奇的。

我的關於如何保持健康的知識，不是神靈啟示的知識，除非說所有學習、知曉大自然法則的人都是神靈啟示的。健康終究大部分情況下是習慣的問題。

在波士頓「母教堂」的讀經台後面，是保羅和艾迪夫人的語錄，

20　不可知論者：相信無法證實上帝的存在、但又不否認上帝存在可能性的人。不可知論者並不否認上帝和天堂的存在，但卻認為無法確切知道他們存在與否。不可知論者「agnostic」這個詞是由十九世紀的英國科學家托馬斯‧H‧赫胥黎巧妙地創造出來的，他認為只有物質現象才是確切意識的對象。

並排放在一起。但保羅的語錄放在女讀經者的讀經台後面，上面並沒有這樣的語錄：「教堂裏，女人閉嘴！」

艾迪夫人相信《聖經》說的都是真的，每個字都是如此。但當她引用保羅的語錄時，她只挑選她要的東西，避開所有不適用於自己的詞語。就本人而言，我喜歡這個方法。我自己也是這樣做的。但我並不相信，《聖經》是由一位全知的神「啟示」的。就我所知，所有的書都是人寫的，而且經常是會犯錯的、普普通通的人寫的。艾迪夫人的「解經之鑰」並沒有解開任何東西；而且除了那些似乎贊同她相信的東西的段落外，她不想「解開」其他的任何段落。也就是說，艾迪夫人先相信某些事物，然後搜尋證據。這是很古老的做法。莎士比亞曾說：「在宗教方面，有許多錯誤，但某些皺着眉毛的人把它神聖化，用文章讚美它，並用漂亮的裝飾掩蓋它的粗野。」讀《科學與健康》的時候，請不要抱希望，在它裏面找到關於生活與責任的樸素而明智的論點。它裏面沒有這些東西。我附上一些語錄，所提到頁碼是指1906年袖珍版或是「牛津」版的頁碼。在《科學與健康》的183頁，我找到：

　　《聖經》告訴我們，罪惡或是錯誤首先會導致對人的判罪，讓他們耕種土地，這表明順從上帝，就會使你免於此事。

艾迪夫人顯然相信，幹活是一種懲罰，將來某一天，上帝將免除農耕或是園藝的需要。正常的人能回應這樣的缺乏邏輯嗎？

在547頁是以下內容：

　　如果本書的某一個論點是對的，所有的論點也都是對的，因為個體不能從整個體系和規則中脫離。親愛的讀者，你自己可以證明治癒的科學，因此也可以確定，作者給了你對《聖經》正確的詮釋。

　　這顯示受到了保羅的詭辯的啟發，他曾說：「如果死人從墳墓站起來，那麼我們的宗教就無價值了。」林肯曾經提及到這一類的推論，他說：「我反對這樣的推論，只是因為我為了解放黑奴而鬥爭，就說我的目標是想讓我的兒子和一位黑人女孩結婚。」艾迪夫人可能治好了你的病，但這並不能證明她對《聖經》的解釋是對的。不一定因為這件事發生了，就會有那件事發生。而且，一件事先於另一件事發生，或是同時發生，並不一定是因為這件事導致另一件事發生。

　　在 553 頁有這樣的內容：

　　亞當先於夏娃被造。由此可見，亞當並不是由母性卵子產生的。夏娃是用亞當的肋骨製造的，不是從胎卵產生的。

　　在讀到《科學與健康》中類似的內容時，我們不要對艾迪夫人過於苛刻。不過要記住，對這樣愚蠢的迷信和野蠻的傳說，所有正統的教士和正統教會的成員都深以為信。你可以接受亞當墮落及替代贖罪的信仰，但仍然可以掙錢，享受良好的健康。

　　102 頁的內容：

　　動物磁力的溫和形式正在消失，而它的侵犯性的特色正走到前

頭。罪惡隱約地出現，藏在凡人思想的黑暗隱蔽處，每時每刻都在編織更複雜、更精細的網。它目前的方法非常隱祕，因此它們使這個時代陷入懶惰的圈套，並且產生了罪人希望的對這一主題的漠然。

這一段落提示了基督教科學教會真正危險的一件事情——它相信這樣的謬論：人的思想可以紡織一個網，它會導致另外一個人的毀滅。這是以巫術為依據的信仰，為塞勒姆 [21] 的巫師絞刑辯護。在 103 頁，我發現了這個：

在基督教科學教會，動物磁力或催眠術被用作一個表示錯誤或是凡人思想的具體詞語。

認為思想是在物質之中，有邪惡的思想，也有好的思想。邪惡和善良一樣真實，而且更為有力。這些都是錯誤的想法。這樣的信仰沒有一點真實或是有益之處。要麼是無知的，要麼就是惡毒的。動物磁力的惡毒形式的終極狀態是道德白癡。不朽思想的真理支撐着人類；它們消滅了謊言和凡人思想，這些脆弱而不實的主張，就像愚蠢的飛蛾一樣，燒焦了翅膀，落入到塵埃之中。事實上，並沒有什麼凡人思想，因此也沒有什麼凡人思想或是意志力的轉換。

502 頁的內容：

----

21 塞勒姆：美國馬薩諸塞州東北部城市，位於波士頓東北部。建立於 1626 年，因 1692 年此地的巫師審判和納森尼爾·霍桑的「七牆之房」而著名。

從精神上跟隨之後，《創世紀》22 一書是不真實的上帝的形象的歷史，被命名為一位帶罪的凡人。如果正確地看待，生命的這種偏差，說明了人類精神的狀態，就像《創世紀》中提到的那樣。當人類思想的粗糙形式以更高狀態的象徵和符號出現，基督教關於宇宙的科學的觀點將會出現，將會以不朽的榮耀點亮這個時代。

我附上這兩段，只是想把它們作為「啟示文化」的範例。

任何人想要明白這些文字，都會被引向雲裏霧裏。你必須將它完全丟到一邊，要不就接受它，閉上你的思維之眼閱讀它，嘴脣喃喃而語，讓你的思維漫遊，就像牧師坐在臥鋪火車的吸煙車廂裏讀祈禱詞一樣。那麼問題出現了：「艾迪夫人寫下這些東西時是認真的嗎？」

回答是，完全可以肯定她是認真的，而且可以肯定她是神志正常的。她是位誠實的女人。但她並不是個頭腦清楚、有邏輯思維能力的思想家，除了財務與商業方面的事務之外。結果是，當她把哲學寫成文章時，她並不能作出清楚的解釋。要想寫作清楚易懂，你必須先清楚明瞭地思考。艾迪夫人對文學價值沒有感覺。她絕對沒有什麼幽默感，而幽默是察覺小事與大事之間區別的能力——辨析錯誤調整與正確調整之間的區別的能力。

文學風格是一種品味。但人類缺乏風格、品味和幽默，這非常普遍。這個世界只產生了為數不多的幾位偉大思想家，其中一位是達爾文，而艾迪夫人在《科學與健康》中提及時是帶責備口吻的。偉大的

---

22 《聖經》中《舊約》的首卷。

作家比偉大的思想家還要稀少，因為寫作不僅必須要有清晰思考的能力，而且需要使用技巧或是訣竅，使用正確無誤、淺顯易懂的詞語，安排好它們，使它們組成段落、加上標點，這樣你的意思就能讓一般人看明白。說艾迪夫人不是一位思想家或是作家，這並不是對這位女性的指責，儘管它反映了那些相信她是思想家和作家的人的心理歷程。

說有兩百萬人讀了艾迪夫人的作品，這也證明不了什麼，因為數字並不能證明什麼：超過一億人親吻過羅馬聖保羅的大腳趾呢！

而且羅馬天主教肯定會有無數個受教育程度很高的人。你不知道的事情，你就是不知道。艾迪夫人對於文學風格一無所知，對於文學藝術一無所知。她的散文和詩歌比普通人的還要糟糕。我讀過的所有啟示詩都是垃圾，我看過的所有啟示畫都是塗鴉。不應因為艾迪夫人的局限而責怪她。

許多在某些行業偉大的人，總是幻想自己在其他行業也一樣偉大。馬修·阿諾德是一位偉大的作家，他認為自己同時也是一位偉大的演講家。但當他開始演講時，他的話語越過腳燈掉進樂隊裏，然後就在那消亡。他無法到達前排。大多數喜劇演員都扮演哈姆萊特。我們也都聽說過，一些認為自己會唱歌的女孩希望成為歌星，而她們的直系親屬都是用幻想來鼓勵她們。

艾迪夫人認為自己會寫作，但不幸的是，人們的鼓掌喝采支持了她的錯誤認識；而無法閱讀她的作品的人，將無法卒讀歸因於自己的局限，而不是她的局限：這一建議經常是艾迪夫人自己提出來的。從未有人注意到艾迪夫人的思想與耶穌思想的相似性，直到艾迪夫人自

己第一次解釋這個事情。艾迪夫人絕非瘋子。斯維登堡 [23] 是一位土木工程師及數學家。他寫了 40 本書,幾乎與《科學與健康》一樣晦澀難懂。

如果你寫作的東西足夠愚蠢,某個人肯定會扔掉帽子,大呼「太偉大了!」而其他人也會有樣學樣,加入歡呼,因為,就像約翰遜博士曾斷言的那樣,表揚一本書要比閱讀它、理解它容易得多。用死語言或外語在教眾前佈道,這樣的習慣從未引起聽眾的普遍抗議。嘲笑者只是那些注意到矛盾的那些人,而他們也並不會在意,因為他們很可能根本就沒加入到教眾當中。

僅次於閱讀用死語言寫成的書的,便是閱讀無法理解的書。去聽這樣的書,智力不會有什麼負擔,加上合適的附加物,讓人昏昏欲睡、安閒寧靜、滿心喜悅、充滿贊許。即使它沒有提供思想,至少傳遞了一種情感。艾迪夫人在文學上的成功,源自於她極端混亂的思想及晦澀難懂的表達。

如果她寫得相當好,那麼她的平庸將會對每個人都顯而易見;但她完全沒有節奏、沒有推理地寫作,反而讓我們在她的極端自信面前低頭。人類當中最強大的因素是惰性——我們寧願贊同,更不情願與其鬥爭。我們想要健康——艾迪夫人就給我們健康——因此,《科學與健康》是世界上最偉大的書。神聖的單純啊!為什麼不呢!

人們轉向艾迪夫人的書尋找安慰,這和他們以前找醫生完全出於同一原因。

23　伊曼紐爾·斯維登堡:1688－1772,瑞典科學家及神學家,他的通靈幻象及著作啟發他的信徒們在他死後建立了新耶路撒冷教會。

　　除了身體健康之外，艾迪夫人給了歡樂、希望和世俗的成功；即使是有着卓越頭腦的人，看到了基督教科學教會這些實際的成果之後，也會站到舉手認輸的一列，完全願意接受這本書，而對於它落後的推理毫不在意。

　　英·安家尼亞是一位偉大的商人，他對於擁有王國最大的商店並不滿足，渴望擁有最大的大學。對他來說，越來越多的批評只是件小事，根本就不值得引起這位大忙人的認真對待。這樣一類的事情，反映了人類的局限。

　　專家的產生需要大到可怕的成本，一個人既要老練踏實、精明能幹、頗有外交手腕，能聰明機智地應對消費大眾和成群的僱員，又要了解精通、熱心愛戴沃爾特·惠特曼，這也要求太高了些。這位熱心而成功的商人，在某些方面是絕對的暴君，但也有溫和的一面，和許多令人愉悅的品質。為什麼有人竟敢懷疑《聖經》字面上的真理會讓他無法理解？他相信，《草葉集》是一本淫穢的書，但從未讀過它；但他對於《撒母耳記下》[24]的第三章、第十一章和第十三章一無所知，儘管他一生都在讀這本書。當有人說，大衛是一個非常不完美的人，說所羅門有可能並不是有史以來最有智慧的人時，他臉上帶着憐憫、居高臨下的微笑。「這些又有什麼影響呢？」他暴躁地問道。如果你為他工作，你只好同意他的觀點，要不就對你真正相信的觀點保持沉默。我們經常聽到有人公開宣稱、反覆強調自己熱愛耶穌，而耶穌是一位不抵抗者，和他手牽手的，是對戰爭的熱愛、吝嗇鬼的貪婪、對權力

----

24 《撒母耳記下》：《聖經》中的一卷。

的欲望及對報復的渴望。

當別人的手已經伸進劍鞘摸索，他的眼睛已經瞄準你的頸動脈的時候，你可能還在嘮嘮叨叨地談論正義。《摩西十誡》[25] 在戰爭時期被完全廢棄了。《紐約晚郵報》[26] 注意到這個奇特的事實，海牙國際和平大會的代表 9/10 是神學上的異教徒。一般説來，正統基督教代表着戰爭，也代表着死刑。我們怎麼解釋這些矛盾呢？

我們不需要試圖去解釋：他們只是人類不完全發展的一些簡單的事實。為什麼百萬富翁珍視耶穌的記憶，這是無人能夠理解的事情，只能説事情總是通過對立面起作用的。艾迪夫人與以上提到的商業王子屬於同一類精明、實際的一類人。她是同時代當中最偉大的女將軍。她擁有成為成功領袖的所有品質。

她自立、自豪、自傲、性情執拗、決策迅速、不屈不撓、精明能幹、頗具外交手腕——而且是一位很好的仇視者。

有時她用簡單的一個眼神就打發了她的批評者。沒有人可以向她發號施令，只要她在場，很少有人敢提出建議。如果要打動她，必須讓她引起注意，並讓她相信是自己發現了它。當然所有的功勞都是她的。在所有基督教科學教會的教堂裏，都有她的作品選錄，下面都寫了她的名字。

「除了我以外，你不可有別的神！」這是她的生活及作品中透露出的主要法令。她的一項命令是，不管何時發佈她寫的讚美詩，永遠必

25　十誡：上帝在西奈山上給摩西的十條戒律，是摩西律法的基礎。

26　《紐約晚郵報》：1832－1920 年間在紐約發行的一種日報。

須要說明，它是瑪麗·貝克·艾迪寫作的。「學生」在作證的時候，永遠必須要不吝詞語、不怕過分地使用讚美、諂媚的話，提及「我們恩賜的老師、嚮導和榜樣，瑪麗·貝克·艾迪。」在基督教科學教會的所有聚會上，全能的上帝和耶穌只能佔第二位的位置。只要提到他們一次，艾迪夫人就會被提到五次。如果艾迪夫人只是把耶穌當作一位歷史上的偉人，把「上帝」當作一個抽象的詞語，指的是大自然的終極智慧，那麼我不會批評艾迪夫人。但對她來說，上帝和耶穌是口述傳書之人，她經常仔細地解釋，她的治療方法和耶穌的治療方法完全一樣。上帝的話語和她的話語肩並肩站在一起。《聖經》的段落經常和《科學與健康》的段落交替朗讀。如果兩者僅僅被當作文學作品，這也可以原諒，但他們告訴我們，這兩者都是「聖書」，「膽敢否認或懷疑者要受到詛咒」，這樣的話，我們就乾脆迷失在對這位女士的極端自我主義的崇拜之中了。

對此感到生氣也無濟於事——就讓我們都一笑置之吧。當然，豐富的想象竟然追蹤到瑪麗·貝克·艾迪夫人與耶穌——這位拿撒勒的卑賤農民之間的相似點，這真的是令人欽佩。

耶穌在原則上是一位共產者，他一無所有，奉獻出一切。他既不帶收據，也不帶錢包。他什麼也沒寫。他對地位、錢財和權利的漠然，是他突出的特色。而艾迪夫人對權利的熱愛是她一生主要的動機；她討價還價的能力是完美的；她訴諸法律，運用法律援助之妙，完全是新式的手段；她將自己的作品的書名，通過無可非議的版權綁定，這揭示出她精明商人的真實動機。

他人對她權利的嫉妒以及她自己對其利益的保護，這是她一生的

重要特點，這也使她站到了耶穌的對立面。

不過，在歷史上有一個人物和艾迪夫人非常相似——那就是愷撒大帝，他接受教育，成為了一名教士。在他投身於戰鬥與政治，將其當作自己的事業之前，已經成為了羅馬的教皇。艾迪夫人對自己的信念、決策能力、快速的直覺、生活的方式與簡樸、對權利的激情、對著作的喜悅——所有這些都是使她超越愷撒的美名與聲譽的特點。

日曆的發明家要求必須將其命名為「儒略曆」[27]，它的名字就這樣確定了，時至今日也叫這個名字。有一次，卡萊爾[28]和盲人傳教士米爾本一起抽煙。他們一直在討論耶穌的真實性，然後他們一起默默地抽煙。最後，易怒的「塔馬斯」[29]把長長的煙斗裏的灰敲出來，咕噥着，一半是自語，一半是對米爾本說：「啊，一位偉人，一位偉人——不過他有自己的局限！」同樣的話也完全適用於艾迪夫人。耶穌和艾迪夫人的共同之處，大概只有卡萊爾提到的這唯一一點。

艾迪夫人出眾的精明和敏銳的商業直覺，可以從「基督教」和「科學」兩個詞語的使用看出來。副標題「解經之鑰」尤其誘人。使用牛津式裝訂也是商業見識的加頂一擊。可以肯定，艾迪夫人必須贏得我們的高度尊敬。她無疑是一位偉大的商業天才，至少可以這樣說。

27　儒略曆：儒略即愷撒的名。朱利斯・愷撒於公元前 46 年在古羅馬採用的太陽曆，由數學家兼天文學家索西琴尼制訂。一年有 12 個月，365 日，每四年為一閏年，有 366 日。該曆法最後被格列高利曆取代。

28　托馬斯・卡萊爾：1795－1881，英國歷史學家和散文作家，其著作如《法國革命》（1837年），以對社會和政治的犀利批評和複雜的文風為特色。

29　指卡萊爾。

　　當約翰・亨利・紐曼 [30] 成為一名天主教徒，他解釋自己作出決定的理由時說，他在文學或是藝術都找不到頭腦休息的地方。他在文學和藝術找不到位置的回報是，獲得了一頂紅帽 [31]。

　　就讓艾迪夫人的信徒們以他們偉大的老師已有諸多的先例而自慰吧，她相信亞當是用土造的，夏娃是用他的肋骨創造的，所有的土都用完了；耶和華下令讓太陽停止不動，它聽從了命令，而命令本來應當下給地球的；拉扎勒斯的屍體已經腐臭，從死人堆裏活了過來；巫術是大自然的一個事實；孩子只要有單親父母就能出生，這比舊式的方式還好一點——單性生殖，我想他們是這樣稱呼的。

　　絕對的荒謬與偉大的才智肩並肩，這一矛盾，在歷史上的每個地方都能找到。

　　艾迪夫人激起了醫學界的嫉妒，因為她展示了，好的健康與幸福是去除看醫生習慣的絕對結果；但他們報復了她，因為她說處女懷孕將變成規則，耕種土地將變得沒有必要。

　　聖奧古斯丁 [32]，還有大部分早期的教士都認為，做邪惡之事以使人從善，不僅是正當的，而且應當受到高度讚揚。因此他們佈道聖徒錄，恐嚇人們走向正義的狹窄小路。查普曼、亞歷山大、托里、比利・森戴和大部分其他的職業福音傳道者，都相信、實踐同樣的這一教義。

30　約翰・亨利・紐曼：1801－1890，英國高級教士和神學家，牛津運動的創始人之一。他皈依羅馬天主教（1845 年）並做過紅衣主教（1879 年）。

31　指成為一名紅衣主教。

32　聖奧古斯丁：354－430，是古羅馬帝國晚期著名教父哲學家，著作有《懺悔錄》，一部宗教性的自傳體著作，寫於 397 年。

文學良心是古希臘就知曉的事情，但只是在最近大約二百年間，它才變得清晰起來，當然它依然非常稀罕。它是對寫作並非代表真理的作品的嘲笑及斷然否決。

拒絕受僱畫畫或是受命做模特，這樣的藝術良心也是一樣的。瓦格納、米勒[33]、倫布蘭特[34]、威廉‧莫里斯和羅斯金[35]，他們是除了最高層次、最富有創造力的作品之外絕不創作其他東西的典範，他們拒絕成為受僱創作的群體。這樣的人從商業角度講可能是沒有良心的。一個人可能在生活中都絕對有良心，除了寫作與演講，在這方面他可能馬虎了事、變化無常。

艾迪夫人完全缺乏文學良心，她很像格萊斯頓，他試圖在《北美評論》回應英格索爾時，只訴諸詭辯與迴避，而不是運用邏輯。絕對真理對格萊斯頓來說是無關緊要之物——便利是他的口號。真理對艾迪夫人來說也只是第二位的事物；唯一真正要緊的是健康與科學。健康與科學無疑是偉大之物，值得擁有，但我希望只是通過真理的表達而獲得它們。如果你塞住我的舌頭，鎖住我的筆，然後喊叫：「只要你相信，你就會擁有健康。」那麼我會說：「不自由，毋寧死！」[36]。

....

33　簡‧弗朗索瓦‧米勒：1814－1875，法國畫家，其作品有《拾穗》（1857 年）和《有烏鴉的冬天》（1862 年），描繪了農民的生活及田園風光。他是巴比松畫派的主要代表人物。

34　倫布蘭特：1609－1669，荷蘭畫家

35　約翰‧羅斯金：1819－1900，英國作家和藝術評論家，他認為偉大的圖畫應是能夠給觀者以偉大的思想。他的作品包括《近代畫家》（1843－1860 年）。

36　美國革命領袖、演講家帕特里克‧亨利的名言，亨利曾為弗吉尼亞議會議員（1765 年）及大陸會議議員（1774－1776 年）。他的宣言「不自由，毋寧死」（1775 年）推動了弗吉亞民兵的創立。他曾任弗吉尼亞州州長（1776－1790 年）。

基督教科學教會的科學家會要求你買艾迪夫人的書《科學與健康》。當這本書交給你之後，如果你相信它的每個字，你有希望獲得健康與成功；如果你不相信，你會有成為「道德白癡」的危險。這是舊式的天堂承諾及地獄威脅的新偽裝。就我而言，我拒絕了這本書。

斯蒂芬‧吉拉德是一位偉大的商人，他熱愛真理；但如果他只是做零售生意，他對真理的熱誠可能會略作修正。

一般來說，世界上的人可以分為兩類：一類是實際的人，另一類是追求真理的人。通常，後者除了頭顱之外，沒有什麼可失去的。斯賓諾莎[37]、伽利略[38]、布魯諾[39]、托馬斯‧潘恩、沃爾特‧惠特曼、亨利‧梭羅、布朗森‧奧爾科特[40]，他們都是純粹的一類人。然後來了西奧多‧帕克和拉爾夫‧沃爾多‧愛默生，他們從自己的講道壇擠出來，受到校友們的嘲諷，受到大眾的憐憫——然而他們依然堅持捍衛真理。

你瞧！他們都成了富翁；而如果他們在岸邊安全的地方就停住了，他們可能已經被淹沒在遺忘的淺灘。

從另一方面講，我們發現，就說是在標準石油公司的董事會裏吧，有許多正統教會的熱心成員，他們捐獻了大筆的錢支持「傳福

37　斯賓諾莎：1632－1677，荷蘭唯物主義哲學家。

38　伽利略：意大利比薩城人。偉大的物理學家和天文學家，近代實驗科學的奠基者之一。

39　布魯諾：1548－1600，意大利哲學家，用哥白尼學說闡釋他關於宇宙無限的宇宙理論，被宗教裁判所判為異端、邪惡和褻瀆神靈，被火刑處死。

40　阿莫斯‧布朗森‧阿爾科特：1799－1888，美國教育家及先驗論哲學家，堅持認為學習應建立在樂趣及想像力之上而非原則之上。

音」，積極熱心地參與它的宣傳。他們所有人，和已故的摩根一起說，「我母親的宗教對我來說已經足夠好了。」在這兒，我們看到了實際的精明與場拔鼠 [41] 社區的思維的結合，就抽象真理而言就是這樣。

這些人屬於這一類：他們會堅守錯誤，只要這些錯誤是溫和的、輕鬆的、流行的。完全可以肯定，這些人不是傻瓜——他們非常能幹，而且在他們的行業非常出色。但至於迷信，他們發現這是一種慰藉；它省去了思考的麻煩，而他們的精力都需要花在商業上。

宗教對他們來說只是一種社會娛樂，另外還能得到機會獲得拯救。在商業方面，惰性不會控制他們——但在宗教方面，它會。林肯曾經說過，只有一樣東西，唯一的一樣東西，全能的上帝無法明白：那就是聰明的美國陪審員的思想活動。

赫伯特‧斯賓塞曾說，艾薩克‧牛頓爵士 [42] 是有史以來六位最博學的人士之一。他是第一個解決光的組成部分的科學家。伏爾泰曾說，牛頓發現了萬有引力定律之後，導致了科學界的嫉妒。

「但是，」伏爾泰補充說，「當他寫了一本關於《聖經》預言的書之後，科學界的人和他平起平坐了。」艾薩克‧牛頓爵士為《聖經》的字面啟示而辯護，是英國國教會的可靠成員。約翰遜博士在進城時，如果沒有用手杖碰碰籬笆的第十個尖樁，他整天都會悶悶不樂。

41　場撥鼠：地松屬科土撥鼠屬的一種，會打地洞的齧齒類動物，皮毛呈淺棕色，其警戒叫聲與狗的叫聲十分相似。場撥鼠喜群居，主要分佈在北美的大平原上。

42　艾薩克‧牛頓：1642－1727，英國數學家、科學家，他發明了微積分，系統闡述了萬有引力理論、地球結構和顏色。他發表在《自然科學的數學原理》（1687 年）上關於地球引力的論文據說是因為看到蘋果落地而引起的靈感。

偉大的法律評論家布賴克斯通[43]也相信巫術，他引用了《聖經》的話來證明自己的信仰，「行邪術的女人，不可容她存活。」──這也證明了摩西也是信迷信的。英國的首席法官馬修．黑爾[44]也是同樣的。

格萊斯頓是一位偉大的政治家，但他和瑪麗．貝克．艾迪一樣，也相信摩西對創世的描述。

約翰．亞當斯[45]是政治奴隸制的叛逆者，但他一生一世都是一位可敬的教士，以罐裝神學為生──而且是在英國罐裝的。

富蘭克林和謝佛遜都是政治和神學獨裁的叛逆者，但他們對醫生和藥師持寬容的態度。赫伯特．斯賓塞對於宗教、政治學、經濟學和社會學都持寬鬆的態度；但他是一位單身漢，住在城裏，屬於一個俱樂部，玩撞球，抽雪茄。身體健康完全在他的控制範圍之外，儘管他學識淵博，也永遠不知道那是為什麼。

在歷史長河中，我們發現，在同一個人身上，暴力與溫和、無知與智慧、愚蠢與精明經常肩並肩地並存。人類最普遍的一件事就是矛盾。想尋找原因是徒勞的。我們只知道它原本就是這樣的。

艾迪夫人的大膽宣言產生了一種動力，使別人信服。

這位女士當然相信自己，她也相信「權利」，她自己也是其中必

---

43 布萊克斯通：1723－1780，英國法官和教育家，著有《英國法律評論》（1765－1769 年），是對英國總體法律最為全面的獨家論述。

44 馬修．黑爾爵士：1609－1676，英國法學家，提倡復辟運動，1660 年擔任財政總長，1671－1676 年任王座法庭首席法官，是英國習慣法（不成文法）方面的知名學者。

45 約翰．亞當斯：1735－1826，美國首任副總統（1789－1797 年）及第二任總統（1797－1801 年）。美國獨立戰爭期間的主要人物，《獨立宣言》的起草撰寫者及憲法的設計完成者。

要的一部分，權利可以為正義而發揮作用。她批駁超自然現象，不是通過否認「奇跡」，而是認為，所謂的《聖經》奇跡是真實發生的事情，因此是完全自然的——這完全是與自然法則相一致的，而自然法則就是神的法則。

對神的法則的解釋，是她的特別內容。這樣她為自己贏得了一批人，這些人因為膽怯而不能放棄形式與儀式，不敢孤獨地站在理性主義的寬闊地面上。

基督教科學教會不是戰鬥、重壓和鬥爭的宗教。放鬆一下、休息一下，讓神性穿過我們流淌。這總比坐在尖尖的欄杆上，用假聲咒罵路人更好吧？梅‧歐文的座右銘「勿爭論」畢竟也不是一個糟糕的工作格言。

所有的基督教教派都非常相像。它們的區別是極微小的，只有那些深陷其中的人才能辨別。馬丁‧路德只是使羅馬天主教會的表現變得柔和一些——他並未改革它的本質。

本傑明‧富蘭克林曾稱，他無法辨別天主教徒和主教派教徒的區別。但基督教科學教會完全背離了其他所有教派，它宣稱是基督教派，但實際上是另外的東西；或者說，如果它是基督教派，那麼其他正統教派就不是基督教派了。

基督教科學教會完全打擊了正統教會的根基，因為它將耶穌的能力分給了瑪麗‧貝克‧艾迪，並肯定耶穌並不是「唯一的救世主」，而只是「一位救世主」。

這也是托馬斯‧潘恩和所有其他偉大的激進人士的立場。基督教科學教會將艾迪夫人的作品與《聖經》並列。沒有哪個教派創作一本

書，然後說必須要有這本書，才能明白《聖經》的意思。沒有哪個教派會推出一個可以和耶穌平起平坐的人。只有不信教者、無神論者和自由思想家才會這樣做。

基督教最後是在自己的家裏，被自己的家人攻擊的。在任何地方都完全理解，也完全允許這兩種基督教的存在。一種是拿撒勒人傳授的基督教；另一種是機構式的基督教，這一種宗教由擁有成百上千萬美元的財產的教會組成，不用繳稅，然後以貴重而昂貴的裝飾炫耀自己的儀式。

一種基督教是由一位無處放置自己頭顱的人實踐的；另一種基督教則是由異教的羅馬接納而成的，時至今日依然保留了大部分的異教的特性。基督教科學教會不屬於這兩種中的任何一種。它既不是基督教教會，也不是科學教會，這個明顯的幽默，是一出認真的玩笑。基督教科學教會結合了耶穌的簡樸與苦修、本傑明·富蘭克林的常識哲學、斯旺登堡的神祕主義和羅伯特·英格索爾的大膽宣言的內容，對其中最好的部分進行最新的修正。

它是一種肯定的宗教，但帶了否定事物的附件。

它是現世之宗教。耶穌是一位「悲傷之人」，但瑪麗·貝克·艾迪是一位「歡樂之女」。

由於人類普遍流行的觀點是，為來生所作的最好準備，如果有來生的話，就是最好地利用好今生，因此基督教科學教會受到了日益增長的大眾的接受。

舊式的正統教會的衰落，原因在於它堅持世俗的工作是卑賤的，大自然是一個騙子，誘惑我們走向滅亡。艾迪夫人將舊的思想與新的

思想相協調，使它變成精神上的美味佳餚。這就是為什麼基督教科學教會橫掃全球的原因，在二十年以內，它將只會有一個競爭對手，羅馬天主教會。

　　一葉障目、笨拙愚蠢、頑固不化、垂危衰老的正統教會正搖搖欲墜——承辦喪葬者就候在門前。事實上，我們正統教會的朋友們的老想法，說他們正準備走向滅亡，這實際上是真的。

　　承辦喪葬者的名字與商業地址就附在許多城市的教堂前，這是一個非常微妙的跡象，不容忽視。承辦喪葬者不僅是牧師的夥伴，而且如今正在取消贖回權。基督教科學教會不是終極的教會。在它的壽命結束之後，會有另外的宗教緊隨其後，這就是常識宗教，艾迪夫人本人親歷、實踐的祕傳宗教。

　　至於她的信徒，她給了他們一個關於書的宗教——有兩本書，《聖經》和《科學與健康》。他們想要形式、儀式和神廟。

　　她給了他們這些東西，就像醫生把甜水給那些想要開藥的人一樣；似乎是為了給那些熱心的皈依者裝滿教會的外殼，他們剛剛脫離正統教會，她建造了漂亮的教堂——可與威名遠揚的威尼斯聖莎留特教堂相媲美。讓他們滿足自己的願望吧！異教信仰就流淌在他們的血液裏——他們還甚至試圖崇拜她呢！

　　就讓他們繼續下去，最終他們不會在神廟祈禱，也不會在這個或那個山上祈禱，而是在精神上、在真理上祈禱，就像艾迪夫人一樣，這位世界上最成功的女人之一。

　　基督教科學教會是一個正統基督教，只不過是去除了醫學偶像，去除了因為相信罪惡、疾病、死亡和永久的懲罰而自然帶來的恐懼，

另外還加上了自然、健康、人性的生活帶來的歡樂。所謂的理性基督教教派保留了他們的魔鬼，以醫生的形象出現；也保留了地獄，以醫院的形式出現。

我的希望和期望是，基督教科學教會將變成一個理性的宗教，而不是現在這樣的一人機構或是權威宗教。它的迷信的特性，無疑是它獲得快速發展的強大要素——在發展之初可以用作支持與幫助的力量。

但是到了現在，這條大船越早獨立漂浮越好。基督教科學教會的科學家們，這些男人和女人們，如果受到教庭禁書目錄、強制性命令和教諭的束縛，他們將來無法繼續發展成長。捆綁的東西、束縛的東西都必須滾蛋——好的東西將留下來。

基督教科學教會帶來好消息，好消息總是有治療效果的。艾迪夫人通過新的思想激勵她的病人——和諧的思想，否定疾病的思想，確認上帝是友善的，生活是美好的思想。這樣的激勵本身就產生了科學所了解的最強有力的治療原則。生活源自於愛。歡樂是預防疾病的良藥。基督教科學教會就像一大片明亮的陽光照射到「學生」的身上。他的血液循環正常了，肌肉鬆弛了，神經安寧了，消化起作用了，排泄到位了——這個人病就好了。

恐懼使器官充血——愛、希望和信念改變了他們的態度，大自然透過它們發揮作用。病人就被治癒了。在這裏面，沒有奧祕，沒有奇跡。一切都非常簡單。

讓我們去除對奇怪、神祕之物的信仰吧！基督教科學機構只是一個便利。它是一個智力拐杖。這本書是一個必需品。它是一個腳手架。但把腳手架誤以為大廈的人，他們是搭腳手架的專家。

真理永遠不會被一個公式抓住或是定形。還有：真理永遠不會被一個什麼「派」或是什麼「者」所壟斷。最終這塊標籤將和腳手架一起被拆掉，而儀式和典禮之類的木材也要去除。

我們將親歷真理，而不是談論它。在基督教科學教會的科學家中，沒有酒鬼、乞丐或是賭鬼。也沒有病人。對他們來說，生病是一種恥辱。

正統基督教會的教徒會生病，然後通過牧師拜訪或是醫生、鄰居的到訪滿足自己的恐懼感。艾迪夫人從不遵從《聖經》對於拜訪病人的指令——她總是由自己決定聽從什麼樣的指令，放棄什麼樣的指令。

對於那些她不喜歡的，她用精神解釋或者忽略而過。《聖經》聲稱，人的時日無多，充滿麻煩，並宣稱，人很容易生病，就像火星要往上竄一樣，這些都被方便地忽略了。

基督教科學教會的科學家們知道健康法則，就像大多數人知道的一樣；但更重要的是，他們遵從了這些法則，並因此避免了被人恥笑的命運。他們已經使生病變為禁忌，使病弱變得荒唐可笑。

當事物變得荒唐可笑、違背常理時，我們就會放棄這些事物。不得人心可以做到邏輯無法做到之事。基督教科學教會的科學家的推理是糟糕的，但他們的直覺是對的。

在否定事物的存在方面，全世界沒有人像他們那樣精明，可能只有教友派除外。銀行的結餘對基督教科學教會的科學家來說，並不是一個不可實現的理想。它就像是謊言對耶穌教會信徒一樣——在有麻煩的時候提供現場的幫助。罪惡對他們來說，在於對生活大驚小怪，在於談論死亡。做你想做的事，然後忘記它們。不要再談論什麼天

氣、夜間的空氣和毒氣之類的話題。

　　有意或無意地，基督教科學教會的科學家們培養了恢復力。他們是抵抗藥物和微生物的證據。吃你喜歡吃的東西，但不要吃得太多。保持溫和。基督教科學教會的科學家們從工作中找到樂趣。這從根本上是有益身心的。他們作深呼吸、適度飲食、有足夠多的洗浴、勤奮地工作——還有微笑。所有這些都是完全科學的。這一點無可辯駁。

　　沒有哪個醫學流派提供過可與工作、樂觀相匹敵的預防藥劑，沒有哪個宗教制度提供過可與艾迪夫人開創的健康、快樂和成功相匹敵的工作配方。醫學科學就是緩解的科學。

　　基督教科學教會的科學家們避開了生病的因素，因此保持身體健康。

　　藥品沒有生命力。大自然可以治病——你只要遵從它。在身體健康方面，只要幾條平白的法則就足夠了。而這些法則，只要認真遵守，很快就會成為令人愉悅的習慣。幸運的是，我們不需要監督我們的消化、血液循環、構成皮膚的數百萬個毛孔的工作，或者神經的活動。對自己的消化大驚小怪、指控自己的神經「發神經」的那些人，他們很容易消化不良。

　　「我身體的一側很疼。」一位沒錢的婦女對一位忙碌的醫生說道。「忘掉它吧。」這是簡短的建議。

　　養成健康的習慣，然後忘掉它。

　　這就是基督教科學教會的精粹。你的心理態度控制了你的身體。你的幸福就是你的健康。除了恐懼之外並無魔鬼。因為，「他心怎樣思量，他為人就是怎樣」。

從孔子
到柏拉圖

大先生

阿爾伯特·哈伯德 著
饒春平 肖王琰 譯

責任編輯 李茜娜

裝幀設計 林曉娜

排　　版 黎浪

印　　務 林佳年

出版	開明書店
	香港北角英皇道 499 號北角工業大廈一樓 B
	電話：（852）2137 2338　傳真：（852）2713 8202
	電子郵件：info@chunghwabook.com.hk
	網址：http://www.chunghwabook.com.hk

發行	香港聯合書刊物流有限公司
	香港新界荃灣德士古道 220-248 號
	荃灣工業中心 16 樓
	電話：（852）2150 2100　傳真：（852）2407 3062
	電子郵件：info@suplogistics.com.hk

印刷	美雅印刷製本有限公司
	香港觀塘榮業街 6 號海濱工業大廈 4 樓 A 室

版次	2021 年 2 月初版
	© 2021 開明書店

規格	32 開（210mm×145mm）

ISBN	978-962-459-198-9